Der Fetzer

Hermann Jung

Der Fetzer

Ein Räuberleben am Niederrhein zur Zeit Napoleons

Mercator-Verlag

Die Neuauflage des Buches von Hermann Jung folgt der Ausgabe von 1966 im gleichen Verlagshaus, der auch die Zeichnungen von Anton Heinen entnommen sind.

Die Deutsche Bibliothek – CIP-Einheitsaufnahme
Ein Titelsatz für diese Publikation ist bei der Deutschen Bibliothek erhältlich.

Zeichnungen: Anton Heinen
Gestaltung: Horst Hackstein

2. Auflage 2001

Verlag Fachtechnik + Mercator-Verlag, Duisburg
ISBN 3-87463-320-9

Inhaltsverzeichnis

Vom Schweinehirten zum Forstknecht

„Er ist ein Taugenichts, ein Tagedieb und Herumtreiber!" räsonierte der Wildmeister Horn auf Schloß Neersdonk. „Was soll aus Ihm werden, wenn Er nicht einmal das Abc lernen will?"

Der Forstknecht Mathias Weber, dem diese Zurechtweisung galt, stand gesenkten Hauptes vor seinem Lehrmeister, finsteren Trotz im Gesicht. Er biß sich auf die Lippen und krampfte die Hände zusammen. Je eigensinniger er dreinschaute, desto lauter grollte der Forstmeister:

„Nichts wird aus Ihm, wenn Er nicht das Abc lernen will. Sechs Stramme müßte ich Ihm überziehen." Bei dieser Züchtigungsdrohung schaute Mathias böse auf. Den Mathias Weber schlagen! Das würde niemand wagen, auch der Wildmeister nicht, vor dem er sonst eine grenzenlose Achtung hatte. Ihn züchtigen, weil er wieder einmal die Unterrichtsstunde beim Hauskaplan Pater Ingbert geschwänzt hatte? Nimmermehr! Wozu brauchte der Mensch überhaupt das Abc zu können? Das war etwas für die Vornehmen, die Reichen, die Besitzenden. Die hatten auch Muße genug, sich fleißig in diesen Künsten zu üben. Was aber sollte ein armer Forstknecht damit? Draußen im Wald auf den Bock ansitzen, bei Eis und Schnee Sauen jagen, Wölfe und Füchse in der Falle fangen, das war eine nützlichere Beschäftigung! So dachte Mathias. Der Wildmeister grollte von neuem: „Was kann auch aus dem Sohn eines Abdeckers werden?" Er war außer sich über soviel Verstocktheit. „Verflucht der Tag, an dem ich Ihn in Dienst gestellt habe..." Mathias stieg das Blut in den Kopf. Er wußte, alle Holzknechte und Mägde im Haus hörten den Zornesausbruch des Wildmeisters mit an. Das war zuviel für den Jungen. Er griff nach seinem Gewehr und lief, ohne auf die mahnenden Zurufe seines Meisters zu hören, davon. Er war seiner Sinne nicht mehr mächtig. Nur fort, ehe es ein Unglück gab.

Eine Stunde später saß Mathias hinter einem mächtigen Muttergottesstein auf einer Lichtung und hatte die Büchse im Anschlag. Zwischen den Zähnen hielt er einen gespaltenen Grashalm und ahmte das schmachtende Locken einer Ricke nach. Doch der kapitale Bock, auf den er ansaß, wollte sich nicht zeigen. Geduld! dachte Mathias. Ein prächtiger Sommertag neigte sich dem Ende zu. Noch flatterte ein Pfauenauge von Busch zu Busch und gaukelte hinüber zu den Blüten der Disteln am Rande eines reifen Kornfeldes, um sich auf einem Pantoffelblümchen niederzulassen. Zitronenfalter landeten lautlos auf rosaroten Wiesenblüten, Goldkäfer liefen eilig über den Weg, und filigranzarte Libellen segelten am Kopf des jungen Jägers vorüber, als wollten sie ihn necken. Mathias hatte jedoch kein Auge für die Wunder der Natur. Er verwandte keinen Blick von der gegenüberliegenden Waldwiese. Seine Gesichtszüge spiegelten die Spannung wider, in der er sich befand. Noch einmal ging ihm die Auseinandersetzung durch den Kopf, die er mit seinem Herrn gehabt hatte; doch der Zorn war verraucht. Morgen wollte er bei dem Wildmeister und bei der Frau Gräfin, die es gut mit ihm meinte, Abbitte leisten. Morgen wollte er den Unterricht bei Pater Ingbert besuchen. Er dachte zurück. Vor einem Jahr hatte er bei der Frau Gräfin noch Schweine gehütet. Während einer Treibjagd hatte ihm eines Tages das Glück gelacht. Als simpler Treiber war er mit dem Wildmeister ins Gespräch gekommen. Der hatte an den aufgeweckten Antworten des jungen Schweinehirten Gefallen gefunden. Und die Frau Gräfin hatte gleich zugestimmt, als ihr der Wildmeister vorschlug, den Mathias als Forstknecht und Jagdeleven einzustellen. Die Lust am Waidwerk war ihm angeboren. Während Mathias weiter gespannt in die Stille lauschte, kam ihm ein Erlebnis aus frühester Jugend in den Sinn. Auf einem Kirchgang zwischen Schrawelen und Kevelaer war er bei grimmiger Dezemberkälte als Siebenjähriger beim Besuch seiner Großeltern von einem waidwunden Keiler angefallen worden. Wie ein Löwe hatte sich Matthias am Boden liegend mit einem Messer gegen das wütende Tier gewehrt, dabei aber so schwere Verletzungen erlitten, daß die Großeltern lange um sein Leben bangen mußten.

Schließlich wurde er doch wieder gesund. Von diesem Tag an war Mathias' sehnlichster Wunsch, Jäger zu werden. Die Leute sagten, der Keiler habe ihn behext.

Seit er bei seinem Lehrmeister wohnte, hatte sein ganzes Sinnen und Trachten dem Besitz eines eigenen Jagdgewehrs gegolten. Und er hatte Silbergroschen zu Silbergroschen gelegt, bis die notwendige Kaufsumme beisammen war, für die ihm der Büchsenmacher Dietrich in Krefeld eine Waffe überließ. Mit diesem Gewehr saß er nun an. Zu schießen verstand Mathias. Auf 40 Meter schoß er ein As aus der Karte. „Wenn Er nur halb so gut mit dem ‚Federkiel' zu schießen verstünde wie mit der Büchse, wäre Er schon gelehrt wie der Pater Ingbert“, pflegte der Wildmeister zu sagen.

Während Mathias so die letzten Ereignisse seines Lebens durch den Sinn gingen, wurde die Sonne blasser. Der Schat-

ten des Muttergottessteines fiel immer länger auf das Moos. Der Abendwind strich leise durch die Äste. Eine Amsel raschelte im Laub. Wieder und wieder blies Mathias auf seinem Halm. Irgendwo fiel ein Tauber ein. Häher warnten mit schrillem Schrei. Der junge Jäger blickte sich um. Klang das nicht wie ein nachgeahmter Tauberruf?
Jetzt teilte sich das Gesträuch, und auf der Lichtung stand eine Ricke, friedlich an einer Haselstaude äsend. Dabei äugte sie verlangend seitwärts. Und es entging dem geübten Jägerauge des Burschen nicht, daß sie nicht bei der Sache war. Plötzlich brach es auf der anderen Seite jäh durchs Gebüsch. Es kollerte und krachte, daß Mathias aufhorchte. Die Meisen begannen zu schimpfen. Doch das störte den liebeshungrigen Bock nicht, der soeben ausgetreten war. Dieser verhoffte nur sekundenlang und wandte dabei dem Jäger hinter dem Muttergottesstein sein volles Blatt zu. Mathias hob das Gewehr und zielte sorgfältig. In diesem Augenblick krachte jenseits der Lichtung ein Schuß. Der Bock brach im Feuer zusammen.
Mathias hielt den Atem an. Gespannt blickte er zu dem erlegten Bock hinüber. Noch hatte sich der Pulverdampf nicht verzogen. Ringsum herrschte unheimliche Stille. Jetzt, dachte Mathias, jetzt müßte drüben eine Gestalt auftauchen. Er hob das Gewehr. Dem Frevler wollte er es heimzahlen. Tausend Gedanken schossen dem jungen Burschen durch den Sinn, während er vor Aufregung fieberte. Er wußte, jetzt ging es auf Leben und Tod. Die hier heimlich Böcke abschossen waren verwegene Gesellen. Es begann bereits zu dunkeln. Sollte er sich davonmachen? Der Wilderer war sicher stärker, kampfgewohnter. Nein! Mathias war kein Feigling!
Jetzt raschelte es im Dickicht. Würde der Schütze heraustreten, um den Bock aufzubrechen? Eine große Ruhe kam über Mathias. Er blickte erwartungsvoll in die Dämmerung, die sich mit dem aufsteigenden Abendnebel vermischte. Die Sicht wurde ständig schlechter. Aber soviel nahm Mathias wahr: Da stand plötzlich die Ricke wieder auf der Lichtung, die nach dem Schuß geflüchtet war. Sie äugte nach dem erlegten Bock,

kam näher, bis sie dicht vor ihm stand. Mit den Lauschern berührte sie ihn, strich mit dem Geäse wie kosend darüber hin und begann zu klagen.
Mathias beobachtete dieses Schauspiel klopfenden Herzens. Langsam wich die Ricke zurück. Plötzlich war sie im Gebüsch verschwunden. Jetzt löste sich drüben eine Gestalt. Deutlich zeichnete sie sich vor dem aufsteigenden Nebel ab. Wie ein sicherndes Wild blickte sie sich vorsichtig um. Mathias zielte. Im nächsten Augenblick aber warf er das Gewehr ins Gras, sprang mit einem Satz auf und fiel den Gegner mit den Fäusten an. Eine wilde Entschlossenheit hatte ihn gepackt. Er wollte nicht feige sein und den anderen aus dem Hinterhalt erschießen. Nein, mit den Händen wollte er ihn erwürgen. Er überlegte nicht, in welche Gefahr er sich stürzte. Der Gegner, eine sehnige kleine Gestalt mit rußgeschwärztem Gesicht, zunächst durch den plötzlichen Überfall erschrocken, hatte sich blitzschnell gefaßt. Ein hartes Ringen begann. Die Dun-

kelheit hatte sich inzwischen völlig ausgebreitet. Wenn dem Wilderer jetzt Hilfe von seinesgleichen zuteil wurde, war Mathias verloren. Sicherlich wußten die Kumpane seines Gegners, daß dieser sich auf einen Bock angesetzt hatte. Vielleicht war auch sein Schuß gehört worden, und die Helfershelfer eilten schon herbei, um die Beute in Sicherheit zu bringen.
Da kam Mathias ein Gedanke: Die Grube! Er verstand es, seinem Gegner immer wieder zu entgleiten und sich näher an den Rand einer tiefen Kuhle zurückzuziehen. Der Wilderer fühlte sich im Vorteil und verdoppelte seine Anstrengungen, den Forstgehilfen in die Knie zu zwingen. Ein Faustschlag traf Mathias gegen die Schläfe. Er verfehlte seine Wirkung nicht; doch noch im Fallen wuchtete der Bursche mit seinem ganzen Gewicht gegen die Beine seines Gegners. Dieser verlor das Gleichgewicht, trat fehl, rutschte ab und fiel ins Bodenlose. Mathias kollerte, keinen Halt findend, hinterher. Verzweifelt versuchte er, sich im Sturz an die jäh abfallende Grubenwand anzuklammern. Er erfaßte dabei den Ast eines Baumes, der mit starken Wurzeln bis über den Grubenrand reichte. Das war seine Rettung. Mit den Füßen vorsichtig das Geröll abtastend, um der Gefahr eines neuen Absturzes zu entgehen, gelang es ihm, auf den Ast zu klettern. Seine Lage war weder bequem noch ungefährlich, da er über dem Abhang hing. Zu sehen vermochte er in der Dunkelheit nichts. Trotz der zerschlagenen Glieder hatte er sich in der Gewalt. Um Mitternacht würde der Mond aufgehen. Bis dahin mußte er ausharren.
Stimmen der Nacht wurden laut. Der unheimliche Ruf eines Uhus zitterte durch die Luft. Aus der Ferne kam Antwort. Von einem sumpfigen Teich herüber quarrten Frösche. Auf nahen Wiesen geigten Grillen ihr Sommerlied. Einmal glaubte Mathias auch eine menschliche Stimme zu hören. Er sah ein Irrlicht durch sumpfiges Gelände hüpfen. Dann stieg der Mond herauf und warf einen gähnenden Schatten über die steile Wand zu Mathias' Füßen. Der Rand der Grube lag nur einen Meter über ihm. Mit Händen und Füßen krallte er sich

in die Wand und kletterte vorsichtig empor. Nach wenigen Minuten war er in Sicherheit.
Jetzt erst bemerkte Mathias, wie zerschunden seine Hände und wie zerrissen seine Kleider waren. Er bahnte sich lautlos einen Weg zu der Lichtung, wo der Bock gefallen war. Der Nachttau hatte Gräser und Blätter mit Perlen besetzt, die im Mondlicht glitzerten. Die Augen des Forstknechts suchten den Boden ab. Wo war der Bock? Er fand ihn nicht. Auch das Gewehr des Wilderers war verschwunden.
Vorsichtig sah er sich um. Wenn die Halunken eine Wache aufgestellt hatten, konnte es ihm doch noch an den Kragen gehen.
Im Forsthaus brannte noch Licht. Sonderbar, dachte Mathias. Licht um diese Zeit? Eine plötzliche Unruhe befiel ihn. Ob sie sich um ihn sorgten? Doch das war nicht ihre Art. Als er das geräumige Haus betrat, kam ihm Bertha, die Haushälterin, mit verweinten Augen entgegen. Sie betreute seit Jahren den unverheirateten Forstmeister. Noch ehe Mathias nach dem Grund ihres Kummers fragen konnte, stieß sie hervor: „Da bist du ja, du Herumtreiber! Der Wildmeister ist tot, daß du es weißt!" – Mathias war starr. „Tot?" – „Erschossen!" kreischte die Haushälterin und rannte davon. Mathias runzelte die Stirn. Etwas in der Stimme der alten Frau hatte ihn stutzig gemacht. Hielt sie ihn am Ende für den Mörder? Einen Herumtreiber hatte sie ihn genannt. Das klang noch härter als das „Taugenichts und Tunichtgut" des Wildmeisters.
Mathias begab sich langsam in das Jagdzimmer. Dort lag der Herr auf seinem Bett. Kerzen brannten zu beiden Seiten. Der Kopf des Toten war mit einem Tuch verhüllt.
„Eine Kugel hat ihn mitten in die Stirn getroffen", erzählte der Holzmeister Hennemann, der auf dem Schloß die Waldarbeiter und Holzknechte beaufsichtigte. „Wann ist es geschehen?" Mathias wagte kaum zu atmen. „Vor einer Stunde. Der Herr hatte noch vorher nach dir gefragt."
Mathias horchte auf. Auch das klang wie ein Vorwurf. Das hieß: „Der Wildmeister könnte noch leben, wenn du daheim geblieben wärest."

„Und wo ist er erschossen worden?" Mathias bemühte sich vergebens, das Zittern in seiner Stimme nicht zu verraten.
„In seinem Zimmer. Es hat ihm draußen einer aufgelauert. Der Schuß ist durchs Fenster gegangen ..."
Der Forstknecht hätte sein Erlebnis mit dem Wilderer erzählen und damit zur Aufklärung des Mordes beitragen können. Doch er schwieg trotzig.
Nach einer Pause fragte Mathias: „Weiß es die Frau Gräfin schon?" Hennemann nickte. In diesem Augenblick erschien ein Diener aus dem Schloß, ein hochmütiger Domestik. Mit eisiger Miene sagte er: „Tout de suite, die Frau Gräfin will Ihn sehen ..." Mathias machte sich schweren Herzens auf den Weg. Wenn ihn die Frau Gräfin zu so ungewohnter Stunde zu sich bestellte, dann mußte das seinen besonderen Grund haben.
Die alte Dame im schneeweißen Haar hatte bei Kerzenschein in einem Gebetbuch gelesen. Sie grollte, ihn mißtrauisch durch ihr Lorgnon musternd: „Wie sieht Er denn aus? Wie ein Vagabund. Wo hat Er sich herumgetrieben?"
Mathias stotterte etwas von einem notwendigen Pirschgang auf Raubzeug. Doch die Gräfin fuhr ihm über den Mund: „Papperlapapp! Hatte Ihm der Pater Ingbert nicht Lektionen aufgegeben?" Als Mathias betreten zu Boden sah, schalt sie: „Er wird ewig ein Dummkopf bleiben, wenn Er nichts lernen will. Dummköpfe kann ich unter meinem Gesinde nicht dulden ..."
Unvermittelt fragte sie mit lauernder Stimme: „Wer hat den Wildmeister erschossen? Gesteh' Er's ruhig! Er hat ihn erschossen!" Bei diesen anklagenden Worten erhob sie sich und stützte beide Hände gebieterisch auf ihren Nähtisch aus feinem Mahagoniholz, den Burschen mit strengen Blicken musternd. Mathias begehrte auf: „Nein, nein, ich nicht", und stampfte bekräftigend mit dem Fuß.
Doch die Gräfin bohrte weiter: „Hat Er nicht zuvor einen harten Disput mit ihm gehabt? Waren Ihm seine Ermahnungen nicht ein Greuel?" Und ihre Anklage steigernd: „Ist Er nicht ein Zornteufel und ein Filou? Hatte Er nicht sein

Gewehr im Anschlag, als Er das Haus des Wildmeisters verließ? Wo hat Er derweil gesteckt? Wenn Er nicht sprechen will, lasse ich die Antwort aus Ihm herausprügeln…"
Das war zuviel. Mathias hatte sich vorgenommen, auf alle Anklagen trotzig zu schweigen. Sollten sie ihn für einen Mörder halten. Doch die Prügeldrohung brachte ihn aus der Fassung. Das Wasser schoß ihm in die Augen. Er begann zu schluchzen. Dann stieß er heraus: „Den Wildmeister erschossen? Nein! Nimmermehr!" und nun brach aus ihm heraus, was er während der vergangenen Stunden draußen im Revier erlebt hatte. Er schilderte seinen Kampf mit dem Wilderer, den er schließlich überwältigt hatte, und seine Vermutung, daß ein Kumpan dieses Wilderers den Wildmeister aus Rache erschossen habe.
Die Gräfin hörte aufmerksam zu. Sie wußte, es waren wilde Zeiten. Es wimmelte am Niederrhein von lichtscheuem Gesindel, von Versprengten der vergangenen Kriege, Deserteuren der holländischen, französischen und kaiserlichen Armeen, asozialen Elementen, die das Kriegstheater aus dem Geleise geworfen hatte, Söhnen und Töchtern von Kriegsopfern, die nicht wußten, wohin sie gehörten, weil man am Rhein heute deutsch und morgen französisch war. Mancher unter den Marodeuren hatte einen üblen Leumund, wie der Picard und der Heckmann. Sie zogen wie der Schinderhannes einen Kometenschweif von Räubern und Mordgesellen hinter sich her und spielten sich als Herren auf. Sie betrachteten das Land zwischen Rhein und Maas als ihre Jagdgründe, in denen sie raubten, mordeten, plünderten und den Menschen wie dem Wild nachstellten. Niemand war mehr seines Lebens sicher. Die Kriege hatten auch die Moral der Ordnungshüter untergraben. Mancher Gendarm hielt es für geraten, sich mit den Räubern aus Gründen der eigenen Sicherheit und des Wohllebens gutzustellen. Diese zwielichtigen Verhältnisse im Lande gingen der Gräfin durch den Sinn, als Mathias sein aufregendes Erlebnis berichtete.
Die Schloßherrin von Neersdonk war eine gute Menschenkennerin. Als Mathias ihr alles berichtet hatte, da wußte sie:

Das war kein Ammenmärchen. Das war lautere Wahrheit. Und ihre Stimme nahm einen versöhnlicheren Ton an, als sie sagte: „Das hätte Er getan? Das muß Er uns morgen früh an Ort und Stelle demonstrieren. Er kann jetzt gehen."
Als Mathias nach einem tiefen Kratzfuß bereits die Tür erreicht hatte, rief die Gräfin ihn fordernd zurück: „Ich habe nach Krefeld geschickt", ergänzte sie ihre Worte, „und mir einen französischen Administrator bestellt. Dieser wird den Wildmeister vertreten, bis ein neuer gefunden ist. Sei Er gehorsam!"
Die Gräfin glaubte, mit einem solchen Engagement einen stärkeren Rückhalt bei der französischen Besatzung gegen das Raubgesindel zu erhalten. Dieses wurde, wie der Mord an dem Wildmeister gezeigt hatte, immer dreister. Horn war zwar ein guter Waidmann gewesen, doch gegen das zweibeinige Raubzeug hatte er nichts auszurichten vermocht.
Mathias ging zum Forsthaus zurück. Kein Zweifel, auch die Frau Gräfin hatte ihn für einen Mörder gehalten. Wie hatte sie beim Abschied gesagt: „Das muß Er uns morgen früh an Ort und Stelle demonstrieren." Er hatte wenig Hoffnung, handgreifliche Beweise für seine Unschuld liefern zu können. Er war sicher, daß die Kumpane des Wilderers inzwischen alle Spuren des Zweikampfes verwischt und den Toten im Wald verscharrt hatten. Noch etwas bedrückte ihn – die Mitteilung der Gräfin, daß ein französischer Administrator ins Haus kommen sollte. O du wunderschöne Freiheit! dachte er. Damit war es jetzt gewiß vorbei. Er machte einen kleinen Umweg, um in seine Kammer zu gelangen. Er wollte niemand begegnen. Ohne ein Licht zu entzünden, begab er sich zur Ruhe, lag noch lange wach und grübelte über die Ereignisse des vergangenen Tages nach.
Der Ortstermin wurde am nächsten Morgen pünktlich unter der Aufsicht der Gräfin durchgeführt. Außer Mathias, Pater Ingbert, dem Holzmeister und dem Schloßmeister mußten noch etliche Holzknechte und Spürhunde aus dem Schloßzwinger mit. Die Spurensuche verlief zunächst ergebnislos. Nichts deutete mehr auf die von Mathias am Abend zuvor

geschilderten Vorgänge hin. Es wurden weder Aufbruch, noch Schnitthaar und Schweißspuren von dem angeblich von dem Wilderer zur Strecke gebrachten Bock gefunden. Auch die Suche nach dem in die Grube gestürzten Wilderer blieb ohne Erfolg. Mathias hatte mit diesem negativen Ergebnis gerechnet. Er fühlte die spöttischen Blicke der Holzknechte, die ihm stets seinen Aufstieg zum Forstgehilfen mißgönnt hatten. Sie witzelten über ihn, den „Lügen-Mathias".

Nur Pater Ingbert, selbst ein Jäger, gab die Hoffnung nicht auf, doch noch eine Spur zu finden. Er hatte seine eigene Meinung über die Taktik der Wilderer. Wenn es stimmte, was Mathias über das spurlose Verschwinden des erlegten Bockes und des Gewehrs erzählt hatte, dann mußten die gleichen Täter, die dieses Verschwinden bewerkstelligt hatten, auch die Leiche des abgestürzten Kumpans in aller Eile in nächster Nähe vergraben haben, um alle Spuren zu verwischen. Und er schickte im Einverständnis mit der Gräfin zum Schluß des Ortstermins die Holzknechte, erfahrene Treiber mit den Spürhunden in das Wäldchen, an dessen Rand Mathias sich auf den Bock angesetzt hatte.

Schon nach wenigen Minuten gaben die Hunde Laut, und ein vielstimmiges Geschrei der Holzknechte verkündete den Zurückgebliebenen, daß sie eine wichtige Entdeckung gemacht hatten. Die Bracke Senta war einer Fährte folgend auf einen mit Tannenreisig verdeckten Hügel gestoßen und hatte eifrig grabend nur einen Viertelmeter tief im weichen Waldboden die Leiche eines Mannes aufgespürt.

„Der Mänes-Jöb!" riefen die Holzknechte wie aus einem Munde, als sie mit Hacken und Schaufeln nachhelfend die Leiche zu Tage gefördert hatten. Der Mänes-Jöb war ein Fuhrknecht aus Vorst mit einem üblen Leumund. Der Wildmeister hatte ihn schon lange als Wilderer im Verdacht gehabt. Wie die nähere Untersuchung der Leiche zeigte, hatte sich der Wilderer bei dem Sturz in die Grube das Genick gebrochen.

„Er ist unschuldig", rief die Gräfin spontan und reichte Mathias im Beisein der Holzknechte die Hand. Wer aber war

der Mörder des Wildmeisters? Diese Frage blieb auch während der nächsten Tage und Wochen ungeklärt. Obwohl Mathias von der Gräfin vor aller Öffentlichkeit rehabilitiert worden war, wollten die Lästerzungen im Schloß nicht schweigen. Für sie blieb er der „Lügen-Mathias“, und solange der wirkliche Täter nicht gefunden wurde, galt der Forstknecht als der heimliche Mörder. Man sprach es nicht offen aus, doch Mathias fühlte auf Schritt und Tritt, daß man ihn auch weiterhin verdächtigte. Betrat er die Gesindestube, wo man zuvor noch gescherzt und gelacht hatte, herrschte plötzlich Schweigen. Gab er den Holzknechten eine Anordnung aus dem Schloß weiter, so nahmen sie diese mit Murren entgegen.
Einige Tage nach dem tödlichen Schuß auf den Wildmeister traf der neue Administrator Monsieur Le Jeune auf dem Schloß ein. Mathias hatte richtig vorausgeahnt: Bei Le Jeunes Antritt begann plötzlich im Forsthaus ein neuer Wind zu wehen. Vom ersten Tag an zeigte er Mathias die kalte Schulter. Der Forstgehilfe war für ihn ein Knecht wie die Holzfäller. Monsieur Le Jeune untersagte es ihm auch, wie bisher eine Waffe zu

führen und allein auf die Pirsch zu gehen. Das empfand Mathias als eine persönliche Kränkung und Ehrverletzung. Da der Administrator aber sein direkter Vorgesetzter war, gab es dagegen keinen Widerspruch.

Verhängnisvolle Maskerade

In jenen Tagen – der Herbst hatte bereits die Blätter bunt gefärbt, und die Nächte waren empfindlich kühl geworden – gelüstete es die französische Forstinspektion in Krefeld, der auch Schloß Neersdonk unterstand, mit ihren Beamten und Freunden im Revier der Gräfin eine Treibjagd zu veranstalten. Als Mathias von dieser Absicht hörte, rümpfte er die Nase. Noch zu Lebzeiten des Wildmeisters hatte sich bei ihm die Eifersucht gegen alle Nimrode geregt, die nicht von Berufs wegen auf die Jagd gingen. Außer dem Wildmeister und ihm gab es nach seiner Meinung keinen waidgerechten Jäger weit und breit; auf alle Jagdfreunde der Gräfin war er eifersüchtig. Und erst recht auf die Franzosen, die als Besatzer Jagdrechte besaßen.

„Bedenke, daß du nur eine kleine Laus und von ihrer Gnade abhängig bist", hatte der Wildmeister ihn zu beschwichtigen versucht. „Wenn sie auch bei einem Bock nicht gerade einen Blattschuß anbringen, es geht dich nichts an." Doch nun war der Wildmeister tot, und mit dem freien Leben im Walde hatte es ein Ende. Als sich der erste Reif auf die Blätter legte und ein kalter Novemberwind die letzten Blätter von den Bäumen fegte, daß man bis zu den Knöcheln durch gefallenes Laub watete, da traf der angekündigte Jagdbesuch aus Krefeld in einem prächtigen Jagdwagen ein.

Es waren lauter feiste Herren mit Doppelkinn, einem ansehnlichen Schmerbäuchlein und freundlichen Augen, die in dicken Fettpolstern lagen. Mathias ging mit verkniffenen Lippen und gerunzelter Stirn umher; das verriet nichts Gutes. Beim Hasentreiben schoß der kurzsichtige Inspektor

Chatelle am ersten Tag einen grauen Kater, der ihm in der Nähe von Vorst über den Weg gelaufen war. Dieser Kater, so erzählten sich die Bauern und Holzfäller am Abend in der Dorfschenke, sei einem Treiber aus dem Mantelsack gesprungen, als sich Chatelle in dessen Nähe gezeigt habe. Und diesen Schabernack, so hieß es weiter, habe sich Mathias ausgedacht, um den unliebsamen Gästen einen Streich zu spielen. Er hatte die Lacher zunächst auf seiner Seite. Selbst die französischen Kollegen Chatelles amüsierten sich über diesen „Meisterschuß", und beim abendlichen Schüsseltreiben auf Schloß Neersdonk mußte Chatelle manchen Ulk über sich ergehen lassen. Gutmütig wie er war, grollte er nicht und sprach um so mehr dem schweren Burgunder zu, der zu einer Rehkeule gereicht wurde.

Als es Frühling wurde, veranstalteten die Franzosen und die Gleichgesinnten unter den Bewohnern von Krefeld einen Festzug zur Erinnerung an den Jahrestag der Invasion.

An einem Apriltag hatte die neue Regierung am linken Niederrhein ihre Amtsgeschäfte aufgenommen. Voran wurde in dem Umzug neben der Trikolore und einem Freiheitsbaum eine Stange mit einer Jakobinermütze, dem Wahrzeichen der Revolution, getragen und dabei der Marseiller Marsch gesungen. Zur Feier des Tages hatten die Franzosen einen Fastnachtszug und anschließend ein fröhliches Narrentreiben genehmigt – aus Sicherheitsgründen jedoch ohne Masken, wie es in der Verordnung hieß. Das ließen sich die Narren aus Krefeld und Umgebung nicht zweimal sagen, hatten sie doch wegen der Kriegswirren seit vielen Jahren nicht mehr Karneval feiern können. Die Zeitereignisse wurden in dem Narrenumzug grotesk glossiert, der lahme Amtsschimmel vornweg, das Räuberunwesen zwischen Maas und Niederrhein, die finanziellen Miseren und manches andere. Unter den Zugteilnehmern war auch Mathias Weber. Er hatte sich für diesen Tag Urlaub erbeten und marschierte gleich hinter einer Picard-Maske. Picard, ein damals gefürchteter Räuberhauptmann zwischen Maas und Rhein, überragte mit langem Messer, gewaltigem Schießeisen und martialischem Aussehen alle anderen Narrenfiguren um Haupteslänge.
Mathias hatte sich als französischer Forstinspektor kostümiert und trug auf dem rechten Arm einen ausgestopften Kater, den nämlichen, den Inspektor Chatelle im Herbst auf der Treibjagd bei Vorst zur Strecke gebracht hatte.
Die Menge, die den Ulk gleich begriff, spendete Mathias je nach Gesinnung Beifall oder äußerte ihr Mißfallen. „Vivat!" schrien die einen und „à bas!" (Pfui!) die anderen. Der Zug hatte erst die Hälfte der Stadt durchschritten, da begann eine Schlägerei, durch Mathias' Maskerade ausgelöst. Aus Häusern und Gaststuben strömten die Menschen auf die Straße, um sich an der Auseinandersetzung zu beteiligen. Pflastersteine wurden zu Wurfgeschossen, Türen zersplitterten und Fenster klirrten. Da die herbeigeeilten Polizeikräfte die Ordnung nicht wiederherzustellen vermochten, wurde Militär eingesetzt. Nach den ersten scharfen Schüssen stoben die Kampfhähne auseinander, und die Ruhe trat wieder ein.

So endete der „Nationalfeiertag" mit einem schrillen Mißklang. Er hatte Ausgangssperre und Verhaftungen zur Folge. Unter den Verhafteten war auch Mathias Weber, der geistige Urheber dieser kleinen Revolte. Doch noch in der gleichen Nacht gelang ihm mit einigen Gesinnungsgenossen die Flucht aus dem primitiven Gefängnis im Städtischen Armenhaus. Die Gefangenen krochen allesamt durch den Schornstein aufs Dach, sprangen in den rückwärts liegenden Garten und gelangten von hier auf Umwegen, die Wachen umgehend, vor die Tore der Stadt. Hier trennten sie sich, und jeder ging seiner Wege.
Als Mathias am nächsten Morgen auf Schloß Neersdonk ankam, empfing ihn Monsieur Le Jeune mit eisiger Miene. „Brusque renvoi" – fristlose Entlassung – habe die gnädige Frau Gräfin angeordnet. Einen Aufwiegler könne sie nicht in ihren Diensten dulden. Dem Administrator mochte der Zwischenfall eine willkommene Gelegenheit gewesen sein, den nach seiner Ansicht renitenten Burschen aus dem Hause zu jagen, der, wie er gehört hatte, auch noch im Verdacht stand, ein Mörder zu sein. Als Mathias einige entschuldigende Worte stammelte, da erhob sich Monsieur Le Jeune, hob drohend die Hand und rief: „Hinaus! Oder ich lasse Ihn mit Hunden vom Hofe hetzen!"

Wollte er nicht verhungern, mußte sich Mathias nach einer neuen Unterkunft und Erwerbsmöglichkeit umsehen. Beide fand er rasch auf dem benachbarten Kambeckshof, wo der Vater einer Tanzbodenfreundin einen Knecht suchte. Der Hof lag in unmittelbarer Nähe des Schloß Neersdonker Geländes. Hätte Mathias Talent zum Bauer gehabt, wäre der Berufswechsel vielleicht sein Glück gewesen. Doch in seinen Adern pulste das Blut zu rasch. Er fühlte sich zum Jäger geboren, und die Sehnsucht nach dem Wald ließ ihm keine Ruhe, seit er den ersten Bock erlegt hatte.
Wie ein Traumwandler ging er tagsüber hinter dem Pflug her. Mechanisch fütterte er das Vieh in den Ställen. Und ruhelos wälzte er sich nachts auf seinem Lager und horchte sehnsüch-

tig auf die Laute der Natur. Daß ihm die Haustochter Maria schöne Augen machte, schien er nicht zu fühlen. Als er eines Nachts einen Bock in nächster Nähe des Hauses schrecken hörte, da war es um ihn geschehen. Von nun an begann er ein Doppelleben zu führen. Müdigkeit von der schweren Arbeit vorschützend, suchte er schon zeitig abends seine Kammer auf. Doch im Innern bohrte die Jagdleidenschaft, und er konnte nicht abwarten, bis die Dunkelheit hereinbrach und der Bauer Kambeck mit schweren Schritten die Treppe zu seinem Schlafgemach emporgestiegen war. Dann öffnete Mathias leise das Fenster, schwang sich wie ein Dieb in der Nacht ins Freie und schlich sich über den Hof, um gleich wie eine Spukgestalt im nahen Wald zu verschwinden. Wenn ihm der Bauer Kambeck morgens begegnete, zwinkerte er dem verschlafen dreinschauenden Knecht freundlich zu: „Wirst dich schon noch daran gewöhnen..." Wohlwollend schaute er dem schmucken Burschen nach, der sich redlich abmühte, die ihm zugeteilte Arbeit nach besten Kräften zu verrichten, um seinem neuen Herren keinen Grund zur Klage zu geben. Der wäre schon ein rechter Schwiegersohn, dachte der Kambeck, das Schaffen würde er schon noch lernen.

Der Kambeckshof lag einsam in Wiesen, Wald und Felder gebettet. Die Schüsse, die mitten in der Nacht oder ums Morgengrauen weitab vom Hof fielen, erreichten nicht das Ohr des Bauern, der einen festen Schlaf hatte und zudem ein wenig schwerhörig war. So war er ehrlich entrüstet, als eines Tages der Administrator Le Jeune vom nahen Schloß bei ihm vorsprach und ihn argwöhnisch fragte: „Weiß der Monsieur auch, was der ‚garçon de ferme' (Knecht) treibt, wenn er sich aufs Ohr gelegt hat? Daß dieser ‚coquin' (Halunke) uns die besten Böcke wegschießt und sie durch Kräuter-Liske, eine Hausiererin aus Schaephuysen, an den Wirt in Vorst verkaufen läßt?" Der Kambeck hob erschrocken die Arme. Zum Teufel! Nein! Das wußte er nicht. Der Atem ging ihm kurz bei dem Gedanken, Mathias könne ein Wilderer sein und daß man auf dem Schloß vielleicht dachte, er stecke bei dieser Schurkerei mit dem Burschen unter einer Decke.

Der Administrator hielt die Verlegenheit Kambecks für Widerspruch und trumpfte auf: „Ich werde Euch beweisen, daß mein Verdacht richtig ist. Ich habe die Spur des Wilddiebs bis an Euer Hoftor verfolgt."

Doch aus der geplanten Beweisführung wurde nichts. Eines Nachts, als Mathias, das Gewehr geschultert, wieder durch das Fenster seiner Kammer in den Hof kletterte, vertrat ihm Maria den Weg: „Mach dich nicht unglücklich", flüsterte sie erregt, „der Administrator spioniert dir nach." Diese Warnung schlug Mathias nicht in den Wind. Um sich ein Alibi zu verschaffen, spielte er von nun an erfolgreich die Rolle eines biederen Hausknechts, der allabendlich im Kreis der Familie saß, mit Maria schäkerte, bis in die späte Nacht hinein mit dem Kambecksbauer einen soliden Schafskopf spielte und sich den hausgebrannten Schnaps schmecken ließ.

Der Administrator lag indessen Nacht für Nacht vergeblich auf der Lauer, um Mathias beim Wildern zu ertappen. Als Le Jeune wieder einmal gegen Morgen von seiner erfolglosen Pirsch nach Hause zurückkehrte, begegnete er dem Bauer, der mit den Pferden auf den Acker fuhr.

„Waidmannsheil!" rief Kambeck mit ironischem Lächeln, „mir scheint, die Böcke sind heimelig geworden..." Der andere aber knurrte verbissen: „Keine Angst – auch der schlaueste Fuchs geht einmal in die Falle."

Doch er hatte kein Glück. Es war, als hätte Mathias einen sechsten Sinn. Der Administrator mochte fünf Nächte hintereinander auf der Lauer gelegen haben, ohne den pfiffigen Burschen zur Strecke gebracht zu haben, gewiß fiel in der sechsten, wenn Le Jeune todmüde in den Federn lag, ein Schuß. Und wenn er den Kambecksbauer am nächsten Tag zur Rede stellte, sagte dieser vorwurfsvoll: „Mathias? Gott bewahre, der hat doch mit mir bis Mitternacht Karten gespielt... Er müßte schon ein Hexenmeister sein, wenn er gleichzeitig einen Bock geschossen hätte. Es ist halt viel Gelichter unterwegs..."

„Wir werden ihm das Hexen noch vertreiben!" erboste sich Le Jeune und ließ seinen Jagdstock durch die Luft sausen, daß es einen pfeifenden Ton gab. Dann schritt er hastig aus, als sei ihm plötzlich ein rettender Einfall gekommen. Noch am gleichen Tag sah der Bauer ihn mit seiner Gig in Richtung Krefeld fahren.

Am nächsten Morgen betrat der Kambecksbauer beim ersten Hahnenschrei die Kammer seines Knechts: „Auf!“ flüsterte er erregt, „du mußt fort… Die Werber sind unterwegs. Sie wollen dich in die Armee stecken. Le Jeune hat in Krefeld Order gegeben, dich mit Gewalt abzuholen. In spätestens einer Stunde sind sie hier.“

Mathias schlüpfte eilends in die Kleider. Die Kambecksmutter und Maria hatten ihm einen Mantelsack mit Speck und Brot zurechtgemacht, und der Bauer gab ihm ein Zehrgeld mit auf den Weg. Zum Abschiednehmen blieb nicht viel Zeit. Die Frauen schluchzten leise vor sich hin. Nur der Bauer behielt die Fassung. „Mach dich ins Westfälische“, riet er, „ich habe in Bocholt einen Bruder wohnen. Der nimmt dich auf, wenn du ihm einen Gruß bestellst.“ Und fort war der Mathias, fort ins Ungewisse. In der nächsten Nacht fiel der erste Schnee, und das Thermometer sank auf zehn Grad unter Null.

Eine Stunde lang durchsuchten berittene Werber der französischen Armee umständlich, mit viel Lärm und Getöse den Kambeckshof. Sie kehrten das Unterste zuoberst, ohne den Geflüchteten zu finden. Dann kämmten sie auch die Nachbarhöfe durch. Sie forschten weiter bis zum Abend auf beiden Seiten der Niers, die in den Wochen zuvor über die Ufer getreten war. Dabei brachen sie mit ihren Gäulen mehrmals durch die Eisdecke, die sich auf den überschwemmten Wiesen gebildet hatte. Nur mit Mühe gelang es ihnen, wieder festen Boden zu finden. Am Mittag des dritten Tages entdeckte ein Reiter unweit der Hannappelmühle bei Wachtendonk in der bleichen Mittagssonne neben einem verschneiten Komposthaufen eine menschliche Gestalt. „Allez! Drauf!“ kommandierte der Anführer, ein schnauzbärtiger Geselle, und gab seinem Pferd die Sporen. Die Gestalt erhob sich und

flüchtete landeinwärts. Das konnte nur der Mathias sein. Die Reiter feuerten ihre Pferde durch gellende Zurufe an. Der Verfolgte lief wie ein gehetzter Hase. So schnell gab er sich nicht verloren. Jetzt hatte er die Niers erreicht. Wahrhaftig, der Tollkühne wagte den Übergang über das vereiste Mühlenwehr. Er hatte Glück. Das Eis trug die Last. Nun war er schon in der Mitte angelangt. „Allez!" brüllte der Anführer, „fangt ihn, schneidet ihm den Weg ab!" Und geschlossen überquerten die Reiter das Eis. Der Flüchtling hatte inzwischen das jenseitige Ufer erreicht. Da juchzten die Reiter lauthals, denn Mathias war im Randeis eingebrochen und zappelte wie ein Fisch zwischen den Schollen, daß das Wasser hochauf spritzte. Doch die Häscher hatten zu früh triumphiert. Das Pferd des Anführers rutschte aus und versuchte vergeblich, durch hartes Ausschlagen nach rechts und links das Gleichgewicht zurückzugewinnen. Das Eis brach auf dem teichartigen Gelände ein. Die Pferde schlugen wild um sich und warfen ihre Reiter in das eisige Wasser, wo sie verzweifelt um ihr Leben kämpften. Ein Schwarm Krähen, die in den nahen Weiden gesessen hatten, flog erschrocken auf und stimmte ein unwilliges Gekrächz an.

Mathias hatte in der Zwischenzeit festen Boden erreicht, doch seine Kleider waren völlig durchnäßt, und er wankte, an allen Gliedern schlotternd, allmählich zu einer Eissäule erstarrend, über die verschneiten Felder, unschlüssig, welche Richtung er einschlagen solle. Die Sonne stand zwar noch am Himmel, doch es war nur ein frostiges Blinzeln, das keine Wärme zu spenden vermochte. Ein eisiger Wind nahm dem Flüchtling den Atem. Er schwankte wie ein Betrunkener mit steifen Knien über die gefrorenen Erdschollen, stürzte hart zu Boden und verlor das Bewußtsein. Die Sonne war inzwischen untergegangen, und es begann weich und fein vom Himmel zu flocken.

Als Mathias erwachte, befand er sich in einem fiebrigen Dämmerzustand. Er brauchte eine ganze Weile, ehe er sich zurechtfand. Eine wohlige Wärme umgab ihn. Ganz in seiner Nähe hörte er Hufe scharren. Daraus schloß er, daß er in einem Pferdestall lag. Man hatte ihn in dicke Pferdedecken gehüllt. Als er den Kopf hob, sah er in einer Ecke ein Feuer brennen. Ein Mann stand davor und warf Holz in die Glut, daß sie hell aufloderte. Einige Schritte weiter saßen Soldaten. Sie würfelten und tranken Schnaps. Ihre Uniformen waren abgetragen. Als Mathias sich regte, kam einer der Uniformierten an sein Lager und reichte ihm einen Becher Branntwein. Mathias nahm einen langen Schluck. Der Schnaps rann ihm wie Feuer durch die Adern.

„Schmeckt das, Kamerad?" sagte der Spender. Mathias nickte. Trotz der Hitze, die in seinem Kopf rumorte, hatte er seine Lage durchschaut. Kein Zweifel, die Werber hatten ihn erwischt. „Kannst du aufstehen?" sagte der Soldat, der ihm den Schnaps gereicht hatte. Mathias machte einen Versuch. Es gelang. Der warme Stall und der Schnaps hatten seine

Lebensgeister wieder geweckt. Dann saß er bei den Uniformierten am Feuer. Diese waren so vertieft in ihr Würfelspiel, daß sie kaum aufschauten, als sich der Neue zu ihnen gesellte. Nur der Korporal sagte: „Warst zu einem Eisklumpen gefroren, als wir dich fanden." Dann winkte er einen Pferdeknecht heran. Der mußte Mathias Brot und Speck bringen. Als dieser zögerte, sagte der Korporal: „Lang nur hin, fressen und saufen hält Leib und Seel' zusammen!" und reichte ihm einen vollen Becher.

Mathias spürte plötzlich einen unbändigen Hunger. Während er aß und trank, erzählte ihm der Korporal lachend, wie sie ihn auf einem Geländeritt gefunden hatten. Zunächst hatten sie den Werbern aus ihrem eisigen Bad geholfen. Die waren wie begossene Pudel heimgeritten. Einer hatte sich den Fuß gebrochen. Der Mathias hatte wie leblos im Schnee gelegen. Mit Schnee und Schnaps hatten sie ihn zum Leben erweckt. Nun wußte Mathias auch, wo er war. Bei den 25er Chasseurs, die in Kempen im Quartier lagen. Die fragten ihn nach seiner Genesung nicht lange: „Willst du Soldat der Großen Armee werden?", sondern der Sergeant drückte ihm ein Papier in die Hand: „Da unterschreib", und er unterschrieb, ohne zu mucken.

Und nun vergingen die Tage mit Exerzieren, Reiten und Marschieren. Schon bald wurde Mathias vom Hauptmann vor versammelter Kompanie gelobt. So einen brillanten Scharfschützen hatte dieser noch nicht erlebt. Der traf einen Hasen im Laufen mit der Kugel und beim Scheibenschießen zwölfmal hintereinander ins Schwarze. Zur Belohnung genoß er bald die gleichen Vergünstigungen wie die altgedienten Kameraden, die gleichen Rationen an Fleisch, Brot und Schnaps. Die Nahrungsmittel wurden bei den Bürgern und Bauern requiriert. Truppweise zogen die Jäger täglich durch die Straßen oder ritten aufs Land, forderten, was sie brauchten und bezahlten mit wertlosen Assignatenscheinen. Anschläge an der Stadtmauer besagten, daß die Weigerung, Waren gegen dieses Revolutionsgeld zu verausgaben, mit Ladenschließung und Gefängnis bestraft würde.

Eigentlich war das Soldatenleben gar nicht so übel, dachte Mathias. Die Verpflegung war reichlich, der Dienst erträglich. Die Kameraden behandelten ihn schon wie ihresgleichen, seit sie gesehen hatten, daß er wegen seiner Schießkunst bei den Vorgesetzten etwas galt. Auf dem Tanzboden war er Hahn im Korb. Die Uniform stand ihm gut, und die Mädchen rissen sich um ihn. Hei, war das ein Herrenleben!

Flucht mit der Brandstifterin

Mitten in der Nacht gellten grelle Clairon-Signale durch die eisige Winternacht. Alarm! Alarm! Die Bewohner von Kempen wurden jäh aus dem Schlaf geweckt und horchten ängstlich in die Finsternis, die hie und da durch hellen Fackelschein erleuchtet wurde. Einige Beherzte öffneten im Nachtkleid die Fenster. Sie sahen französische Soldaten in fliegender Eile vorüberjagen. Bald hatte es sich herumgesprochen: In Kapellen war ein Großfeuer ausgebrochen. In Kapellen? Die Kempener atmeten auf, schlossen die Fenster und schliefen weiter.

Währenddessen stand halb Kapellen bereits in Flammen. Mathias, der als einer der ersten in dem heimgesuchten Ort eintraf, sah auf den ersten Blick, da war nichts mehr zu retten. Da brannte Haus an Haus und Scheuer an Scheuer. Schreiend, nur notdürftig bekleidet und der Kälte nicht achtend, eilten die Bewohner planlos umher. Andere hatte der Schreck stumm gemacht. An Löschen war nicht zu denken. Die Wasserpumpen waren zugefroren. Vieh hatte sich in den Ställen von der Kette gerissen und stürzte sich brüllend in die Flammen, das Chaos noch vergrößernd. Mit Äxten und Feuerhaken bemühten sich die männlichen Bewohner, die noch nicht den Kopf verloren hatten, von den Soldaten kräftig unterstützt, ein weiteres Umsichgreifen des Feuers zu verhindern.

Außer fünf Einwohnern und zahlreichem Vieh waren auch zwei Soldaten eines Fouragegefährtes in den Flammen umgekommen, wie Mathias während der Rettungsarbeiten erfuhr. In das Prasseln der Flammen und Krachen der einstürzenden Häuser mischten sich plötzlich wüstes Geschrei und gellende Hilferufe. Zwei Jäger, Kameraden des Mathias, zerrten ein junges Mädchen mit wirrem Haar hinter sich her und schlugen auf die sich heftig zur Wehr Setzende ein, von einem Trupp aufgeregter und heftig gestikulierender Einwohner gefolgt.

„Werft sie ins Feuer, die Brandstifterin! Sie ist eine Hexe!" ertönte es aus der Menge. Mathias hielt in seiner Arbeit inne und blickte dem Trupp aufgeregter Menschen verwundert nach. Eine Brandstifterin? Er hatte ihr blasses Gesicht nur sekundenlang im Schein einer Feuerlohe gesehen. Sah so eine Brandstifterin aus? Und blitzschnell kam ihm ein Gedanke. Er ließ seine Arbeit im Stich und eilte der johlenden Menge nach, die sich vor der Ortsschenke „Zum Goldenen Lamm" staute, um immerfort die Herausgabe der „Hexe" zu fordern, die man jetzt im Innern des Gasthofes verhörte. Den

Vorsitz führten der Hauptmann und der Lieutenant. Auch der Pfarrer und der Bürgermeister waren zugegen. Die beiden Fourageure, die als Hauptzeugen über die Vorgeschichte dieser nächtlichen Feuertragödie hätten berichten können, waren tot. Zwei bei den Toten gefundene Schnapsflaschen deuteten darauf hin, daß die beiden vermutlich stark berauschten Soldaten im Rauch erstickt waren.
Die Angeklagte Karola Flecks, die man als Brandstifterin verhaftet hatte, blieb als einzige Zeugin. Sie erzählte in knappen Worten mit leiser verschüchterter Stimme, was geschehen war. Sie hatte an der holländischen Grenze in Hassum bei einem Bauern als Magd gedient, wo die beiden Soldaten eine Nacht im Quartier lagen. Wegen einer verkalbten Kuh war es zwischen Karola und der Bäuerin zu einem heftigen Disput gekommen. Man hatte sie der Unachtsamkeit beschuldigt und ihr mit Entlassung gedroht. Am nächsten Morgen war sie mit den beiden Soldaten, denen sie ihr Leid geklagt hatte, auf und davon gegangen, in der Hoffnung als Marketenderin bei der Armee in Krefeld unterzukommen. Unterwegs waren die Soldaten handgreiflich geworden. Karola hatte zu flüchten versucht, aber auf der vereisten Straße war kein Fortkommen gewesen. Abends im Quartier beim Perbixbauer in Kapellen war es dann zu neuen Belästigungen durch die Soldaten gekommen. Karola hatte den Bauer zu Hilfe gerufen. Der aber hatte sie ausgelacht: So eine Beischläferin solle sich nur nicht so zieren. Wer mit Soldaten durchs Land ziehe, müsse ein dickes Fell haben.
Der Pfarrer fragte den anwesenden Zeugen, ob er das gesagt habe. Der nickte nur. Und so war es dann zur Katastrophe gekommen. Karola hatte nachts, in höchster Verzweiflung nicht mehr ein noch aus wissend, zwischen den betrunkenen Soldaten liegend, als diese eingeschlafen waren, den glimmenden Feuerschwamm ins Stroh geworfen und war mit dem Ruf „Feurio!“ auf die Gasse gestürzt, um das Ärgste abzuwenden. Dazu war es aber schon zu spät gewesen.
Die Zuhörer hatten keine Ursache, an den Worten der Magd zu zweifeln. Aber was nutzte das? Der Pfarrer fragte, ob sie

die Tat nicht bereue, die soviel Menschen ins Unglück gestürzt habe. Karola blickte starr vor sich. Sie zögerte mit der Antwort. Draußen johlte die aufgebrachte Menge: „Heraus mit der Hexe!“ Als der Pfarrer an der Tür erschien und dawider donnerte: „Mit welcher Hexe?“, da schlichen sie betreten davon.

Der Hauptmann, der die Polizeigewalt ausübte, beendete die Sitzung mit der Erklärung: „Da sich die Brandstifterin selbst schuldig erklärt hat, gehört sie vor das französische Militärgericht in Krefeld.“ Und er fügte hinzu, nur ein strenges Urteil könne das schwere Verbrechen, zwei französische Soldaten dem Flammentod ausgeliefert zu haben, sühnen. Die Anwesenden wußten, daß er das Todesurteil meinte.

Mathias, der dieser Verhandlung beigewohnt hatte, ergrimmte. Ein unbezähmbarer Drang, diesem Mädchen zu helfen, befiel ihn. Als die Gerichtssitzung zu Ende war, sperrten sie die Brandstifterin in einen Abstellraum, der gleich hinter einem Pferdestall lag. Am nächsten Morgen sollte sie mit einem Fouragewagen nach Krefeld gebracht werden.

Über den nächtlichen Ort, der immer noch durch Feuerschein beleuchtet wurde, hatte sich eine lähmende Stille gebreitet, die nur durch die Schritte der an den Feuerstellen zurückgebliebenen Wachen unterbrochen wurde. Die obdachlos gewordenen Bewohner waren notdürftig bei Nachbarn oder Verwandten untergekommen. Die Soldaten hatten in Scheunen und Stallungen Quartier bezogen, um sich nach den Strapazen der Lösch- und Rettungsarbeiten einer kurzen Ruhe hinzugeben.

Mathias war zur ersten Wache eingeteilt. Jetzt hielt er, alle Bedenken in den Wind schlagend, seine Stunde für gekommen. War er nicht ein freier Mensch, Herr seines Willens? Was gingen ihn die Gesetze an, die die Franzosen machten? Er wußte, was er jetzt tat, war Desertion, Gefangenenbefreiung. Darauf stand die Todesstrafe. Er war voller Tatendrang, empfand keine Müdigkeit, keinen Schlaf. Niemand hinderte ihn, als er sich jetzt leise davonschlich, sein Pferd am Zügel. Im Hinterhof des „Goldenen Lamm“ band er den Gaul an und ging zu dem Schuppen, in dem die Gefangene saß. Mit einem raschen Kunstgriff öffnete er das primitive Schloß der unbewachten Tür. Karola hatte geschlafen und fuhr erschrocken hoch, als Mathias bei ihr eintrat. Ein Soldat mitten in der Nacht? Ängstlich schaute sie zu ihm auf.

„Komm“, sagte er kurz, als sei er seit Jahren mit ihr vertraut, „mach dich fertig, wir müssen fort, ehe sie dich holen.“ Sie blickte ihn ungläubig an. „Fort? Wohin?“ – „Nach Holland!“ Er ließ ihr keine Zeit, lange nachzudenken ...

Und er fiel unter die Räuber

So ritten sie die ganze Nacht ununterbrochen durch die verschneite Landschaft, durch verschlafene Dörfer, durch kleine Wälder und über versumpfte Wiesen, über die der Frost eine feste Eisbrücke geschlagen hatte. Sie wechselten kein Wort miteinander. Der Schneesturm trieb ihnen scharfe Eisnadeln ins Gesicht und verwehrte ihnen das Sprechen.

Nach mehrstündigern Ritt – nach Mathias Schätzung hätten sie längst die holländische Grenze erreicht haben müssen – scheute das Pferd vor einem Reh, das ihren Weg kreuzte und bäumte sich auf. Während der Reiter sich nur mit Mühe im Sattel halten konnte, wurde Karola abgeworfen und stürzte in den Schnee. Ihr Begleiter vermochte den wild um sich schlagenden Gaul kaum zu bändigen. Als es ihm schließlich gelungen war, das Pferd zu beruhigen, sah er, daß sich Karola vergeblich aufzustehen bemühte. „Allez!" versuchte er sie aufzumuntern. Er band das Pferd an einen Baum und reichte ihr beide Hände. Ächzend zog sie sich hoch und humpelte von ihm gestützt auf einen am Wege liegenden morschen Baumstamm zu, auf dem sie sich niederließ. Sie hatte sich bei dem Sturz den Fuß verletzt, der stark anschwoll. Auch klagte sie über Schmerzen in der rechten Hüfte.

„Laß mich hier", bat sie, „geh allein weiter, ich kann nicht mehr..." Eine beängstigende Stille umgab sie. Nur das sirrende Geräusch der vom Himmel fallenden Eiskristalle war zu hören. Mathias überdachte seine Lage.

Er spürte, wie die nassen, halb gefrorenen Kleider einen eisigen Panzer um seinen Körper legten. Hier sitzen bleiben konnten sie nicht. Sie würden bald vor Müdigkeit einschlafen und nicht mehr erwachen. Er dachte an seine Flucht aus dem Hause des Kambecksbauern. Damals war er in letzter Minute gerettet worden. Hier würde sie niemand retten, wenn sie steckenblieben. Sie mußten sich bis zum nächsten Dorf durchschlagen, mochte es auf deutschem oder holländischem Boden sein, um Asyl zu erbitten. Ob man ihnen das gewähren würde, war fraglich, das wußte Mathias. Wer nahm schon in diesen unruhigen Zeiten einen desertierten Soldaten auf, der von einer Frau begleitet wurde? Gesindel! Hurenpack! Schert euch! würde man sagen. Doch es mußte versucht werden. Es blieb keine andere Wahl.

Mit Gewalt griff er nach den Händen Karolas und zog sie hoch, dann hob er sie auf den Gaul, der wieder lammfromm geworden war. „Halt dich gut fest“, sagte er und führte das Pferd am Zügel vorsichtig durch den tiefen Schnee.

Nach einer halben Wegstunde tauchte plötzlich ein altes einstöckiges Gebäude am Wege auf. Schwacher Lichtschein blitzte durch die vorgelegten Fensterläden. Entschlossen pochte Mathias an die Tür. Als sich nichts regte, klopfte er stärker und rief: „Heda, gut Freund.“ Jetzt schlurften Schritte heran. Ein Schlüssel knarrte im Schloß, und eine Frau blickte vorsichtig durch eine schmale Türspalte.

„Liske! Liske!“ rief Mathias erfreut. Und als die Frau ihn mißtrauisch betrachtete: „Kennst du mich denn nicht mehr, ich bin doch der Mathias vom Schloß“, da ging ein spitzbübisches Lächeln über das verhutzelte Gesicht der Frau „Schnell, schnell …“ flüsterte sie, als fürchte sie unliebsame Beobachter, und zog Mathias am Arm. Der aber deutete auf sein Pferd und auf die Frau, die noch im Sattel saß. „Sie ist krank“, sagte er. Eine Sekunde lang stutzte die Frau. Dann sagte sie: „Komm hinten herum, da ist ein Stall.“

Mathias folgte der Aufforderung, half Karola aus dem Sattel, die dem Zwiegespräch mißtrauisch gefolgt war, und trug sie durch die Hintertür, wo die Frau wartete, ins Haus. „Liske“, sagte er, „du mußt ihr helfen, sie ist vom Gaul gefallen und hat sich weh getan.“ „Leg sie nur hier in die Kammer“, sagte die Frau und leuchtete mit einem Kerzenlicht in ein enges Schlafgemach, in der nur ein Alkoven und ein Stuhl standen. Karola fiel wie ein Klotz auf den Stuhl und wimmerte leise. „Ich denk, du bist bei den Soldaten“, sagte Liske und stemmte, Mathias listig fixierend, beide Hände in die Seiten. „Das war ich“, erwiderte dieser unwirsch, „sag mir lieber, ob du für uns und den Gaul etwas zu fressen hast.“ Dann ging er hinaus, um das Pferd in den Stall zu bringen, der so nie-

drig war, daß sich das Tier fast den Kopf an der Decke stieß. Es lag noch etwas Stroh auf der Erde und Heu in der Krippe. „Da, Alma, friß", sagte er und rieb das Tier mit einer alten Decke trocken, die in einer Ecke lag. „Was hast du für ein Pärdsglück", sagte er, das Tier streichelnd, „das ist besser als im Schnee krepiert." Als er wieder das Haus betrat, lag Karola schon im Bett. „So ist's recht ...", lobte Mathias und setzte sich zu ihr. Suchend sah er sich um. Es war eisig kalt in der einfachen Kammer. Doch er empfand eine wohlige Wärme, wenn er an die Schnee und Eislandschaft draußen dachte. „Ist dir jetzt besser?" fragte er. Karola nickte. Doch sie verzog dabei schmerzhaft den Mund.

„Wirst bald wieder wohlauf sein", tröstete er. Und dann erzählte er ihr, wie gut sich Liske auf die Bereitung von heilsamen Kräutern und Salben verstehe. „Sie kam oft ins Schloß. Wir nannten sie ‚Kräuter-Liske'. Der Gräfin verkaufte sie Tee

für die Hausapotheke. Eines Tages war ein wertvoller Ring verschwunden. Man hatte Liske im Verdacht, die Diebin zu sein. Sie durfte nicht mehr ins Haus..." Nach einer kleinen Pause gestand er lächelnd, daß Liske für ihn auch die gewilderten Rehe verkauft habe... Nicht einmal der französische Verwalter sei ihr auf die Schliche gekommen. Karola schien das wenig zu interessieren. Sie hörte teilnahmslos zu.
Bald kehrte Liske mit heißem Kräutertee und einer Salbe zurück. Während Karola und Mathias gierig den Tee tranken, massierte Liske Karolas geschwollenen Fuß mit der hausgemachten Salbe und umwickelte ihn kunstgerecht mit einem leinenen Lappen. „Nun schlaf dich gesund", sagte sie. Dann nahm sie Mathias am Arm: „Komm ...!" Nachdem sie einen langen zum Hof führenden Gang durchquert hatten, blieb Liske plötzlich stehen, hob eine Strohmatte auf und öffnete eine darunter liegende Falltür.
„Da hinein", sagte sie, reichte Mathias ein Windlicht und deutete auf ein dunkles Verlies, in das eine steile Treppe hinabführte: „Ich wecke dich beizeiten ..."
Mathias blickte mißtrauisch in den Kellerraum, aus dem undefinierbare Gerüche heraufstiegen. „Wenn du Angst hast ..." spottete Liske, „dann geh ein paar Häuser weiter. Vielleicht bist du in Rheurdt oder Schaephuysen besser aufgehoben als bei mir..."
„Zwischen Rheurdt und Schaephuysen", hatte sie gesagt. Mathias wußte plötzlich, wo er war. Liskes Haus lag eine halbe Wegstunde von Rheurdt abseits der Straße an einem sumpfigen, ringsum von Schilf bewachsenen Platz, der in anderen Jahreszeiten schwer zugänglich war. Jetzt hatte der Frost eine Brücke zum Haus geschlagen, und er war mit dem Gaul über den Sumpf geritten, als er im Schnee den Weg verfehlt hatte ...
Wie in einer Mausefalle, dachte Mathias, als er die Treppe hinab in das Kellerverlies stieg und Liske hinter ihm die Falltür zuschlug. Vielleicht war sie eine Verräterin. Neugierig leuchtete er mit seinem Windlicht den Raum ab, der sehr breit und tief war. Rechts und links an den Wänden waren Ballen

aufgestapelt vom gröbsten Linnen bis zum feinsten Aachener Tuch. Daneben Holzkisten, aus denen es nach Gewürzen und nach Tabak duftete. Eine Vorratskammer also. Plötzlich ging Mathias ein Licht auf. Hier lagerte Diebesgut. Wo und wer waren aber die Diebe?
Eine große Müdigkeit befiel ihn plötzlich. Sie hinderte ihn am weiteren Denken. Der Geruch, den die hier lagernden Waren ausströmten, legte sich betäubend auf sein Hirn. Er hatte nur noch das Bedürfnis zu schlafen. Auf der Suche nach einem Ruhelager entdeckte er im hinteren Teil des Lagerraumes mehrere Strohsäcke und wollene Decken. Hier hatten schon vor ihm Gäste Unterschlupf gefunden. Ohne Besinnen warf er sich auf einen der Säcke, wickelte sich in eine Decke, blies das Windlicht aus und war nach wenigen Sekunden eingeschlafen. Das Geraschel der Mäuse, die beim Zurechtrücken der Strohsäcke lebendig geworden waren, störte ihn nicht.
Wie lange er geschlafen hatte, wußte er nicht, als er durch laute Stimmen geweckt wurde. Er fand sich auch nicht gleich zurecht. Erst als er Liskes Stimme unterschied, kamen ihm seine letzten Erlebnisse zum Bewußtsein. Die Falltür stand offen, und von oben fiel schwacher Lichtschein in den Raum. Schritte kamen die Treppe herab. Liske war in Begleitung eines Mannes. „Alles im Arsch!" stöhnte dieser, „alles", und hockte sich neben Mathias auf den Boden. Als ihm Liske ins Gesicht leuchtete, sah Mathias, daß der Mann aus mehreren Wunden blutete. Mit der Miene einer erfahrenen Krankenpflegerin untersuchte sie die Wunden, holte Branntwein und ein Pflaster, wusch sie aus und verklebte sie. Dann reichte sie dem Verletzten die Branntweinflasche und sagte: „Da, sauf, Overtüsch! Dann heilt es schneller." Der Verletzte trank gierig und reichte die Flasche weiter an Mathias, als sei dieser ein alter Bekannter. Dabei erzählte er. „Es ging anfangs alles gut. Der Levy in Moers hub zwar ein großes Lamento an, daß man es drei Häuser weit hörte, als wir Geld von ihm verlangten. Erst als wir ihm ein Talglicht unter den Hintern hielten, wurde er zahm und zeigte uns das Versteck. Drei-

hundert blanke Taler lagen im Bettstroh und ein Haufen Ringe und Armbänder von seiner Schickse, der wir im Hemd das Baumeln lehrten."

Mathias hatte mit wachsender Aufmerksamkeit zugehört. „Overtüsch?" hatte Liske gesagt. War das nicht einer der berüchtigten Räuber, die seit Monaten den ganzen Niederrhein zum Narren hielten, von deren Untaten man sich gruselnd in den Spinnstuben erzählte und auf deren Kopf die Franzosen eine Belohnung von 500 Gulden gesetzt hatten?

Overtüsch nahm noch einen Schluck aus der Flasche und berichtete weiter: „Dann passierte das Malheur beim Amselwirt in Neukirchen, bei dem wir nach dem Besuch in Moers noch eingekehrt waren.

Der Kerl lag schon im Bett und zog eine schiefe Schnauze, als er aufstehen sollte. Dabei hätte er doch allen Grund gehabt, das Maul zu halten und uns aufzutischen, wo er schon so manchen Reibach durch uns gemacht hatte. Es gab viel Geschrei, so viel, daß man es auf der Straße hörte. Eine französische Patrouille, die draußen gerade vorüberritt, wurde aufmerksam. Sie roch den Braten und umzingelte das Haus. Zwei Chasseurs stürmten herein, das Pistol im Anschlag. ‚Passeport! Passeport!' schrien sie.

Da fegte der Picard die Ölfunzel vom Tisch, und es war stockduster. Und keiner wußte mehr, wer Freund und Feind war. ‚Sauve qui peut!' schrie Picard und warf den Tisch um, daß es krachte und alles in Splitter ging: Becher, Teller und Krüge ..."

Jetzt war kein Zweifel mehr, Mathias war unter die Räuber gefallen. Overtüsch hatte soeben den Namen Picard erwähnt. Das war der gefürchtetste Räuber Europas, auf den die Polizei aller Länder seit Jahren erfolglos Jagd machte. Der Picard war der große Räubergeneral, dem alle Räuberbanden in Frankreich, Belgien, Holland und am Niederrhein ihre Reverenz erwiesen. Alle Räuberpistolen, die sich das Volk von diesem Manne erzählte, gingen ihm plötzlich durch den Sinn. Overtüsch hatte eine Pause gemacht. Er horchte angestrengt nach oben. „Teufel, Teufel", sagte er, „es ist mir,

als wäre die Meute noch hinter mir her." „Mach dich nicht bange", prahlte Liske, „hier findet dich keiner."
„Gib mir noch einen Schluck!" – Er griff nach der Flasche und fuhr fort: „Draußen schien der Mond taghell. Da habe ich mir gedacht: Halt dich kusch, sonst schießen sie dich ab wie einen heurigen Hasen, ließ mich zu Boden fallen und tat keinen Muckser. Die anderen waren zur Tür und zum Fenster hinaus. Und wie ich so daliege, höre ich es draußen knallen. Die Franzosen schossen die Unsrigen ab wie auf der Treibjagd." Overtüsch atmete schwer und hielt sich die Hand aufs Herz. Er war sichtlich erschöpft von den Strapazen der letzten Nacht. „Leg dich aufs Ohr, du krepierst sonst ...", warf Liske ein. „Scheiße!" knurrte Overtüsch. Er hatte Mühe seine Gedanken zu sammeln: „Es war in der Wirtsstube allmählich still geworden. Nur auf dem Hof war noch die Hölle los. Ich schlich mich bis zur Tür; als ich die Treppe hinauf wollte, stolperte ich über einen Kadaver. Da lag einer, der war mausetot. Es war der Wippstert aus Hasselt. Ich wieder auf und die Treppe hinauf bis auf den Söller. Da hab' ich dann gehockt, bis es auf dem Hof still war. Einmal hörte ich Schritte und Stimmen die Treppe heraufkommen. Doch es waren nur der Wirt und seine Alte, die in die Schlafkammer gingen."
„Und die anderen?" – Liske hielt Overtüsch noch einmal die Flasche hin. „Alle von den Franzosen gefitscht ..." – „Die gode Jonges" lamentierte Liske. Overtüsch wiederholte: „Die gode Jonges ..." Dann berichtete er noch, wie er nach einer Stunde, als die Luft rein war, durch das Dachfenster, die Hausmauer hinab, über den Hof Reißaus genommen hatte. Es war inzwischen Tag geworden. Overtüsch gähnte. „Ich will jetzt mal en bitzken pennen ..." Plötzlich fiel sein Blick auf Mathias. „Dat is Mathias ...", sagte Liske, „Mathias vom Schloß in Neersdonk ..."
„De Mathes?" Overtüsch wurde nachdenklich. „Ah ...", machte er, doch ehe er weitersprechen konnte, wurde heftig an die Tür gepocht. Liske rannte die Treppe hinauf und schlug die Falltür hinter sich zu. „Junge, Junge", stotterte Overtüsch

– der starke Schnaps begann seine Zunge zu lähmen – „wenn du der Mathes bist, dann ..." Er blickte den Gast aus kleinen, tückischen Augen nicht gerade freundlich an. Weiter kam er nicht mit seiner Rede. Wieder wurde die Falltür geöffnet, und Liske erschien in Begleitung eines langen hageren Mannes. Dieser trug einen hirschledernen Anzug und hatte die Haare nach neuester Mode gestutzt. Am rechten Mittelfinger blitzte ein Ring mit einem großen Diamanten.

„Bon jour, messieurs", rief er als käme er von einer fröhlichen Jagdpartie und warf seinen breitrandigen Hut lässig auf die Erde. Dann beugte er sich zu Mathias hinunter und sagte selbstbewußt: „Ich bin der Picard, mon ami ...!" Daß er den Mathias vor sich hatte, wußte er bereits. „Bienvenu! Willkommen! Hab' schon lange auf dich gewartet ...!"

„Wieso auf mich gewartet?" wollte Mathias fragen. Picard schien seine Gedanken zu erraten. „Uns bleibt nichts verborgen", prahlte er. „Das mit der Brennerin war ein Husarenstück! Weißt du, daß ein halbes Regiment Franzosen hinter dir her ist? Wir hatten deinetwegen schon ein Scharmützel mit Ihnen. Wo du hintrittst Soldaten, überall Soldaten ... waren in eine böse Falle geraten, der Overtüsch und ich ..."

„Un watt is mit die andere Jonges?" fragte Overtüsch, dem das lange Palaver Picards auf die Nerven zu gehen schien. „Prisonniers ...!" Und er machte eine bezeichnende Handbewegung zur Kehle. „Vreckmoppes! Condamne a mort! Alle zum Tode verurteilt auf der Stelle!" Overtüsch erbleichte. Das war hart!

„Déjà? exécuté?" – Schon hingerichtet? „Bientôt!" – Bald! „À Crefeld!" – In Krefeld! „Alle fünf. Sie wollen ein spectacle daraus machen – ein Schauspiel!" Overtüsch überlegte: „Alle fünf?" Das waren der Gladbacher Michel, der Rote Fink, der Zülcher Wilhelm, Drickes Schumacher und Nagels Pitterchen. Der schäle Franz, der Fummels Heini, der Kirmes Schneider und der Leckmanns Valentin waren unter den Kugeln der Chasseurs gefallen.

Mathias hörte dem Zwiegespräch mit Spannung zu. Sein besonderes Interesse galt Picard. Der also war der viel ge-

rühmte Hauptmann. Wie ein feiner französischer Kavalier, wie ein Weiberheld, aber gar nicht so wild und so grausam, wie ihn der Volksmund schilderte. Man drohte in den niederrheinischen Bauernstuben ungezogenen Kindern: „Wart, gleich kommt der Picard und schneidet euch die Ohren ab!“ Er sah auch nicht aus wie ein Holländer, obwohl er in Holland geboren war.
Die langen schwarzen Haare trug er weibisch frisiert, und ein buschiger Backenbart umrahmte sein schmales, blasses Gesicht, in dem ein Paar dunkle Augen wild funkelten …
„Pas de chance de délivrer …?“ Keine Chance, sie zu befreien? „Très difficile!“ Sehr schwer, sagte Picard, der ebenso wie Overtüsch französische und plattdeutsche Brocken in seine Sprache mischte. „Ein halbes Regiment steht für die Bewachung zur Verfügung.“
Und dann erzählte Picard, wie er den Verfolgern entgangen war. Er hatte sich nicht wie die anderen kopflos durchs Fenster in den Hof gestürzt, sondern war seelenruhig, wie ein

Unschuldsengel, an den Händen gefesselt – er hatte sich mit einem lang erprobten Trick selbst Fesseln angelegt –, sein „bon camarade, non faire feu!" – „Gut Freund, nicht schießen" rufend, die gefesselten Hände hebend, durch die Tür zum Hof hinausspaziert, wo ihn ein Chasseur mit gespannter Pistole empfing.

Die Frechheit siegte. Der fein geschniegelte Kavalier, der über einen guten Paß auf den Namen Baron de Canard verfügte, wurde wunschgemäß zum Lieutenant geführt und dort als bedauernswerter Landsmann – man glaubte, er sei auf der Reise von Paris nach Kleve unter die Räuber gefallen – mit viel Komplimenten, einem ansehnlichen Zehrgeld und einem Gaul entlassen.

Bis Moers, wo der Herr Baron im „Königlichen Hof" abzusteigen gedachte, hatten ihn sogar noch zwei Chasseurs begleitet.

Als Picard zu Ende erzählt hatte, fuhr er sich posierend durch das Haar und seufzte: „Passé! Vorbei!" und wie ein Romancier: „Quel malheur! Daß die Visite so enden mußte!" Er kam sich hier am Niederrhein wie auf Besuch vor. Von Zeit zu Zeit inspizierte er die Schlupfwinkel der verschiedenen Banden. Die Räuber pflegten sich gegenseitig einzuladen, wie Jagdherren ihre Jagdfreunde. Und bei einem solchen Räubercoup in Moers war die Krefelder Bande ganz zufällig in die Falle gegangen.

Es war nicht Picards Art, lange Trübsal zu blasen, wenn ein Coup mißlungen war und ein paar Kumpane ins Gras beißen mußten. Und so ließ er auch heute die Flügel nicht hängen, sondern schmiedete bereits neue Pläne. Es war zwar ein schwerer Schlag, daß der größte Teil der Krefelder Bande bei der „Schlacht" in Neukirchen gefallen oder gefangen war, doch zwei seiner Getreuen, Karl Heckmann und Jakob Weyers, waren von diesem Debakel verschont geblieben. Er hatte sie an jenem Tag in besonderer Mission nach Holland und Belgien geschickt. Und auch der Overtüsch hatte den Schlag überlebt. „Diable!" – Teufel! Teufel! sagte er wie ein Heerführer, der nach einer verlorenen Schlacht die Zahl

seiner Soldaten überschlägt, „da ist ja auch noch der Mathias... Ich denke, daß er keine Sehnsucht mehr nach dem Kalbfell hat..."
Nein, das hatte der Mathias nicht. Er hatte mit Karola nach Holland entwischen wollen. Doch das war nun vorbei. Die ließen ihn hier nicht mehr aus den Klauen. Was blieb ihm da übrig, als sich den Räubern mit Haut und Haaren zu verschreiben. Er entschloß sich, zunächst einmal abzuwarten. Kommt Zeit, kommt Rat, dachte er. Vorläufig hatte er ja ein Dach über dem Kopf und einen Unterschlupf für Karola. Nur paßte ihm die prahlerische Bevormundung durch Picard nicht. War das eine Art, gefangene Kumpane einfach im Stich lassen? Sogar der Overtüsch hatte gefragt: „Gibt es keine Chance, sie zu befreien?" Dazu fehlte diesem geschniegelten Laffen wohl die Courage. Der wollte seine Haut nicht unnütz zu Markte tragen.
„Passé", hatte er lakonisch gesagt. Und ein Gedanke faßte plötzlich Fuß bei Mathias. Die in den Händen der Franzosen befindlichen Kumpane mußten befreit werden. Noch waren sie nicht verurteilt, wenn es auch feststand, daß die Franzosen keine Gnade walten lassen würden. Und er sagte ganz offen seine Meinung. Gleich, jetzt, mußte man aufbrechen, er und der Overtüsch, ehe es zu spät war...
Picard stutzte: „Sieh einer an, das Bürschchen will Räuberhauptmann spielen", aber dann nach einer kurzen Überlegung: „Nur zu, nur zu, wenn du das fertigbringst, will ich dich zum Hauptmann machen..."

Gericht in Krefeld

Da saßen sie in Krefeld vor dem französischen Gericht auf einer Armesünderbank: Der Gladbacher Michel, der Zülcher Wilhelm, Drickes Schumacher, der Rote Fink und Nagels Pitterchen, lauter finstere Burschen, bei deren Anblick man das Fürchten hätte lernen können. Was die alles auf dem Kerbholz hatten! Diebstähle in Vorst, Kempen, St. Hubert, Stenden, Aldekerk, Nieukerk usw., Einbrüche in Moers, Lintfort, Rheinkamp, Rheinberg, Raubüberfälle auf die Pfarrhäuser in St. Tönis, Uerdingen und Kamp, auf den Windmüller in Geldern, auf den Webereibesitzer Schmitz in Krefeld und auf den Viehhändler Levy in Moers. Den Möppkesbudenbesitzer Hannappel in Goch hatten sie totgeprügelt, weil er ihnen nicht sagen wollte, wo er sein Geld versteckt hatte. Das sei wahrscheinlich nur ein Bruchteil der begangenen Verbrechen, sagte der Richter Monsieur Le Fabre. Zu einem weiteren Geständnis habe man die Angeklagten nicht bewegen können. Aber die Straftaten langten für eine Verurteilung. Die Verhandlung dauerte nur drei Tage. Die Richter machten kurzen Prozeß. Hier sollte endlich einmal ein Exempel statuiert werden, um dem Volk zu zeigen, daß die französischen Behörden keinen Spaß verstanden, daß es noch eine Gerechtigkeit gab. Der Vorsitzende bedauerte nur, daß mit den Angeklagten nur ein kleiner Teil der berüchtigten Krefelder Bande vor Gericht saß. Die gefährlichsten Mitglieder, vor allem Karl Heckmann und Adolph Weyers sowie der Picard, der zur Zeit eine Gastrolle am Niederrhein gab, waren noch in Freiheit.

„Aufhängen! Aufhängen!" riefen die im Zuschauerraum anwesenden Juden, als der Überfall auf den Viehhändler Levy in Moers zur Sprache kam. Der Überfallene trat selbst als Zeuge auf, während seine Frau seit der Untat bettlägerig war. Die Angeklagten gestanden alles ein, was ihnen vorgeworfen wurde. Nur auf die Frage des Vorsitzenden nach den Schlupfwinkeln und dem Verbleib der Kumpane schwiegen sich die Räuber aus. Sie ließen sich auch nicht mit der Aussicht ködern, bei einem Geständnis nicht gehängt, sondern erschossen zu werden. Es waren hartgesottene Brüder, die sich auf keinen Kuhhandel einließen. Und so lautete der Urteilsspruch für alle fünf: „Tod durch den Strang!" Keiner der Verurteilten ließ eine Gemütsbewegung erkennen.

Um dem Volk ein Schauspiel zu bieten, sollte die Exekution draußen in der Ortsmannsheide vollzogen werden.

Vor dem „Prison français" am Schwanenmarkt in Krefeld hielt ein Armsünderwagen. Er war mit zwei Pferden bespannt und vergittert. Man hätte zwei Ochsen darin transportieren können, so geräumig war er. Der Wachtposten, der vor dem Gebäude auf und ab patrouillierte, schlug die Arme über Kreuz gegen die Brust, so kalt war es ihm. Plötzlich unterbrach er seinen Rundgang und betrachtete das Gefährt mit mißtrauischen Blicken. Die kamen sicherlich wegen der Gefangenen.

Die Hinrichtung war auf sieben Uhr festgesetzt worden. Die Delinquenten sollten um sechs Uhr abgeholt werden. So lautete die Order. Ob es denn schon so spät war? Der Wachtposten konnte nicht auf die nahe Turmuhr schauen, doch er glaubte, sie habe erst vor wenigen Minuten vier Schläge getan. Vom Bock des Karrens kletterten zwei Soldaten in der Uniform der Chasseurs. Ein Fuhrmann in Zivil

blieb auf dem Bock sitzen. Der Wachtposten ergrimmte. Die Chasseurs waren ihm zuwider. Die dünkten sich etwas Besseres zu sein. Einer der uniformierten Begleiter kramte umständlich aus seiner Tasche ein mit dicken Siegeln bedecktes Schreiben, das er dem Posten grob unter die Nase hielt. „Die Gefangenen! Ordre du commandant!" – Auf Befehl des Kommandanten sagte er lakonisch. Obwohl der Mond schien und Schnee auf der Straße lag, war die Beleuchtung so schlecht, daß der Wachmann den Schriftsatz nicht entziffern konnte. Außerdem war er des Lesens kaum kundig.

„So früh?" wollte der Posten sagen, „so mitten in der Nacht?" und riß, nichts Gutes ahnend, sein Gewehr von der Schulter. Ehe er jedoch einen Alarmschuß abgeben konnte, wurde er von zwei Seiten gepackt und zu Boden geworfen. Einer der beiden Soldaten entriß ihm blitzschnell die Waffe, während

der andere dem sich heftig Wehrenden ein Tuch in den Mund stopfte und ihn an Händen und Füßen fesselte. Dann trugen sie ihn in einen dunklen Winkel des Innenhofes.
Jetzt war der Weg zu dem Gefängnis frei. Es lag im Hinterhof und hatte mehrere Stockwerke. In der Wachstube, die zu den Zellen in den oberen Etagen führte, brannte eine Ölfunzel. Die Tür war jedoch verschlossen. Im Innern des Raumes saß der Nachtwächter. Er hatte den Kopf auf den Armen liegen und schnarchte, daß man es auf dem Hof hören konnte. Erst auf mehrmaliges Klopfen regte er sich und öffnete.
„Gib die Schlüssel her! Es ist Zeit!“ sagte einer der Soldaten. „Wir wollen die Gefangenen zur Exekution abholen ...“
Und er zeigte dem verschlafenen Aufseher das versiegelte Papier. Der nickte devot. Wie hätte er auch Zweifel an der Echtheit des Schriftstücks haben sollen, nachdem die Soldaten schon den Wachtposten am Tor passiert hatten. So ging er in die Wachstube zurück und holte die Schlüssel.
„Geh' du voran!“ sagte der Soldat. Und der Wächter trottete mit einem Windlicht in der Hand die Wendeltreppe hinauf vor den beiden her. Im zweiten Stock öffnete er geräuschvoll eine Zellentür aus schwerem Eichenholz und trat ein.
„Aufstehen!“ rief der Soldat, „fertig machen!“, während sein Kamerad im Hintergrund blieb. Dumpfer Brodem eines nie gelüfteten Raumes schlug den Eintretenden entgegen. Auf den Strohsäcken raschelte es. „Halt das Licht hoch!“ befahl der Soldat, und der Wächter gehorchte.
Jetzt trat der zweite Soldat aus dem Hintergrund in den Lichtschein und rief: „Vite! Vite! – Schnell, schnell! Der Overtüsch ist da!“ Sein Kamerad, es war niemand anders als Mathias Weber, der sich mit der Befreiung der Gefangenen die Sporen verdienen wollte, entriß dem überraschten Wärter das Licht und die Schlüssel und gab ihm einen Stoß, daß er hart zu Boden stürzte, während die fünf Gefangenen zur Tür eilten.
Mit den Worten: „Du kannst hier weiterschlafen!“ schloß Mathias die Tür von außen ab. Der Wächter begann zu

schreien und gegen die Tür zu treten, Mathias antwortete mit einem Faustschlag und rief. „Silence!“ – Ruhe! „Sonst stopfen wir dir das Maul!“ Augenblicklich herrschte Ruhe. Als sie an dem gefesselten Wachtposten vorüberkamen, blieb Mathias stehen. „Den wollen wir in die Wachstube bringen, sonst ist er morgen früh zu einem Eisklumpen gefroren.“ Und sie trugen den verstört um sich Blickenden in die Stube, wo sie ihn auf einen Stuhl setzten.
„Keine Angst!“ spottete Mathias, ehe er die Tür abschloß, „es geht dir nicht an den Kragen. Paß nur auf, daß du nicht geklaut wirst...“

Picards charmante Begegnung

Über die Landstraße, die von Neuss nach Krefeld führte, zuckelten zwei mit prächtigen Apfelschimmeln bespannte Karossen. Auf dem Bock saßen livrierte Kutscher und ein Diener, die eifrig französisch parlierten. Die Sonne schien so warm auf die niederrheinische Landschaft, daß die Insassen, französische Schauspieler und Schauspielerinnen, die Fenster heruntergelassen hatten, um die frische Luft zu genießen.
Sie waren auf einer Gastspielreise durch das besetzte linksrheinische Gebiet unterwegs. Die Garnisonen von Trier, Koblenz und Köln hatten sie bereits besucht. Jetzt fuhren sie nach Krefeld. In Kleve sollte die Tournee ihren Abschluß finden. Es war eine anstrengende Reise. Sie spielten nicht nur klassische französische Stücke von Molière, Racine, Corneille, sondern dienten auch der Opèra Comique. Sogar eine Primaballerina war dabei, die Challigny, eine gefeierte Künstlerin, die während der Revolution wie ein Komet am Pariser Kunsthimmel emporgestiegen war. Mit den abendlichen Vorstellungen war die Mission der Ensemble-Mitglieder jedoch nicht erschöpft. Sie hatten auch gesellschaftliche Verpflichtungen, besonders die Damen.

Sie waren die Repräsentantinnen von Paris. Nacht für Nacht mußten sie der Einladung der Präfekten Folge leisten, wurden von Souper zu Souper und von Ball zu Ball gehetzt. Man war ausgehungert nach Pariser Charme. Die Damen flogen von Arm zu Arm. Vom General bis zum jüngsten Lieutenant riß man sich um die Künstlerinnen.
Eigentlich war die Fahrt an den Niederrhein doch recht langweilig, fanden die französischen Komödianten. Einige vertrieben sich die Zeit mit Patiencespiel. Andere ließen den Korken einer Flasche Champagner knallen, jenes neumodischen französischen Getränks, das einzige Mittel, sich ein wenig in Stimmung zu bringen. Ein Glück, daß die Sonne schien, sonst wäre diese eintönige Landschaft mit den endlosen Kuhweiden, Wäldchen, ärmlichen Dörfern und hohen Misthaufen kaum zu ertragen gewesen, bei deren Anblick die verwöhnten Dämchen jedesmal die Nase rümpften. Sie gähnten und ennuyierten sich schrecklich in diesem Land der „Barbaren". Hätte die französische Republik nicht so hohe Gagen für diese Reise bezahlt, man wäre in Paris geblieben. Man mokierte sich während der Unterhaltung über die Primitivität der Gasthöfe, in denen man nächtigen mußte, und über die verschlammten Straßen, auf denen die Wagen oft steckenblieben. Wo würde man heute Nacht wieder untergebracht sein? Vielleicht in einem Kuhstall, lästerte die Challigny, die Primaballerina. Sie schaute zum Fenster hinaus. Alles flach, soweit man blickte. Zwischen Koblenz und Köln hatte man wenigstens noch einen Blick auf die Rheinberge gehabt und feurigen Wein trinken können, aber hier? Fi donc!
Ihr Gegenüber, Gaston de Villy, der Leiter der Truppe, pflichtete ihr bei. Er prostete der Challigny gelangweilt zu. In Gedanken zählte er die Galoppschritte der Pferde. Man war wieder einmal in ein Wäldchen geraten. An den Bäumen sproßten die ersten grünen Blätter. De Villy dachte an Paris, an die Boulevards, auf denen jetzt auch der Frühling seinen Einzug hielt und an die charmanten Freundinnen, die er hatte zurücklassen müssen. Er seufzte. Noch eine Woche,

dann war alles überstanden, dann ging es wieder heimwärts. Nur in Metz würden sie auf der Rückreise noch Station machen.

Durch einen heftigen Ruck des Wagens wurde sein beschaulicher Gedankengang unterbrochen. Die Pferde bäumten sich auf, und die Passagiere wurden durcheinandergeschleudert, denn die Karosse legte sich auf die Seite und drohte umzustürzen.

„Radbruch?“ dachte Gaston de Villy. Das fehlte gerade noch in dieser Wildnis. Er wollte den Wagenschlag öffnen. Doch die Tür sprang von selbst auf, die Scheiben klirrten, und das Holz splitterte, als habe einer mit der Axt dreingeschlagen. Es war wie in einem Brigantenschauspiel. Wilde Gestalten zerrten die Insassen unsanft aus dem Wagen; kein Zweifel, sie waren von Räubern überfallen worden. Man hatte schon in Trier gewarnt und ihnen bis Koblenz vier Berittene zum Schutz mitgegeben. Doch diese Vorsichtsmaßnahme hatte sich als unnötig erwiesen. Das Rheinland – so war ihnen versichert worden, sei gefahrlos. Nun hatte man die Bescherung. Gerade hatten die Banditen mit der Plünderung des Gepäcks begonnen – einer sammelte den Schmuck der Damen ein: Ringe, Ketten, Armbänder, Broschen und Spangen –, da hörte die Challigny eine bekannte Stimme:

„Quelle surprise!“ Was für eine Überraschung! Die Primaballerina stieß einen Freudenjuchzer aus. „Jean! Jean!“ rief sie „quel hasard!“ – Was für ein Zufall! – und machte Miene, einem der Räuber um den Hals zu fallen. War es möglich? Vor einigen Monaten hatte sie mit diesem Manne, einem Kavalier par excellence, Nächte durchtollt und als Angebinde teuren Schmuck erhalten, und nun stand dieser Charmeur hier in Deutschland, hier am Rhein vor ihr als Brigant, als Straßenräuber. Sie schaute nochmals genau hin. Kein Zweifel, er war es, der tolle Jean. Es fiel ihr plötzlich ein, daß gute Freunde und Freundinnen sie in Paris vor diesem Manne gewarnt hatten. Er sei ein Unterweltler, so erzählte man sich, den die glorreiche Revolution an die Oberfläche gespült habe und der von dunkelsten Geschäften lebe. Man könne ihn nur nicht fassen, weil er gute Freunde bei der Polizei habe, die mit ihm unter einer Decke steckten und hohe Schmiergelder von ihm erhielten.

Die Challigny hatte alle diese Warnungen leichtfertig wie sie war – sie entstammte selbst dem Pariser Nachtjackenviertel – in den Wind geschlagen und für Gerede neidischer Kollegen und Kolleginnen gehalten. So nahm sie auch jetzt den Zwischenfall nicht tragisch, sondern als kleines charmantes Abenteuer. Oh, der tolle Jean würde ihr kein Haar krümmen, würde ihr den Schmuck nicht rauben, dessen war sie sicher. Der tolle Jean, alias Picard, der oberste Chef aller Briganten Westeuropas, auf dessen Kopf die französischen Militärbehörden seit vielen Monaten einen hohen Preis gesetzt hatten, stutzte beim Klang dieser vertrauten Stimme. „Halte-là!“ rief er mit Donnerstimme in den Tumult hinein, die bereits begonnene Plünderungsaktion mit einer energischen Handbewegung stoppend.

Nur murrend gehorchten die Räuber und warfen mißmutig die kostbare Beute: Ringe, Spangen, Ketten und Broschen, wie befohlen in ein großes Seidentuch. Verflucht! Was war dieser Picard nur für ein Narr! Ließ sich da von einem hübschen Lärvchen betören und brachte sie um die Früchte dieses gelungenen Überfalles. Wie von ihrem Herrn gemaßregelte und von ihrem Opfer abgedrängte Hunde standen sie knurrend und zähnefletschend abseits, während Picard mit der französischen Dame artig parlierte.
Ah, die Challigny verstand sich darauf, Männer zu betören. Mit dem süßesten Lächeln pirschte sie sich an den „Feind" heran, nannte ihn „mon cher, bien-aimé" und streichelte ihm wie einem schnurrenden Kater den Bart. Picard schien noch zu überlegen, ob es opportun sei, in Gegenwart seiner Kumpane auf diesen vertraulichen Ton einzugehen. Da fand die Komödiantin, sich den Kopf zermarternd, das überzeugende Wort.
„Mon cher", flüsterte sie girrend, ganz nahe an ihn herantretend und ihn mit ihrem Atem streifend: „Wie wäre es morgen Nacht mit einem Tête-à-tête auf Schloß Neersdonk? J'invite vous! Große Soirée!" Ich lade ihn ein, den Monsieur! „Mais tout seul – ganz allein!" Da schnappte der Räuberhauptmann nach dem gebotenen Köder. Blitzschnell war es ihm durch den Kopf gegangen: Eine Soirée auf einem Schloß! Da konnte man zwei Fliegen mit einer Klappe schlagen, ein solennes Fest besuchen und reiche Beute machen…
„C'est bon!" sagte er, „ausgezeichnet!" Da wußte die Challigny, daß sie gesiegt hatte. Sie hatte es gewußt, der tolle Jean würde sich dieses galante Abenteuer nicht entgehen lassen, und wenn er zehnmal ein Brigant war, ein Räuberhauptmann. Und mit einem betörenden „au revoir" – Auf Wiedersehen auf Schloß Neersdonk! – nahm sie Abschied von Picard, der ihr galant in den Wagen half, übermütig Kollegen und Kolleginnen zuwinkend, die verschüchtert im Hintergrund gestanden hatten:
„Entrez mesdames et messieurs! Steigen Sie ein, meine Herrschaften, das Spiel ist gewonnen…"

Das gab ein Gemaule und Geschrei, als Picard am Abend in Krefeld in der Diebesherberge zum „Langen Böllmann“ seinen Kumpanen mitteilte, er werde allein nach Schloß Neersdonk fahren. „Tout seul“ hatte die Challigny gesagt, er möge bitte ganz allein kommen. Nur den Mathias werde er als Diener und Kutscher mitnehmen, weil der sich im Schloß auskenne. Zwei könnten unauffälliger arbeiten als zehn. Das sahen sie jedoch nicht ein. Sie fühlten sich zurückgesetzt. Schon der Abbruch der Plünderung auf der Neusser Landstraße hatte sie erbittert. Nur die Hoffnung, auf Schloß Neersdonk das Doppelte an Beute machen zu können, hatte sie beruhigt. So mitten in den Festball hineinplatzen, den vornehmen Damen den Schmuck vom Hals und die feinen Dessous vom Leib reißen, sie nackend treppauf, treppab jagen, das ganze Schloß ausplündern und es schließlich in Brand stecken. Das wäre nach ihrem Gusto gewesen.

„Gottdomie!" fluchte der Rote Fink und drohte die Krefelder Bande zu verlassen und nach Essen hinüberzuwechseln, wo sich inzwischen auch eine Räuberbande von Rang und Namen gebildet hatte. Da gab es keinen Monsieur Picard, der seine Kumpane wie Zores behandelte und sich selbst etwas Besseres dünkte. Die anderen pflichteten ihm bei. Auch die Karola Flecks zog ein schiefes Maul, weil Mathias ohne sie einen Ball besuchen wollte. Seit sie sich Mutter fühlte machte sie ihm ständig Eifersuchtsszenen, wenn er nach einem anderen Frauenzimmer schielte.
Das roch nach Rebellion. Picard hätte den Rädelsführer am liebsten über den Haufen geknallt. Doch er bezähmte sich. Den Roten Fink würde er einmal ohne Zeugen aus dem Weg räumen. Und er versprach ihnen die Hälfte der zu erwartenden Beute. Außer dem Roten Fink gaben schließlich alle nach. Die Aussicht, so ganz ohne Mühe einen Haufen Geld zu verdienen, stimmte sie friedlich. Der Karola Flecks schlug Mathias beim Abschied derb aufs Maul, als sie sich ihm in den Weg stellte. Die anderen mußten ihn zurückhalten, sonst hätte er sie noch härter gestraft. War das der Dank dafür, daß er sie vor den Häschern der Militärjustiz bewahrt hatte?

Alarm im Schloß

Als Jean Gaston Baron de Collet trug sich Picard in das Gästebuch der Gräfin von Neersdonk ein. „Tout seul“ – ganz allein möge er kommen, hatte die Challigny gesagt, als sie ihn einlud. Er war dieser Bitte gefolgt und hatte nur seinen Diener Pierre, alias Mathias, mitgebracht. Dieser hatte ihn nach Neersdonk kutschiert. Während Picard im Schloß wie ein Kavalier von Adel empfangen wurde, saß Mathias draußen bei der Chaise und hatte Muße, den Einzug der übrigen Gäste zu beobachten. Er hatte sich für die Fahrt nach Neersdonk einen Bart angeklebt, eine dunkle Perücke aufgesetzt und auch einige kosmetische Veränderungen an seinem Gesicht vorgenommen. Er trug die kleidsame Uniform eines Dieners begüterter Bürger. So war er sicher, daß niemand unter den alten Domestiken des Schlosses ihn als den Mathias wiedererkennen würde, der hier noch vor wenigen Jahren im Dienst des Wildmeisters gestanden hatte und mit Schimpf und Schande davongejagt worden war.

Es war ein festlicher Aufmarsch: Französische Offiziere in Galauniform mit ihren Damen in kostbaren Spitzenroben, Zivilisten von der französischen Verwaltung, biedere niederrheinische Bürger und Bürgerinnen in einfacher Kleidung, Gutsbesitzer von benachbarten Höfen, kurzum eine bunte Parade, die Mathias von seinem Chaisensitz aus aufmerksam abnahm. Bei den Kutschern der übrigen Chaisen, die gleichfalls vor dem Schloß warteten, prahlte Mathias mit der Großzügigkeit seines Herrn, der ihn in Krefeld als Diener engagiert habe und so zufrieden mit ihm sei, daß er ihn demnächst mit nach Paris nehmen werde. Die Fuhrknechte ringsum sperrten Mund und Nase auf, als ihnen Mathias einen delikaten Kognak anbot, den sein Herr ihm angeblich gestiftet hatte, damit ihn die Langeweile nicht plage. Und als die erste Flasche leer war, öffnete Mathias eine zweite und später eine dritte. Und als die Dunkelheit hereinbrach, waren die Kutscher sanft entschlummert, von den lauen Lüften des Frühlingsabends friedlich umgaukelt.

Nachdem Mathias seinem Braunen einen vollen Habersack umgehängt hatte, pirschte er gemächlich rund um den Schloßgraben. Es war noch alles wie damals, als er hier tagtäglich ein- und ausging. Rechts und links die Kornfelder, die Weiden mit Pferden und Kühen. Dahinter die Windmühle des Trommelmüllers, der Hof des Kambecksbauern und einen Büchsenschuß weiter das Wäldchen, in dem er nächtelang angesessen hatte. Mathias blieb stehen und lauschte. Im Innern des Schlosses fiedelten die Musikanten, die zum Tanz aufspielten. Der große Festball hatte begonnen.
Mathias setzte seine Wanderung fort. Plötzlich entdeckte er im hohen Schilf des Schloßgrabens einen Nachen. Ein paar Enten flogen erschrocken auf und verschwanden in der Nacht.
 Mathias ruderte, bis er auf eine Öffnung in der hohen Schloß-

mauer stieß. Hier verließ er den Nachen und kroch vorsichtig durch das Loch. Es war so eng, daß er Mühe hatte, nicht steckenzubleiben. Dann stand er in einer Scheune. Hier kannte er sich gut aus. Rasch eilte er über den großen Hof und verschwand durch eine Seitenpforte im Schloß. Nun begann er eine nächtliche Wanderung treppauf, treppab. Der Weg war ihm wohlbekannt. Er hätte ihn mit geschlossenen Augen finden können. Aus der Schloßküche stiegen ihm köstliche Bratendüfte in die Nase. Die Köche lärmten mit Töpfen, Schüsseln und Löffeln. Da fühlte er, daß er hungrig war. Vorsichtig schlich er sich in einen Abstellraum, der hinter der Küche lag. Auf langen Tischen standen für die Dienerschaft abholbereit im trüben Schein einiger Talglichter dampfende Schüsseln mit Rehbraten, zarten Hühnchen, Kartoffeln und feinen Salaten. Mathias griff rasch nach einer der duftenden Hennen, eilte die Treppe hinauf und verschwand damit in einer Besenkammer, wo er sich gemächlich auf einem Hocker niederließ und den Vogel in freier Luft mit den Händen zerriß. Wie das schmeckte! Die Knochenreste warf der nächtliche Wanderer zum Fenster hinaus. Dann setzte er seinen Weg fort. Auf einem Tischchen im Korridor des ersten Stockes fand Mathias einen Kerzenleuchter. Mit Feuerstein und Zunder setzte er die Kerze in Brand. Gespensterhaft fiel das Licht auf eine alte Gewehrsammlung im Jagdzimmer. Da hing das Gewehr des Wildmeisters. Mathias betrachtete es ehrfürchtig. Er vergaß darüber beinahe, weshalb er im Schloß war. Dann stand er im Zimmer der Gräfin. Hier hatte sie gefragt, ob er den Wildmeister erschossen habe, und ihm seinen Ungehorsam vorgeworfen. Hier – Mathias sah plötzlich eine Schmuckschatulle vor sich stehen. Er öffnete sie. Einige Stücke fehlten. Die hatte die Gräfin wahrscheinlich zum Fest angelegt. Doch es gleißte und glitzerte noch in dem Schmuckkasten von Gold, Diamanten und Perlen. Mathias zögerte sekundenlang. Dann aber griff er zu, ließ die Schmuckstücke in den Taschen verschwinden und eilte hinaus. Er wußte, das, was er an sich genommen hatte, war ein Vermögen wert.

Auf dem Weg zur Schatzkammer, die in einem Zimmer des rechten Schloßturms lag und Gold- und Silbergeschirr, edelsteinbesetzte Kruzifixe, kostbare Monstranzen barg, hörte er Schritte. Er löschte sein Licht aus und preßte sich in eine dunkle Nische. Beseligt trällernd, doch leicht schwankend, kam eine Gestalt die Treppe herab. Ein Schimmer des inzwischen aufgegangenen Mondes fiel auf einen Mann. Er trug die Uniform eines französischen Lieutenants. In der Luft hing der Duft von Champagner, den der Offizier wie eine Fahne hinter sich herzog. Es wurde Mathias nicht schwer, den Offizier aus dem Gleichgewicht zu bringen, als er ihn jetzt von hinten anfiel. Der Mann plumpste hart auf den Boden und verlor durch den Sturz nach dem Alkoholgenuß das Bewußtsein. Es hätte gar nicht eines Knebels bedurft, um ihn am Schreien zu hindern. Mathias schleppte den Bewußtlosen in eine anliegende Rumpelkammer, die zum Abstellen überflüssigen Hausrates diente. Im Scheine eines frisch entzündeten Kerzenlichtes entkleidete Mathias den Offizier und vertauschte seine Dienerlivré mit der Uniform des Franzosen, den er mit den Fetzen eines Leinentuches an einen Tisch fesselte. Sorgfältig verstaute er auch die gestohlenen Kostbarkeiten in den Taschen der Uniform, die ihm wie angemessen paßte. Als er den Raum verließ, fühlte er sich auf dem Korridor plötzlich zart umhalst und abermals von lieblichem Champagnerduft umweht. Er dachte zunächst an einen Überfall und packte zu. Da hörte er einen schmerzlichen Aufschrei „Ah, – tu fais mal à moi! – Du tust mir weh ...“ Mathias erschrak. Was war das? Gingen hier Gespenster um? Doch Gespenster pflegten nicht nach Champagner zu duften. Er lockerte instinktiv seinen Zugriff und drückte den nächtlichen Kobold sanft an sich. Gleich ging der Klagelaut in ein verzücktes Kichern über. Und Mathias fühlte, was er da in den Armen hielt, war kein Geist, sondern ein Mensch aus Fleisch und Blut, ein junges Frauenzimmer. Jetzt ging ihm ein Licht auf. Der Lieutenant, der jetzt in der Abstellkammer seinen Champagnerrausch ausschlief, hatte mit der Jungfer in einem der oberen Schloßräume ein zärtliches Tête-á-tête

gehabt! Dann hatten sich beide in der Absicht getrennt, separat die Festräume wieder aufzusuchen.
Und auf diesem Wege war Mathias zunächst der Lieutenant begegnet. Mit dem hatte er leichtes Spiel gehabt. Aber was fing er mit der Jungfer an, die er jetzt in den Armen hielt? Sie war in selige Sphären entrückt und glaubte, ihr Galan habe ihr liebestrunken auf der Treppe aufgelauert, um das wonnige Spiel fortzusetzen.
Mathias zögerte. Die Versuchung war groß, mit diesem zarten Liebchen in einem der umliegenden Zimmer zu verschwinden und „en remplacement du Lieutenant" – in Vertretung des Monsieur Lieutenant das Liebesspiel fortzusetzen. Doch dazu war jetzt keine Zeit. Er spielte den verliebten Gockel. „Komm", flüsterte er und öffnete die Tür zu einem geheimen Boudoir, das er bei seinem nächtlichen Streifzug zufällig entdeckt hatte. Sanft schob er die Jungfrau

in den dunklen Raum und schloß mit den Worten: „Attendez un moment... – ich komme gleich wieder", die Tür ab. Den Schlüssel warf er in den Burggraben.
Nun war der Weg zu den Festräumen frei. Lauter Stimmenschwall, Gelächter und Gläserklirren schollen ihm entgegen. Man war zweifellos in Hochstimmung und beendete gerade ein zierliches Menuett. Niemand achtete auf den kleinen Lieutenant, der lässig durch den Saal schlenderte, dabei aber eifrig nach seinem Kumpan Picard Ausschau hielt. Was der wohl für Augen machen würde! Während er suchend von Tisch zu Tisch ging, stand er plötzlich der Gräfin von Neersdonk gegenüber, seiner einstigen Herrin.
Sie war älter geworden und stützte sich beim Gehen auf einen Stock. Gerade plauderte sie angeregt mit einem französischen Capitän. Als sie den Lieutenant sah, stutzte sie. Mitten im Satz brach sie ab und richtete ihr Lorgnon auf Mathias, der unbekümmert weiterschlenderte.
„Parbleu!" hörte er sie überrascht ausrufen, „quelle ressemblance! Welche Ähnlichkeit! Wer ist dieser Monsieur?" Mathias beschleunigte seine Schritte nicht, obwohl er fühlte, daß man ihm interessiert nachschaute.
Ob sie ihn trotz seiner Maskerade erkannt hatte? „Halt die Ohren steif!" dachte er und mischte sich dreist unter die Figurentänzer, als die Musik jetzt eine Gavotte zu spielen begann.
Die Gräfin behielt ihn auch weiterhin im Auge, wie Mathias feststellte. Als die Musik schwieg, zog er sich mit seiner Partnerin, der Tochter eines benachbarten Gutsbesitzers, in eine Nische zurück. Die Jungfer wunderte sich über das gute Deutsch des französischen Offiziers, was ihr Mathias mit einem Kuß zu lohnen wußte. Während er sorglos mit ihr schäkerte, entstand plötzlich ein Tumult im Saal. Ein fremdes Frauenzimmer in bäuerlicher Kleidung erschien laut schreiend und gestikulierend auf der Schwelle. Mathias zuckte zusammen und ließ unwillkürlich die Hand seiner Partnerin los. Was rief das Weib? „Filou! Filou! – Wo ist er. Ich will ihn umbringen!"

„Verdammt!" Das galt ihm, das war Karola Flecks. Die suchte ihn. Saaldiener stürzten sich auf die Frau, die wie eine Irre von Tisch zu Tisch eilte und dabei Stühle und Gläser umwarf. Der Tumult steigerte sich von Minute zu Minute. Wenn sie das Weib nicht bändigten, war er verloren. „Une folle! – Eine Verrückte! Arrêtez! Festhalten! Mettez à la porte! Werft sie hinaus!" ertönte es ungehalten von allen Seiten.

Jetzt hatte sie ihn erspäht. „Mathias!" kreischte sie außer sich, „Mathias!" und nach einer Pause: „Du Filou!" Sie machte Miene, sich auf ihn zu stürzen. Aller Augen waren auf ihn gerichtet. Jetzt, dachte Mathias, sich gewaltsam zur Ruhe zwingend, jetzt würde sie ihn, irr vor Eifersucht, vor aller Welt bloßstellen. Da wurde sie von starker Hand gepackt und hinausbefördert. Mathias trank ohne Hast einen langen Schluck aus seinem Glas. Er hatte den Mann, der als Retter in der Not aufgestanden war, erkannt. Es war der Picard. Die Challigny, dessen Partnerin, blinzelte ihrem Galan, von einem seligen Champagnerschwips umgaukelt, sehnsüchtig nach. Picard war der Held des Tages. Man atmete auf. Die Situation war gerettet. Wo aber war die Gräfin? Mathias fühlte plötzlich eine große Unruhe. Eine Entschuldigung stammelnd, erhob er sich und schlich durch einen Nebenausgang in den Garten. Dort ging es lebhaft zu. Französische Gendarme betraten hastig den Haupteingang des Schlosses, wo sie von der Gräfin empfangen wurden. Ein Gesprächsfetzen flatterte zu Mathias hinüber: „Des brigants! Räuber im Schloß!" Jetzt kehrte auch Picard zurück. Mathias stieß einen leisen Pfiff aus. Gleich war der Hauptmann bei ihm. „Allez!" flüsterte er. „Fort! Wir sind verraten!" Und unter Mathias' Führung setzten sie über den Schloßgraben. Pferd und Wagen im Stich lassend, flüchteten sie eiligst zu Fuß, befürchtend, daß die Zufahrt zum Schloß bereits von der Polizei besetzt war.

Bauern fanden nach einigen Tagen beim Pflügen eines Ackers die Leiche einer jungen Frau, die kurz zuvor erst in aller Eile begraben worden sein mußte. Niemand kannte die Tote. Erst

nach vielen Wochen ging beim Friedensrichter eine anonyme Anzeige ein, daß die Karola Flecks von ihrem Geliebten, dem Mathias Weber, ermordet worden sei.

Die Bänkelsänger auf den niederrheinischen Kirmessen nahmen bald darauf folgende Verse in ihr Repertoire auf:

„Vollends hat der blut'ge Teufel
Sein entsetzlich Werk getan:
Er versteckt des Mädchens Reste,
Wo kein Mensch nimmt seine Bahn.
Er wagt sich alsdann ins Freie,
Da er glaubt, der Untat Spur
Sei durch seine List und Klugheit
Längst verwischt in Wald und Flur…"

Gnadenloser Räuberkrieg

Ein Jahr war nach jenem feigen Mordanschlag auf den Wildmeister Horn vergangen, ohne daß man der Aufklärung des Verbrechens näher gerückt wäre. Staatsanwalt Keil in Köln, der dem Räuberunwesen am Rhein einen gnadenlosen Kampf angesagt hatte, suchte nach Horns Tod einen geeigneten Nachfolger. Dieser sollte gleichzeitig auf Schloß Neersdonk das Amt eines Friedensrichters übernehmen. Er sollte nicht nur Forstmann, sondern auch Kriminalist sein und als solcher den ländlichen Niederrhein bis Kleve betreuen und dem Gesindel aller Art zu Leibe rücken.

Die französischen Behörden hatten den stellvertretenden Administrator Le Jeune als Friedensrichter vorgeschlagen. Keil war nicht abgeneigt, diesen zu akzeptieren. Kurz vor dessen Ernennung wurde der Niederrhein jedoch durch neue Gewalttaten und Überfälle beunruhigt. Kopfschüttelnd saß Keil vor den Hiobsbotschaften. Wie war es möglich, daß fünf dingfest gemachte Räuber kurz vor ihrer Hinrichtung aus einem Militärgefängnis befreit werden konnten? Wie konnten Räuber auf einem Hausball im Schloß Neersdonk zahlreichen Damen der Gesellschaft, darunter der Schloßbesitzerin und der Primaballerina, einen Teil ihres Schmuckes rauben? Nicht einmal die Privatschatulle der Gräfin war verschont geblieben. Hier mußte gehandelt werden. Und Keil, der alle Brennpunkte des Sicherheitswesens am Rhein mit vertrauenswürdigen und tüchtigen Männern besetzt hatte, ernannte nach diesen Anschlägen einen Mann aus seinem engsten Amtsbereich als Friedensrichter für Schloß Neersdonk. Dieser neue Wildmeister, Wilhelm Fronius, hatte viele Monate unter Keil in Köln gearbeitet. Le Jeune war im Einverständnis mit den Franzosen wegen Unfähigkeit entlassen worden und nach Paris zurückgekehrt.

„Mein lieber Fronius", hatte Keil beim Abschied gesagt, „Sie sind mir zwar hier in Köln unentbehrlich, aber ich brauche am Niederrhein einen ‚General', auf den ich mich verlassen kann. Der Krieg gegen die Räuberbanden wird

nicht in der Stadt, sondern auf dem Lande entschieden…"
Fronius ging gleich mit Feuereifer an die Arbeit. Zunächst umgab er sich mit einem Stab zuverlässiger Leute. Unter den Sautreibern und Wolfskreisern, Forstgehilfen und Waldarbeitern suchte er sich einige verwegene, aber pflichtbewußte Männer aus, die er in den Nebengebäuden des Forsthauses einquartierte, so daß sie immer zur Stelle waren, wenn er sie brauchte: Den Michel Haumann, den Jockel Sichel, den Tillmann Müller, den August Herrschbach, den Christian Weiler und den Martin Trotz. Zu seinem persönlichen Vertrauensmann erkor er sich den Holzmeister und Jäger Jakob Hennemann. Alle besaßen Waffen, und allen räumte Fronius das Recht ein, während der Jagdzeit hin und wieder auch einen Braten für den eigenen Bedarf zu schießen. Das war der Anfang. Es folgte eine Rundreise durch die angrenzenden Reviere, die der Fühlungnahme und Besprechung mit den Bürgermeistern diente. Fronius, der volle Polizeigewalt hatte, ließ sich bei dieser Gelegenheit die Gendarme vorstellen und veranlaßte, daß unzuverlässige und pflichtvergessene Hüter der Ordnung abgelöst wurden.
Es gab auch Bürgermeister, die in Verruf waren. Franz Wickmann aus Issum sollte, so sagten die Leute, mit dem Gesindel unter einer Decke stecken. Man erzählte sich, er halte mit den Räubern und Dieben Gelage ab. Fronius ließ ihn einige Wochen lang von seinen Leuten beobachten. Diese bestätigten ihm bald, daß lichtscheue Burschen bei ihm ein- und ausgingen. Unverzüglich erhielt Wickmann den Laufpaß. Als sein Nachfolger auf dem Weg von Issum nach Kapellen kurz darauf nachts halbtot geprügelt wurde, ließ Fronius Wickmann verhaften. Von da an herrschte etwas mehr Ruhe.
Seit der neue Wildmeister – die Leute nannten ihn schon bald „Generalgendarm", weil sie merkten, daß der Titel Wildmeister nur eine Tarnung war – so energisch gegen die Unterwelt durchgriff, fehlte es nicht an Zuträgern und Spitzeln, die sich gern einen Taler verdienten. Es waren keine Bürger oder Bauern, sondern Streuner, verkappte Wilderer

und ähnliches Gelichter, das zu der Krefelder oder Mersener Bande Beziehungen unterhielt.
An einem milden Herbstabend saß der neue Wildmeister noch zu später Stunde in seinem Jagdzimmer bei der Arbeit. Den ganzen Tag hatte er in den Dörfern seines Bezirks zugebracht und mit den Ortsbürgermeistern Maßnahmen zur Bekämpfung der Räuber besprochen. In jedem Ort sollte eine Art Bürgerwehr aufgestellt werden, und jedes Mitglied sollte eine Feuerwaffe erhalten. Es hatte langer Verhandlungen bedurft, ehe die Franzosen dieser Forderung ihre Zustimmung gaben. Ehe Fronius an die Durchsicht der Akten ging, die ein Kurier aus Köln gebracht hatte, nahm er sein Abendbrot ein, das ihm die einstige Haushälterin seines Vorgängers bereitet hatte. Seine Gedanken waren dabei in der Ricksmühle, der größten Mühle an der Niers, wo er während seiner Inspektionsfahrten die Tochter des Müllers kennengelernt hatte. Obwohl seine Besuche in der Mühle zeitlich knapp bemessen waren, galt die schöne sanfte Elisabeth schon als seine Braut. Bald, dachte er, würde das elende Junggesellenleben ein Ende haben. Dann blätterte er in den Akten, die ihm Staatsanwalt Keil zugestellt hatte. Dieser informierte ihn

auf diesem Wege über die jüngsten Untaten der im Rheinland tätigen Banden. Alle Verbrechen wurden in Köln zentral erfaßt.

Es war eine recht aufschlußreiche Lektüre. An der Spitze des Berichtes waren die Namen der gefährlichsten Banditen namentlich verzeichnet, die zwischen Köln und Kleve ihr Unwesen trieben, häufig aber auch Abstecher in das benachbarte Holland und an die Ruhr unternahmen. Überall hatten sie ihre Schlupfwinkel. In Köln, Düsseldorf, Neuss, Krefeld, Aachen, Mönchengladbach, Rheydt, Duisburg und Essen. Der Bericht sprach von einer Krefelder, Mersener und Essener Bande; den Oberbefehl führte der Chef der niederrheinischen Bande, Picard, der, wie er sich rühmte, drei „große Reiche" beherrschte. Sie reichten angeblich von der Spitze Frieslands bis an die Grenze von Bayern und von den Ufern der Seine bis nach Hessen und Niedersachsen. Die Zahl der Banditen, die ihm hörig waren, ging in die Hunderte. Sie setzten die Bewohner von Paris und Arras ebenso in Angst und Schrecken wie die von Brüssel, Antwerpen, Nimwegen, Aurig, Köln, Krefeld, Kleve, Duisburg, Düsseldorf, Essen, Hamm, Ansbach und Donauwörth. Carl Heckmann wurde als Picards Unterhäuptling erwähnt, der vor allem den Niederrhein terrorisiere. Dieser – so hieß es weiter in dem Bericht – überschreite indessen nach Gutdünken häufig die Grenzen des Niederrheins, wenn in der Nachbarschaft ein großer Coup geplant sei oder aus sonstigen Gründen ein Paktieren mit den Handlangern in Köln, Essen oder Holland notwendig sei. Zu Heckmanns Stab gehörten so gefährliche Räuber wie Adolf Weyers, Nagels Pitterchen, Heinrich Pohr, Johann Bruckmann, Schalk aus dem Büttchen, Augustin Overtüsch, der Gladbacher Mathias, der taube Francis Klemens von Köln, Peter Bock, Drickes Schumacher, Jan der Leyendecke, Daniel Töller, der Zülcher Wilhelm, Fritz Bröcker, das Tabaksmännchen und der Rote Fink.

Fronius las eingehend den Bericht über die jüngsten Untaten. Auf der langen Liste standen Diebstähle im Kontor des Kaufmanns Pelzer in Köln, auf der Augustinerstraße, in

einem Chamoisladen in Büderich, im Laurentius-Gymnasium in Köln, in einer Eremitage in Erkelenz, in einer Kirche in Uerdingen, in Schloß Millendonk bei Rheydt, in Schloß Benrath. Es folgte eine Schilderung von Raubüberfällen auf den Hummel-Bauern in Kettwig, bei dem der Bauer ein Auge verlor und die Töchter geschändet wurden, auf das Haus des Juden Daniel in Düsseldorf am Markt, bei dem die Räuber Silber und Gold im Werte von tausend Louisdor erbeutet hatten, auf eine Eremitage in Erkelenz, bei dem die Banditen aus Wut, kein Geld gefunden zu haben, die Kapelle anzündeten und den Eremiten halbtot prügelten, auf das einsame Haus eines Geschwisterpaares in Gierath bei Grevenbroich, in dessen Verlauf die Räuber nach der Plünderung der Haustruhen den beiden Frauen die Haare abschnitten und sie nackt auf die Straße trieben, und schließlich der Anschlag auf das Haus des Bankiers Levy in Duisburg auf dem Sonnenwall. Dabei waren den Raubgesellen 20.000 Louisdor in die Hände gefallen. Die ungetreue Hausmagd des Bankiers hatte sie bei Nacht und Nebel durch eine Hinterpforte ins Haus gelassen. Hier wurde Fronius in der Lektüre unterbrochen. Der Holzmeister Hennemann meldete einen Mann, der ihm eine wichtige Nachricht bringen wolle. Fronius ließ ihn eintreten. Der Besucher, der sich Huppertz nannte, hatte ein verquollenes Gesicht und schielte. Über dem rechten Auge flammte eine fingerbreite Narbe. Hennemann hatte ihm schon an der Tür die Taschen durchsucht. Man traute niemandem, seit der alte Wildmeister einem Attentat zum Opfer gefallen war. Hennemann blieb auch im Zimmer, als Fronius den späten Besucher anhörte. Dieser fiel gleich mit der Tür ins Haus. Ob es den „Herrn General" – er nannte Fronius General – interessierte, wer den Wildmeister umgebracht habe.

Fronius traute seinen Ohren nicht. Da kam einer nach mehr als einem Jahr geradewegs von der Straße und erzählte, der Rote Fink sei der Mörder seines Vorgängers. Es zeigte sich im weiteren Verlauf des Gesprächs, daß Huppertz sehr genau über die Untat unterrichtet war. Er sei Augenzeuge des Mordes gewesen, behauptete der Mann. Der Schuß habe an jenem Abend eigentlich dem jungen Forstgehilfen gegolten, dem Mathias Weber.

„Und", – der Besucher holte tief Atem, um die Wichtigkeit seiner Worte zu unterstreichen – „wißt Ihr auch, daß der Weber nun auch bei den Räubern ist, daß er zu der Krefelder Bande gehört? Daß er die von den Franzosen gefangenen Räuber in Krefeld befreit und die Gräfin von Neersdonk bestohlen hat und jetzt der Hauptmann ist?"

Huppertz kniff das linke, schielende Auge zu, während er berichtete. Das gab ihm ein teuflisches Aussehen. Dann setzte er den Trumpf auf: „Jetzt heißt er Fetzer", weil er alles in Fetzen schlägt, was ihm in die Finger gerät.

Der Wildmeister hatte aufmerksam zugehört. Das waren Nachrichten, die kaum glaubhaft erschienen. Fronius betrachtete den Zuträger mit unverhohlenem Mißtrauen.
Huppertz galt als arbeitsscheuer Streuner und passionierter Schlingensteller. Er stand auch im Verdacht, für die Krefelder Bande Gelegenheiten für Einbrüche und Raubüberfälle auszubaldowern und gestohlene Ware bei den Trödlern in den Städten zu verschärfen. Deshalb war im Umgang mit ihm größte Vorsicht geboten. Bei seinesgleichen führte er den Spitznamen „schäler Hännes".
Eigentlich sollte man den Kerl auf der Stelle verhaften, dachte Fronius. Doch dann änderte er seinen Plan. Die Nachrichten, die Huppertz überbracht hatte, waren, wenn sie sich bestätigen sollten, äußerst wertvoll. So entschloß sich der Friedensrichter, erst einmal abzuwarten und sich seiner als Spitzel zu bedienen. Fronius ließ sich nicht anmerken, wie wichtig ihm die Nachrichten waren.
Er stellte nur hin und wieder eine Frage. Ob Picard noch bei der Krefelder Bande sei. Huppertz schüttelte den Kopf: Nein, der sei schon wieder fort nach Holland und von dort nach Paris ... Wo denn der Heckmann stecke, wollte Fronius noch wissen, der sei doch bisher Hauptmann bei der Krefelder Bande gewesen. Huppertz zögerte auch jetzt nicht mit der Antwort. Der Heckmann sei jetzt Hauptmann der Essener Bande. Er komme nur noch ab und zu an den Niederrhein, wenn es etwas Großes zu stehlen gebe ...
Das genügte dem Wildmeister fürs erste. Er schenkte dem „schälen Hännes" beim Abschied ein paar Taler Handgeld und warnte ihn: „Laß dich nur nicht auf Abwegen erwischen. Mit Spionen wird bei uns kurzer Prozeß gemacht ..."
Als Huppertz gegangen war, schrieb Fronius gleich einen Bericht nach Köln. „Der Rote Fink ist der Mörder!" hieß es in dem Rapport. Fronius dachte nach. Diesem gefährlichen Räuber spürte Staatsanwalt Keil seit langem nach. Er hatte zahlreiche Verbrechen auf dem Gewissen, tauchte heute am Niederrhein, morgen in Holland und übermorgen im Bergischen oder in Köln auf.

Fronius wollte weiterschreiben: „Mathias Weber..." Er stockte... Das war doch der Jagdgehilfe... und blätterte in den Akten. Wie war doch die Affäre mit diesem Burschen seinerzeit ausgegangen, nachdem er sich den Scherz mit dem Dachhasen erlaubt hatte? Er fand den Vermerk: „Mathias Weber war zeitweise Soldat bei den Chasseurs, befreite eine arretierte Brandstifterin und desertierte..." Von da an war jede Spur verwischt. Wenn es stimmte, was der schäle Hännes erzählt hatte, dann...

Fronius berichtete alles, was er durch Huppertz über Mathias Weber wußte und schloß sein Schreiben vorsichtig: „Ich glaube, daß man die Aussagen des Huppertz erst einmal nachprüfen muß. Wenn sie stimmen, werden wir bald mit dem neuen Räuberhauptmann Bekanntschaft machen..."

Schon nach wenigen Tagen wurde seine Vermutung bestätigt. Wieder saß Fronius noch spät am Abend bei der Schreibarbeit. Im Hause herrschte tiefe Stille. Sie wurde nur von dem monotonen Ticken der alten Wanduhr unterbrochen. Der Friedensrichter war an diesem Abend nicht recht bei der Sache. Eine seltsame Unruhe bedrückte ihn. Immer wieder blickte er von der Arbeit auf und horchte in die Nacht. Der Ruf eines Käuzchens irrte um das Haus. Gleich mußte die Uhr neunmal schlagen.

Fronius richtete sich im Sessel auf. Senta, sein Lieblingshund, der neben ihm lag, spitzte plötzlich die Ohren, erhob sich und knurrte. Es hatte geklopft. Der Hund sprang mit den Pfoten gegen die Tür.

„Wer da?" rief Fronius, ehe er den Schlüssel im Schloß umdrehte. „Kilian, ich bin es, Kilian", antwortete eine vertraute Stimme. Dann stand ein Bursche von etwa zwanzig Jahren in der Tür. Er brachte kaum ein Wort heraus, so außer Atem war er.

„Kilian? Was ist passiert?" Der Bursche war Knecht in der Ricksmühle, die zwischen Grefrath und Wachtendonk lag.

„Ihr sollt gleich mitkommen, Herr...", drängte der Bursche.

„Räuber haben heute Nacht die Elisabeth entführt und den Argo vergiftet..." Fronius wurde bleich.

Menschenraub

Das galt ihm! Und er hatte sich eingebildet, er habe für eine Weile Ruhe geschaffen. Wie selbstbewußt klang der eben verfaßte Bericht! In den Dörfern war während der letzten Wochen kaum noch ein Überfall begangen worden, doch diese Entführung war der vermeintlichen Sicherheit ein Schlag ins Gesicht. Wie mochten sie sich über ihn lustig machen! Der Friedensrichter ließ seine Braut stehlen.
„Warte! Wir kommen sofort!" sagte Fronius, wie aus einem bösen Traum erwachend. Er weckte Hennemann und ließ die Forstknechte holen. Nach kurzer Zeit standen sie vor ihm. „Hennemann, Sichel, Herrschbach, Martin, ihr macht euch fertig!" Die Knechte hatten schon draußen erfahren, was geschehen war. „Ihr anderen bewacht das Haus, damit die Banditen es nicht in meiner Abwesenheit anstecken. Senta und Wacker" – das waren die beiden Schweißhunde –, „blei-

ben hier. Ihr verlaßt das Haus nicht, geschehe, was mag. Traut keinem Boten! Wenn ich etwas zu bestellen habe, schicke ich einen Mann aus der Mühle ..."

Die Pferde wurden aus dem Stall geholt, und die fünf Männer – Martin setzte sich zu Hennemann aufs Pferd – trabten davon. Fronius hatte zwei Windlichter mitgenommen, aber er zündete sie nicht an, um in der Dunkelheit kein Ziel für Streuner zu bieten. Der Weg zur Ricksmühle war ihm außerdem wohlvertraut.

Der Wald roch nach faulendem Laub. Es war Herbst. Bald werden wieder Wölfe kommen, dachte Fronius, dann haben wir es nicht nur mit zweibeinigen, sondern auch mit vierbeinigen Feinden zu tun. Und die waren nicht weniger grausam. Unterwegs sahen die Reiter hinter einem Tannenwäldchen ein Feuer lodern. Fronius zügelte das Pferd, pirschte zu Fuß heran und ließ die anderen vorsichtig folgen. Sie fanden das Feuer verlassen. Niemand war zu sehen, doch mußte hier vor wenigen Minuten ein Unbekannter einen Hasen am Spieß gebraten haben. Das Fell lag auf dem Boden. „Wir hätten den Pferden die Hufe umwickeln sollen", sagte Fronius ärgerlich.

Die Ricksmühle lag einsam an der Niers. Es dämmerte bereits, als die Männer dort eintrafen. Ein feuchter, nebliger Herbstmorgen kroch herauf. Emsig drehte sich das Mühlrad. Fronius und seine Begleiter wurden bereits sehnsüchtig erwartet. Die Müllersleute umringten die Ankömmlinge mit verstörten Gesichtern, ratlos, Hilfe erwartend. Der Müller und sein Sohn Hubert, Männer wie Bäume mit Fäusten, die einen Stier zu bändigen vermochten, aber etwas träge im Denken, und die Müllerin, eine brave Frau, die immerzu in ihre Schürze heulte und Fronius' Hände ängstlich umklammert hielt.

Wie das zugegangen sei, wollte Fronius wissen. Während Hubert eilends berichtete, brachte die Müllerin einen wärmenden Schnaps und einen Teller mit Brot und Schinken. Es sei ihnen allen unerklärlich, wie die Entführung habe geschehen können, und der Ricksmüller nickte, unfähig ein Wort herauszubringen. Am Tag zuvor habe eine Kalesche vor der Mühle gehalten und die holländisch und französisch parlierenden Insassen hätten ein Wagenrad reparieren wollen. Es seien vornehme Herrschaften gewesen. Nur zwei ihrer Begleiter, ein Kutscher und ein Diener hätten sich rüpelhaft aufgeführt, gotteslästerlich geflucht und nach Branntwein gerochen. Den Diener habe man plötzlich vermißt, und die Kalesche sei schließlich ohne ihn abgefahren. Man nehme an, er habe sich bis zur Nacht in der Nähe der Mühle versteckt gehalten. Auf sein Konto komme vermutlich der gewaltsame Tod des Mühlenhundes, der morgens vergiftet vor der Hütte gelegen habe. Hubert zog Fronius zum Fenster: „Ja, und dann das Verschwinden Elisabeths ..."

Zu ihrer Kammer führte eine Holzstiege. Fronius betrachtete die nächste Umgebung. Es sei unmöglich, daß sie sich wehrlos habe verschleppen lassen. Das Geräusch des Mühlrades habe wohl die Hilferufe erstickt. Von den Tätern fehlte jede Spur. Fronius hielt mit seinen Begleitern kurz Kriegsrat. Er wußte, hier stand er vor einer schwierigen Aufgabe. Wo sollte er bei seinen Nachforschungen beginnen? Es blieb wohl keine andere Wahl, als den Niederrhein entlang der holländischen Grenze Ort für Ort abzusuchen und in den Dörfern nach dem Verbleib der Kalesche mit den fremdländischen Insassen zu fragen. Hubert schloß sich Fronius und seinen Männern an. Die Müllerin rang die Hände, als sie abritten. Wenn mir doch nur der Schäle Hännes über den Weg laufen würde, dachte Fronius. Der hatte sich seit einigen Tagen nicht mehr sehen lassen.

Um die gleiche Stunde, da Fronius mit seinen Leuten die Ricksmühle verließ, erschien der Schäle Hännes, dem er so gern begegnet wäre, in Neersdonk. Er fragte nach dem Friedensrichter und war enttäuscht, ihn nicht anzutreffen. Die im Haus wachenden Holzknechte bemühten sich vergebens, mit ihm zu verhandeln. Huppertz wollte nicht mit der Sprache heraus. Nach kurzem Disput trollte er sich wieder. Es war ein prächtiger Spätherbsttag, als er das Forsthaus verließ. Die Sonne schien ihm warm auf den Pelz. Am Rande eines Wäldchens setzte er sich auf einen vermoderten Baumstamm

und zündete sich ein Pfeifchen an. Trotz seines vergeblichen Besuches in Neersdonk war er nicht schlechter Laune. Seit er Fronius Spitzeldienste leistete, lebte er sorgloser. Nun brauchte er nicht mehr ständig in Angst zu leben, am nächsten Tag am Galgen zu baumeln. Wurde die Krefelder und Mersener Bande ausgehoben, dann würde er mit heiler Haut davonkommen, weil er sich rechtzeitig abgesetzt hatte.
Er dachte angestrengt nach. Die Forstknechte hatten ihm nicht sagen wollen, daß Fronius in der Ricksmühle war. So tappte er im ungewissen, wo er den Friedensrichter erreichen konnte. Sicherlich suchte er die Elisabeth. Huppertz war über den Raub genau unterrichtet. Er wußte auch, wohin die Räuber das Mädchen verschleppt hatten. Sogar die Täter waren ihm bekannt. Dieses Geheimnis gedachte er nur gegen ein entsprechendes Sümmchen preiszugeben.
Während er überlegte, was Fronius wohl diese Nachricht wert sei, sah er in der Ferne einen Mann auf sich zukommen. Er kniff die Augen zusammen, weil die Sonne ihn blendete, und pfiff durch die Zähne. Der Tausend! „Wenn das nicht der Simon aus Rheurdt ist, dann laß ich mich hängen", dachte Huppertz. Im Nu war er im Gebüsch verschwunden. Der Viehhändler kam aus Issum. Sicher hatte er eine Kuh verkauft und trug viel Geld im Sack. Die Gelegenheit, eine fette Beute zu machen, von der niemand erfahren würde, bot sich nicht alle Tage.
Der Händler war ein wenig asthmatisch. Huppertz hörte ihn schwer schnaufen. Die Kappe hatte sich Simon weit in den Nacken geschoben. An seinem dünn behaarten Kopf glänzte eine eigroße Beule. In der Hand trug er einen Eichenstock. Huppertz lauerte ihm wie ein Tiger auf, der den richtigen Augenblick zum Sprung abschätzt. Als Simon einen Schritt an ihm vorüber war, stürzte sich Huppertz auf ihn und warf ihn zu Boden. Der Händler war so erschrocken, daß er nicht den geringsten Widerstand leistete. „Huppertz", bettelte er, „laß mir mein Leben, Frau und Kind warten daheim..."
Ach so! Der bangte um sein bißchen Leben. Huppertz hatte ihn gar nicht umbringen wollen. Aber jetzt fiel es ihm ein:

Wenn er den Händler laufen ließ, würde dieser ihn bei nächster Gelegenheit verraten. Dann erfuhr Fronius davon. Der ließ ihn gewiß gleich einsperren und aburteilen. Da gab es kein Pardon. Und er drückte Simon erbarmungslos die Kehle zu, bis dieser keinen Laut mehr von sich gab. Dann zog er den Leblosen ins Gebüsch und leerte die Taschen. Der Überfallene hatte nicht nur Bargeld bei sich, 115 Taler, sondern auch noch eine Halskette aus Gold mit einem Kruzifix daran. Das steckte Huppertz schnell ein und verließ vorsichtig nach allen Seiten spähend, den Tatort. Auf der anderen Seite drang er tiefer ins Gebüsch ein und wartete die Dunkelheit ab. Es durfte ihn jetzt niemand auf der Straße treffen, sonst würde man ihn gleich der Tat verdächtigen, wenn der Händler gefunden wurde. Dumm, daß es noch nicht Winter war, dachte Huppertz. Dann hätte das Raubzeug rasch mit dem Simon aufgeräumt.

Ein Verräter wird gerichtet

Mit der Diligence fuhr Huppertz alias Schäler Hännes am nächsten Morgen nach Geldern und wanderte von dort auf grundlosen Wegen in die nahe Bönninghardt. Dort hatte die Krefelder Bande in einer verlassenen Köhlerhütte – das Meilern lohnte sich nicht – einen ihrer zahlreichen Schlupfwinkel. Hier war Huppertz weit vom Tatort entfernt, und hier konnte er vielleicht wichtige Neuigkeiten für Fronius erfahren. Als er die Hütte betrat, war nur die schwarze Jette anwesend, ein Zigeunermädchen aus Holland, das der Zülcher Wilhelm von einer Reise ins Nachbarland mitgebracht hatte. Vor der Hütte lümmelte Peter Bock, ein Neuling unter den Räubern, als Wache herum. Die Kumpane waren ausgeflogen. Das Zigeunermädchen spielte bei der Bande eine seltsame Rolle. Sie war vom Zülcher Wilhelm, der als „harmloser Bänkelsänger" durch die Lande zog, unter dem Vorwand in die Räuberhütte verschleppt worden, er benötige eine tüchtige Hilfe für Jahrmarktsbesuche, da er Witwer sei. Sie war nach kurzem Zureden ahnungslos mitgegangen. Und nun saß sie hier fest und führte den Räubern eine Art Haushalt, wenn diese anwesend waren. Sie hätte davonlaufen können, doch sie fürchtete die Rache der Bande, denn sie war inzwischen schon zur Mitwisserin geworden, die zuviel gesehen und gehört hatte.

In der Nacht zuvor hatten die Räuber ein anderes Mädchen mitgebracht, die Tochter des Ricksmüllers, entführt, wie Jette gesprächsweise erfuhr. Sie erhielt den Auftrag, die Gefangene zu verköstigen und zu beaufsichtigen. Mathias Weber, der neue Hauptmann, den sie „Fetzer" nannten, hatte ihr eine besondere Belohnung versprochen. „Gut behandeln", hatte er gesagt, „sie ist Gold wert." Jette wußte, daß sie Webers Vertrauen besaß und daß er sie auch gegen die Zudringlichkeit der Kumpane in Schutz nahm.

Wie der Schäle Hännes frohlockte, als er Jette allein traf. Er schnalzte genießerisch mit der Zunge. Augen hatte die im Kopf wie Tollkirschen, und das Haar hing ihr in einer

Wolke schwarzer Locken über das braune Gesicht. Die rechte Räuberbraut! dachte Huppertz, während sie ihn zum Teufel wünschte. Mit diesem schielenden Scheusal wollte sie nichts zu schaffen haben. Auch seine Kumpane hatte sie sich bis jetzt vom Halse zu schaffen gewußt. Nur den Hauptmann verstand sie bei guter Laune zu halten, ohne ihn weiter zu begünstigen. Sie kannte ihre Macht über Männer dieses Schlages und war sicher, daß es längst Mord und Totschlag unter den Räubern gegeben hätte, wenn sie einen von ihnen bevorzugt hätte. Sie kam sich vor wie ein Dompteur im Raubtierkäfig, der es versteht, die Bestien durch einen strengen Blick zur Raison zu bringen. Trotzdem war keinem der Kerle zu trauen. Sie waren unberechenbar.

Huppertz war heute blind wie ein liebestoller Auerhahn. Und er glaubte, jetzt, da er mit dem Mädchen allein war, sei seine große Chance gekommen. Er hatte sich Mut angetrunken. Spielerisch zog er das geraubte Goldkettchen mit dem Kruzifix aus der Tasche und hielt es dem Mädchen hin. Jette griff bewundernd danach und duldete, daß er es ihr um den Hals legte. Doch als er sie küssen wollte, gab sie ihm einen Stoß gegen die Brust. Huppertz knurrte wie ein getretener Köter. Dann versuchte er aufs neue mit Betteln und Schmeicheln ihre Gunst zu erringen. Er prahlte mit dem Geld, das er einem toten Juden abgenommen habe. Es sei so viel, daß er davon einen Hausstand gründen könne. Er schlug ihr vor, mit ihm nach Frankreich zu gehen. Dort wolle er sie heiraten. ... Als Jette unwillig den Kopf schüttelte und von dem Zudringlichen abrückte, erzählte er ihr mit einem Blick auf die im Hintergrund kauernde Müllerstochter, er habe einen Pakt mit dem „Generalgendarm“ auf Schloß Neersdonk geschlossen. Von diesem bekomme er einen Haufen Geld, wenn er die Bande ans Messer liefere. Dann sei Friede im Land, und man könne einen Handel anfangen und einen Hausstand gründen. Die geraubte Müllerstochter hockte derweil dumpf vor sich hinbrütend in einer Ecke. Sie hielt mit verkrampften Händen ihr derbes Schultertuch auf der Brust zusammen, und ihre großen grauen Augen standen angstvoll in dem

blassen Gesicht. Jette war eine geschickte Trösterin. Sie wußte das verzagte Mädchen abzulenken. Sie verstand ihm immer aufs neue Hoffnung einzuflößen. Sicherlich würde der Wildmeister mit seinen Leuten das Versteck bald gefunden haben und sie befreien. Sie möge sich nur gedulden. Fronius werde sicherlich kein Mittel scheuen, sie aufzuspüren. Und Jette trällerte ein Liedchen, als stünden die Retter bereits vor der Tür. Dabei war es ihr selbst nicht recht geheuer in dieser wüsten Gesellschaft.

Um Mitternacht kehrten die Räuber zurück. Sie waren betrunken. Mathias Weber rief gleich nach Jette. Als sie nicht antwortete, klopfte er an den Verschlag, zu dem eine Leiter hinaufführte. Hier hausten die beiden Mädchen. Mathias hörte ein heftiges Keuchen und Rumoren. Nichts Gutes ahnend drang er mit Gewalt bei ihnen ein und fand Jette im Handgemenge mit dem Schälen Hännes. Der Hauptmann kam gerade zur rechten Zeit, um das Schlimmste zu verhüten. Huppertz gönnte er das Mädchen schon gar nicht. Er stürzte sich wütend auf den Angreifer. Jette rang verzweifelt

nach Luft. Wenige Minuten später wäre sie erstickt. Als sie wieder atmen konnte, entlud sich ihr ganzer Zorn auf Huppertz.
„Verraten und verkaufen wollte er euch an die Franzosen und mit dem Geld nach Frankreich gehen. Ich sollte ihm dabei helfen und ihn heiraten. Und als ich ihm nicht zu Willen war, hat er mich gewürgt und wollte mich umbringen wie den Simon aus Rheurdt. Ja, sucht nur in seinen Taschen, da findet ihr das geraubte Geld ..."
Jette ballte immer mehr in Rage geratend die Fäuste gegen Huppertz, der sich unter den harten Griffen des Hauptmanns wand. Daß der Schäle Hännes bereits in Fronius' Diensten gestanden hatte, verschwieg Jette wohlweislich, um Elisabeth nicht zu gefährden. Schließlich riß sie sich das goldene Kettchen vom Halse und warf es dem Schälen Hännes vor die Füße. Die Räuber hatten wortlos zugehört. Dann stürzten sie sich auf den Verräter, drehten ihm die Taschen um und fanden das von Jette erwähnte Geld. Die Jacke des Kumpans war blutbefleckt. Sie fesselten den sich heftig Sträubenden an Händen und Füßen.
„Pendez! Ophänge!" ertönte es aus der Runde. Es wurde abgestimmt, und einstimmig entschieden sie sich für dieses Urteil. Und nicht etwa an Ort und Stelle sollte Huppertz gerichtet werden, sondern an einem öffentlichen Platz, wo es jedermann sehen konnte, wie die Räuber Selbstjustiz an einem Verräter übten. Und so bewegte sich noch in der Nacht ein seltsamer Zug durch die Bönninghardt nach Sonsbeck. Die Räuber benutzten einen Geheimpfad, der nur ihnen bekannt war. Es schien, als trügen sie einen Toten zu Grabe. Doch der Schäle Hännes war noch nicht tot. Seine Kumpane hatten ihn zu einem leblos scheinenden Bündel zusammengeschnürt, um ihm eine Flucht unmöglich zu machen.
Das Wetter war seit einigen Stunden umgeschlagen. Es stürmte und regnete, als sollte die Welt untergehen. Das paßte den Männern, die als Henker ausgezogen waren. Vor Sonsbeck machten sie halt. Der Richtakt wurde in größter Eile vollzogen. Fetzer kletterte auf den Ast einer mächtigen

Eiche, die am Wege stand. Overtüsch legte dem Verurteilten einen Strick um den Hals und der Zülcher Wilhelm half, den Delinquenten hochzuziehen. Oben setzte Fetzer dem Gehängten eine Altweibermütze auf und verknotete den Strick an einem Ast des Baumes. Mit einem Satz sprang er auf den Boden. Die Henker machten sich nach der Exekution eiligst aus dem Staube. Als der Morgen dämmerte, hatten die Krähen dem Huppertz bereits die Augen ausgehackt. So fanden ihn Bauern, die über Land gingen.

Das waren schwere Schläge für den Friedensrichter auf Neersdonk. Elisabeth in den Händen der Räuber, der Händler Simon erwürgt und beraubt und Huppertz vor Sonsbeck aufgehängt. Erschöpft und ohne Erfolg war Fronius von seinem Erkundungsritt zurückgekehrt und hatte die neuen Hiobsbotschaften bei seiner Ankunft erfahren. Keine Spur von Elisabeth! Das war ihm am ärgsten. Die beiden neuen Verbrechen hatten ihm im übrigen gezeigt, daß sich das Gesindel noch sehr sicher fühlte. Woran lag es, daß er bei seinen Bemühungen um die Säuberung des Niederrheins von Räubern und lichtscheuem Gesindel nicht recht vorwärtskam, obwohl er Tag und Nacht unterwegs war und sich keine Ruhe gönnte? Er war nicht einmal dazu gekommen, einen Bock zu schießen. Was war das für ein Hundeleben! Weshalb wurde er laufend vom Pech verfolgt?
Zwei Begegnungen brachten ihn wenige Tage später ein gutes Stück weiter. Eines Abends – es war bereits dunkel und der Frost kroch in den Boden – wurde an die Tür geklopft. Hennemann brachte einen halb verhungerten und blau gefrorenen Mann ins Haus, der sich Ludwig Bömmels nannte und vorgab, Kapuzinerpater zu sein. Er sei, so berichtete er, mit der Diligence von Krefeld nach Geldern gefahren. Diese sei kurz vor dem Ziel von Räubern überfallen worden. Man habe die Post ausgeplündert und ihn in eine Köhlerhütte weit abseits der Straße verschleppt. Die Räuber hätten wissen wollen, in welchen niederrheinischen Kirchen größere Schätze verborgen lägen. Als er ihre Frage nicht beantwortet habe,

hätten sie ihm die Kutte ausgezogen, ihn in Lumpen gehüllt und ihre unheiligen Späße mit ihm getrieben.
Wie ihm denn die Flucht gelungen sei, wollte Fronius wissen. Eine Zigeunerin habe ihn bei Nacht und Nebel ins Freie gelassen, während die Räuber ihren Rausch ausgeschlafen hätten. Sie müßten sich in ihrem Versteck sehr sicher gefühlt haben. Außer der Zigeunerin – so erzählte der Pater weiter – sei noch ein anderes Mädchen in der Hütte gewesen, eine Blonde, er vermute eine Gefangene. Jetzt wurde Fronius aufmerksam, doch der Pater wußte nicht mehr über sie zu berichten, so sehr der Friedensrichter auch in ihn drang.
Wer ihm denn den Weg nach Neersdonk gezeigt habe? Ein Bauer aus Sevelen, sagte der Pater. Bei diesem habe er die erste Nacht nach der Flucht verbracht. Fronius erfuhr immer häufiger, daß sein Haus weit und breit als Refugium, als rettende Insel in der Wüste galt. Wer Rat und Schutz suchte, kehrte bei ihm ein.
Fronius war sehr mißtrauisch. Man mußte vorsichtig sein. Mit Biedermannsmiene schlich sich mancher Bösewicht in die Häuser der Bürger, würgte sie ab und plünderte ihr Heim aus. Der Gast hatte ein blasses, feines Gesicht und seine Hände waren schmal wie die einer Frau. Er bat, sich zunächst einmal waschen zu dürfen. Fronius tauschte seine Lumpen gegen saubere Kleider ein. Der Fremde wirkte gleich vertrauenerweckender, als er wieder das Zimmer betrat. Vielleicht war er ein verbummelter Student. Fronius blieb auch weiterhin mißtrauisch. Doch so sehr er den Pater auch ins Kreuzverhör nahm, er widersprach sich nicht ein einziges Mal. Bömmels konnte sogar mit einem erzbischöflichen Handschreiben aus München dienen, das ihn als hochgelehrten und vielgereisten Ehrenmann auswies. Wenn er nicht log, kam er wie gerufen. Fronius hatte sich schon längst einen Gesellschafter von seinem Schlage gewünscht, mit dem er nach des Tages Arbeit und Sorgen gemütliche Zwiesprache halten konnte.
Bertha tischte dem Gast ein deftiges Abendbrot auf, „Himmel und Erd“. Auch eine Flasche Wein gab es aus

der Schloßküche. Während Bömmels sich stärkte, forschte Fronius ihn weiter aus. Er beantwortete alle Fragen eindeutig und klar. Nur über die Lage der Köhlerhütte, in die man ihn verschleppt hatte, wußte er keine genaue Auskunft zu geben. Er sei sich vorgekommen wie in einer Wüste, als er die Hütte verlassen habe. Auf gut Glück sei er darauf losmarschiert, immer durch Sand. Weit und breit habe man weder Weg noch Steg erkennen können. Fronius rief nach Hennemann. Vielleicht kannte dieser die von Bömmels beschriebene Gegend oder gar die Hütte.
Hennemann meinte: „Das kann nur die Bönninghardt sein…" Und er beschrieb eine Sandwüste, die seiner Meinung nach nur der Teufel erschaffen haben könne. Dahin gebe es in der Tat keinen Weg und Steg. Und Bömmels könne von Glück sagen, daß er mit heiler Haut davongekommen sei. Schon mancher Wanderer habe sich dort im Winter so verirrt, daß er in Eis und Schnee umgekommen sei.
Der Gast berichtete weiter. Die Räuber müßten bei ihrem letzten Überfall viel Geld erbeutet haben. Während eines Schnapsgelages hätten sie damit geprahlt. Es sei von einem Anschlag auf eine holländische Post die Rede gewesen. Dabei hätten sie 900 Gulden und eine Anzahl Brillanten erbeutet.

Wo aber lag die Hütte? Diese Frage zu klären erschien Fronius am wichtigsten. Vielleicht hatten die Räuber im Holländischen ihren Unterschlupf. Doch Bömmels verneinte. Das könne nicht sein. Dann hätte er ja die Grenze passieren müssen.
Fronius entschied, sich an Hennemann wendend: „Morgen früh machst du dich auf die Socken!" Er fragte noch einmal nach dem blonden Mädchen, von dem Bömmels erzählt hatte. Doch weitere Einzelheiten wußte dieser nicht zu berichten.
Was waren das für Zustände! Keine Sicherheit mehr weit und breit.
Der Pater blieb über Nacht. Wo hätte er auch sonst bleiben sollen? Obwohl er müde und abgekämpft von den Strapazen der letzten Tage war, griff er noch in vorgerückter Stunde, angeregt durch den genossenen Wein zur Gitarre, die seit Monaten unbenutzt an der Wand gehangen hatte. Und der Pater sang sogar ein recht weltlich klingendes Liedchen:

„Zähl' ich auch zu den Bettelgesellen,
Ei, erst recht will ich fröhlich sein,
Will's um zehn und um vier bestellen
Und trinken, den fein kühlen Wein ..."

Erst spät in der Nacht begab man sich zur Ruhe. Fronius fühlte sich an diesem Abend gelöster. Doch der Gedanke an Elisabeth ließ ihn nicht schlafen. Alles, was er in letzter Zeit über das schändliche Treiben der Räuber gehört und gelesen hatte, fiel ihm wieder ein.

Auf der Spur der Entführer

In der Frühe des nächsten Tages machte sich Hennemann mit Herschbach und Weiler auf den Weg, um die Köhlerhütte ausfindig zu machen, von der Pater Bömmels erzählt hatte. Von dem Erfolg ihrer Erkundungen wollte Fronius seine weiteren Aktionen gegen die Räuber abhängig machen. Es drängte ihn vor allem, die Räuberhöhle in der Bönninghardt so schnell wie möglich auszuräuchern. Doch um Elisabeths Leben nicht zu gefährden, durfte nichts überstürzt werden.

Als Fronius nach Hennemanns Ausritt mit dem Pater beim Frühstück saß und Bömmels anschaulich und doch bescheiden von seinen Reisen durch Frankreich, Italien und die Schweiz erzählte, faßte der Friedensrichter volles Vertrauen zu ihm. Und er sagte herzlich: „Es wäre mir eine Freude, wenn Ihr mir hier ein Weilchen Gesellschaft leisten würdet. Drüben im Schloß ist eine Bibliothek. Ihr könnt nach Herzenslust studieren, musizieren."

„Das möchte ich wohl", erwiderte der Pater, während er seine Pfeife in Brand setzte, „doch wie soll ich mich erkenntlich zeigen ...?" Fronius wehrte ab. Für ihn sei es schon Entgelt genug, wenn er einen Menschen um sich habe, der ihn von den Alltagssorgen ablenke.

Der Pater wollte etwas erwidern. Da öffnete sich die Tür und Bertha führte ein junges Mädchen ins Zimmer. Es hatte helle Augen und die Zöpfe sittsam um den Kopf geschlungen. Ihr Kleid war für die Jahreszeit viel zu dünn.

Ein Kind ist sie nicht mehr, dachte Fronius, der sie verwundert betrachtete. Sie fragt, ob sie im Haushalt helfen könne, sie suche eine Stelle als Dienstmagd, sagte Bertha.

„Bist du von Hause weggelaufen?" mischte sich der Pater in das Gespräch. Das Mädchen nickte verlegen. Fronius setzte das Examen fort: „Wie heißt du denn?" – „Maria Mertes", sagte sie leise, als schäme sie sich ihres Namens. „Mertes?" Fronius grübelte nach. Der ermordete Huppertz hatte diesen Namen einmal erwähnt, als er von der Krefelder Bande berichtete. Plötzlich fiel es dem Friedensrichter ein. Mertes war nach Huppertz' Darstellung ein Köhler. „Weshalb bist du von Hause fortgelaufen?" Das Mädchen zögerte mit der Antwort. „Mein Vater", stotterte es, „ich konnte nicht mehr bei ihm bleiben."

„Dein Vater ist Köhler?" – Das Mädchen nickte. „Und wo liegt seine Hütte?" – „In der Bönninghardt..." Dann fügte die Kleine hinzu: „Doch er meilert schon lange nicht mehr, es war zu wenig Holz da..."

„Und wer wohnt jetzt in der Hütte?" – Das Mädchen besann sich eine Weile, dann sagte es: „Andere –, er hat die Hütte..." Es suchte nach einem Wort.

„Vermietet?" – „Ja."

Fronius erhob sich, um ein paar Scheite Holz in den Kamin zu werfen. Dich schickt mir der Himmel, dachte er. Vor Erregung konnte er nicht mehr weitersprechen. Doch schnell hatte er sich wieder gefaßt.

„Und wo wohnt dein Vater jetzt?" „In Sonsbeck..." – „Und wovon lebt er?" – „Von dem, was sie ihm bringen." „Wer sind sie?" Wieder entstand eine Pause. „Herumtreiber? Räuber?" Maria nickte: „Ich habe Angst vor ihnen." „Wann hast du sie denn gesehen?" – „Oh – oft, wenn sie sich verstecken mußten..." „Vor wem?" – „Vor den Franzosen ... Einer wollte mir die Kleider vom Leib reißen." – „Wer?" – „Der Rote Fink." Fronius strich sich nachdenklich über das Haar. „So, so, das sind allerdings keine guten Freunde, die dein Vater da beherbergt. Wer hat dich denn hierher geschickt?" – „Die Jette." – „Wer ist die Jette?" „Sie wohnt mit den anderen in der Köhlerhütte..."

„Mit wem warst du denn dort?" – „Mit dem Vater, er hat ihnen Schnaps gebracht..." „Hat es denn niemand gemerkt, als du wegliefst?" – „Sie waren alle betrunken, ich bin durch den alten Schornstein über das Dach..."

Alle Achtung, dachte Fronius, das Kind hat Mut. Wie groß muß die Angst vor dem Vater und den Räubern sein, wenn sie das gewagt hat.

„Du kannst hier bleiben", beendete er die Unterredung, „aber laß dich nicht auf dem Hof oder auf der Straße

sehen, da bist du deines Lebens nicht sicher. Sie werden dir gewiß nachspüren."

Während sich Maria in die Obhut Berthas begab, schilderte Fronius dem Pater ausführlich die Geschichte der Entführung Elisabeths. Am Nachmittag begleitete er ihn ins Schloß und machte der Frau Gräfin seine Aufwartung. Die Schloßherrin erkundigte sich nach Fronius' Plänen und nach Elisabeth.

Der Wildmeister riet zur Verstärkung der Schloßwachen. Man mußte täglich mit einem Überfall rechnen. In der Nacht zuvor hatten Räuber einen Anschlag auf Schloß Blömersheim versucht. Fünf Kerle mit rußgeschwärzten Gesichtern waren mit einem Rammbaum vor dem Schloßtor erschienen, durch einen Kugelhagel jedoch von den Schloßwachen vertrieben worden. Aus Rache hatten die Banditen die Schloßkapelle in Brand gesteckt.

Als Fronius sich mit seinem Begleiter von der Gräfin verabschiedete, dämmerte der Abend herauf. Der Wind schüttelte die letzten Blätter von den Bäumen. Auch das Gesträuch war bereits so kahl, daß es kein Versteck mehr bot. Kein Laut war zu hören außer dem Geschrei der Dohlen, die jetzt einflogen. Auf dem Weg zum Forsthaus hatte ein Habicht einen Hasen geschlagen und begann sich vollzukröpfen. Fronius schoß. „Das Raubzeug nimmt überhand", sagte er und gab dem noch zuckenden Hasen einen Schlag ins Genick. Wenige Schritte entfernt am Wildfütterungsplatz fand Fronius einen an einen Baum gehefteten Zettel. Darauf stand:

„Wir forrdern soford 500 Dahler Lößegelt für Elisabett von der ricksmüle. wenn unterzeichender verfolgd wirt, mus Elisabett schterben. erwarden das gelt mitwoch abent an wintmüle ißum. Ein pader hold eß zehn ur Nachts ap.

im ersten Jar Meiner Rekierung

der Fetzer!"

Das war der Gipfel der Frechheit. „Jetzt wird es Ernst", sagte Fronius. Den Zettel steckte er in die Tasche. „Jetzt muß gehandelt werden. Mir scheint, sie gehen schon mit Eurer Kutte hausieren."

Der Friedensrichter hatte noch ein Stündchen pirschen wollen. Jetzt war ihm die Lust vergangen. Er horchte aufmerksam in die Nacht. Die Sonne ging blutrot unter, scharfen Frost verheißend. In der Ferne bellte ein Fuchs.

Zu Hause legte Fronius die schweren eichenen Fensterläden vor, eine Vorsichtsmaßnahme, die seit der Ermordung seines Vorgängers allabendlich getroffen wurde. Gegen Mitternacht kehrten Hennemann und Herschbach von ihrem Erkundungsritt zurück. Sie hatten so gut wie nichts erreicht. Vergebens hatten sie nach einem Weg in die Bönninghardt gesucht, den es nach Auskunft der Bauern in den anliegenden Ortschaften geben solle. Die ganze Bönninghardt sei eine unzugängliche Sandwüste, in der sich Ortsunkundige unweigerlich verirrten. Und von den Dörflern habe keiner als Führer dienen wollen. Wenn die Rede auf die Räuber gekommen sei, hätten sie aus Angst, daß ihnen ihr Haus über dem Kopf angezündet würde, abgewinkt.

Den Friedensrichter packte der Zorn. War denn diese Bönninghardt verhext? Jetzt mußte das Äußerste gewagt werden. Die Räuber hatten ihm mit der Lösegeldforderung die Pistole auf die Brust gesetzt. Plötzlich kam ihm ein Gedanke. Wenn er die Maria Mertes als ortskundige Führerin mitnahm ... Als er sie fragte, ob sie bereit sei, willigte sie ohne Besinnen ein.

Es war inzwischen Schnee gefallen. Der kam Fronius wie gerufen. Nun konnten sie Schlitten benutzen. Da war vielleicht eher ein Fortkommen möglich. Nach kurzer Überlegung setzte der Friedensrichter die Abfahrt auf den nächsten Morgen fest. Um unnötiges Aufsehen zu vermeiden, sollte der Aufbruch in drei Gruppen erfolgen. Bei Issum wollte man sich treffen. Dort sei die Anfahrt in die Bönninghardt am leichtesten, wie Maria Mertes versicherte.

Zum Schutz des Hauses und der Bewohner blieben Michel Hausmann und Jockel Sichel mit den Hunden zurück. Erster war gelernter Hufschmied und letzterer Waffenmeister.

Während Fronius mit seinen Männern unterwegs war, saß Elisabeth in der Köhlerhütte grübelnd an einer Fensterluke und starrte in den grauen Wintertag. Sie war in trostloser Stimmung. Seit einer Stunde hatten die Räuber die Hütte verlassen, um an einer Hochzeit in Marienbaum teilzunehmen. Dort heiratete die Tochter des Gendarms Schimbler den Bilmans Toni, einen Tagelöhner, der seinen Lebensunterhalt mit Schmuggel verdiente.

Den Schimbler hatte der Fetzer völlig in der Hand. Der Gendarm gab den Räubern Hinweise, wo es etwas Großes zu stehlen gab, verschärfte Diebesgut und warnte, wenn Gefahr drohte.

In der Hütte war es dunkel. Die Räuber hatten Jette verboten Licht anzuzünden, damit man von außen nicht merkte, daß die Hütte bewohnt war. Sie galt als verlassen. Die Türen waren von außen verschlossen und die Fenster so klein, daß man nicht hindurchschlüpfen konnte. Jette war zornig. Was fiel den Halunken ein, sie hier einzusperren? Sie hätte ihnen gern einen Streich gespielt. Immer wieder dachte sie an Flucht. Doch in dieser verfluchten Bönninghardt kannte sie sich nicht aus. Sie wußte, sie waren beide verloren, wenn das Vorhaben mißlang. Fetzer verstand in dieser Hinsicht keinen

Spaß, wenn sie sich auch sonst Respekt bei ihm zu verschaffen verstanden hatte. Wahrhaftig, die Kerle fraßen ihr seit dem Zwischenfall mit dem Schälen Hännes aus der Hand. Je nun, sie war ihnen ja auch eine gute Haushälterin, die ihnen das Essen kochte, wenn sie in der Hütte Rast machten. Das wußten die Räuber trotz ihrer Zügellosigkeit zu schätzen. Wie lange hatte es gedauert, bis ein Ersatz für die alte Liske gefunden war. Die war eines Nachts beim Verschärfen eines gewilderten Rehbocks in Rheurdt in eine Jauchegrube gefallen und ertrunken.

Jette kannte alle Pilze und Kräuter des Waldes, giftige und ungiftige. Sie braute heilsame Tränklein zur Heilung von Wunden und Krankheiten, doch sie wußte auch Gifte zu mischen aus Einbeere, Tollkirsche und Bilsenkraut und verstand, die Zukunft aus der Hand und aus dem Kaffeesatz zu lesen. So zogen die Räuber es vor, Frieden mit ihr zu halten, immer in der Furcht, eines Tages mit einer vergifteten Suppe traktiert zu werden. Diesem Umstand verdankte es auch Elisabeth, daß sie bis jetzt unbehelligt geblieben war. Jette wachte streng darüber, daß keiner der rabiaten Hausgenossen sich dem Mädchen mit unlauteren Absichten näherte. Die Zigeunerin saß am Ofen und strickte an einem Wams. Draußen schneite es seit vielen Stunden. Das sah man sogar durch die kleinen Fensterluken. Plötzlich horchte Jette auf. Sie besaß das Gehör eines Luchses. Hatte sich draußen nicht etwas geregt? Möglich, daß einer der Räuber vorzeitig nach Hause kam, weil ihn die Gier nach den Mädchen trieb.

Doch Jette schien sich getäuscht zu haben, es war nur der Schnee, der gegen die Scheiben plirrte. Oder der Sturm, der im Kamin heulte. Jette fror. Sie warf einige Holzscheite auf das verglimmende Feuer. Dann kam ihr plötzlich ein Gedanke. Vom letzten Gelage war noch eine Flasche Schnaps übrig. Sie öffnete den Spind, setzte die Flasche an den Mund und trank einen herzhaften Schluck. Das tat gut.

„Du auch?“ sagte sie einladend. Doch Elisabeth schüttelte den Kopf. Wie konnte man nur am hellen Tag Schnaps trinken? „Dumme Trine“, dachte Jette. Sie hatte es gut gemeint. Ein

Schnaps, der munterte auf. Da vergaß man die Sorgen. Und sie setzte von neuem an. Ein leichter Rausch befiel sie. Der machte sie unternehmungslustig. Wieder kam ihr der Einfall, mit der Müllerstochter einen Ausbruch zu wagen. Vielleicht würde doch alles gut gehen. Dann war man in einem Tag in Neersdonk. Die Rache der Bande vermochte sie plötzlich nicht mehr zu schrecken. Sie hielt noch einmal Ausschau nach dem Wetter, soweit das von ihrem engen Auslug möglich war. Als sie eine der Luken öffnete, fuhr ihr eine Schneewehe ins Gesicht. Draußen lag schon alles unter der weißen Last. Plötzlich fuhr sie zusammen. Sie glaubte das Geheul eines Wolfes gehört zu haben. „Wölfe!" murmelte sie und schloß erschauernd das Fensterchen. Die gab es, seit Krieg war.
Auch Elisabeth war bei diesem Wort zusammengezuckt. Es schien den letzten Hoffnungsschimmer in ihr zu töten. Wie sie diese Stimmen kannte! Daheim im Bereich der Ricksmühle gab es alle Winter Wölfe, seit das Kriegsgeschrei kein Ende nahm. Es war als locke der Krieg die Bestien an. Während einer Wolfsjagd hatte sie Fronius kennengelernt. Da war er mit seinen Wolfskreisern in der Ricksmühle eingekehrt, hatte einen seiner von einem Wolf angefallenen Leute bei den Müllersleuten verbunden und eine Stärkung zu sich genommen. Und weil das Wetter immer unwirtlicher wurde, war er über Nacht geblieben. Und von da an war er jede Woche gekommen. Er hatte immer einen Grund. Einmal holte er sich in der Mühle einen Hund. Dann brachte er dem Müller und seinen Söhnen Waffen, nachdem er bei den französischen Behörden die Erlaubnis zum Waffentragen für die deutsche Bevölkerung erwirkt hatte. Und dann hatte er sie eines Tages beim Abschied scheinbar im Scherz gefragt: „Hast wohl schon einen Bräutigam?" und als sie verwirrt den Kopf schüttelte, ihr rasch einen Kuß gegeben. Elisabeth gingen in ihrer verzweifelten Situation noch einmal alle Stunden durch den Sinn, die sie mit Fronius verlebt hatte. Sie wußte, er würde nicht ruhen, bis er sie gefunden hatte. Doch sie wußte auch, wie schwierig diese Suchaktion war. Fronius war der bestgehaßte Mann für die Räuber. Sie würden ihm

mit allen Mitteln nachstellen und ihn zu beseitigen versuchen. Eine bleierne Müdigkeit befiel sie plötzlich. Und sie stieg hinauf in den Verschlag auf dem Heuboden, den sie mit Jette als Schlafgemach teilen mußte. Sie wollte versuchen zu schlafen. Wenn die Räuber zurückkehrten, war daran nicht mehr zu denken. Dann waren sie betrunken und grölten unflätige Lieder. Und sie hatte Angst, solche Angst.
Durch einen Schrei wurde sie in der Nacht wach. Den konnte nur Jette ausgestoßen haben. Der Platz, auf dem die Zigeunerin sonst schlief, war leer. Elisabeth ging zur Leiter, die in den unteren Raum führte und spähte hinab. Sie glaubte, die Räuber seien zurückgekehrt und hätten sich an Jette vergriffen. Doch diese stand wie hypnotisiert mitten im Zimmer und starrte auf die Tür. Axthiebe dröhnten. Elisabeth durchfuhr ein freudiger Schreck. Sie hörte ihren Namen rufen. „Jesus Maria!“ War es ein Traum? Oder wollte man sie hinauslocken? Jetzt fiel die Tür in Trümmer. Und Fronius stürmte mit seinen Leuten in die Hütte, die Pistole im Anschlag. Mit einem Satz war Elisabeth unten und sank dem Friedensrichter in die Arme.

„Wo stecken die Kerle?" rief Fronius, als sich die erste Erregung über das glückliche Wiedersehen gelegt hatte. „Die feiern beim Gendarm Schimbler Hochzeit", lachte Jette. Sie hatte glänzende Augen. „Excusez!" sagte sie schelmisch und bot den Männern mit charmanter Geste einen Schnaps an. Draußen tobte der Schneesturm weiter und trieb die Eiskristalle durch die eingeschlagene Tür. „Beim Gendarm Schimbler?" wiederholte Fronius. „Dem habe ich noch nie getraut. Sein Vorgänger war auch nicht besser." Doch es war vielleicht ein Glück, daß die Räuber sich unterwegs befanden, sonst wäre die Befreiung gewiß nicht so glatt verlaufen. Als Elisabeth fragend auf Maria Mertes blickte, sagte Fronius: „Ja, da wunderst du dich. Dieses Mädchen mußte uns führen, sonst hätten wir dich nicht gefunden..."

Zunächst galt es, Elisabeth, Jette und Maria in Sicherheit zu bringen. Fronius wies Hennemann an, mit vier seiner Holzknechte bis zum Eintreffen der Bande zurückzubleiben und die Räuber mit einem Feuerhagel zu empfangen, wenn diese, wie nicht anders zu erwarten war, betrunken zurückkehren würden. Herschbach sollte Fronius begleiten. Sie wollten beide am nächsten Morgen zur Köhlerhütte zurückkehren, falls Hennemann bis dahin noch nicht in Neersdonk eingetroffen war.

Als Fronius Elisabeth in den Schlitten half und sie in warme Decken hüllte, schnaubten die Pferde unruhig. Fronius lauschte betroffen in die verschneite Bönninghardt. Ein langgezogenes Heulen mischte sich schaurig in das Toben des Sturmes. „Wölfe?" Entschlossen wandte sich der Wildmeister an seine Männer. „Jetzt müßt ihr alle mitkommen. Sonst fällt uns noch ein vierbeiniger Feind in den Rücken."

Ehe sie auf drei Schlitten verteilt, Fronius mit Hennemann zu vorderst, abfuhren, ließ Fronius Feuer an die Hütte legen. „Sie sollen wenigstens ein warmes Nest finden, wenn sie durchfroren heimkommen", sagte er, und der Sturmwind blies in die Flammen, daß sie hellauf loderten.

Eine blutige Hochzeit

Als das Unwetter losbrach, saßen die Räuber bereits im Hause des Gendarms Schimbler in Issum. Fetzer hatte sich bei dem gefügigen Beamten selbst zu Gast geladen, als ihm zu Ohren gekommen war, daß dessen Tochter Suse mit dem Bilmanns Toni Hochzeit feiern würde. Das würde ein Heidenspaß werden! Räuber auf der Hochzeit einer Beamtentochter! Schimbler selbst erschrak zu Tode, als er die Kerle in dieser Zahl anrücken sah.

Was hatte er sich da eingebrockt! Schimbler war ein großer Feigling. Als ihm Fetzer einmal gedroht hatte, er werde ihm das Haus über dem Kopf anzünden, wenn er dem Friedensrichter als Zuträger diene, da war er sogleich mit fliegenden Fahnen in das Lager der Räuber gegangen. Schimblers Haus diente von da an als sicheres Versteck für die Räuber und als Lager für Diebesgut. Fetzer und seine Kumpane betrachteten ihn völlig als einen der Ihrigen, das zeigte ihre Frechheit, mit der sie sich heute zu Gast geladen hatten.

Wenn Fronius von diesem Besuch erfuhr, dann war es um ihn geschehen. Schimbler malte sich die Folgen in dieser Stunde in den schwärzesten Farben aus. Er würde nicht nur seine Stelle verlieren wie sein Vorgänger, der Eilmanns Jupp, genannt Banditenjüppchen, sondern auch noch ins Loch wandern, schließlich am Galgen enden.

Die Gäste ließen ihm jedoch jetzt keine Zeit mehr zu weiteren Überlegungen. Die Feier begann ganz nüchtern mit einer Lagebesprechung. Daß der Köhler Mertes aus Sonsbeck nicht anwesend war, fiel dem Tabaksmännchen auf. Fetzer habe ihn doch eingeladen. Ob man dem noch trauen könne? Der suche seine Tochter, sagte Fetzer. Die sei ihm durchgebrannt. „Betschwester", brummte der Rote Fink. Nicht einmal unter den Rock habe die sich langen lassen. Fetzer mahnte, bei der Sache zu bleiben.

Wo gab es für die nächsten Tage etwas Größeres zu stehlen? Wo könne man ein Lager plündern? Wo einen Überfall riskieren! Die Chancen wurden von Tag zu Tag geringer, die

Zeiten schwerer, das bare Geld wertloser, wenn man nicht gerade Goldstücke gehamstert hatte. Die reichen Juden, die man hätte schröpfen können, hatten ihre Schätze meist an geheimen Orten versteckt. Bei den kleinen Krämern war nicht viel zu holen. Kirchendiebstähle waren zwar hin und wieder ganz lohnend, erregten aber zuviel Aufsehen, da einige der Bandenmitglieder sich nicht nur mit dem Raub silberner Gegenstände begnügt, sondern in sinnloser Zerstörungswut Christusfiguren die Köpfe abgeschlagen und die heiligen Räume in schamloser Weise verunreinigt hatten. Fetzer drohte den Tätern, vor allem dem Overtüsch, im Wiederholungsfalle mit strenger Bestrafung. Der brachte das Gespräch rasch auf ein anderes Thema.

Ob Fronius das Lösegeld rechtzeitig abliefern werde, das war seine größte Sorge, denn Fetzer hatte Overtüsch mit der Eintreibung beauftragt. „Er wird es", erwiderte das Tabaksmännchen, „die Angst, daß die dumme Gans Federn lassen muß, wird ihn munter machen." – „Und wenn er das Geld nicht schickt?" warf Overtüsch ein. „Dann werden wir 1000 statt 500 Taler fordern und ihm eine allerletzte Frist setzen", beschied Fetzer. Doch darüber zu beraten, sei morgen noch Zeit genug. Overtüsch leckte sich die Lippen. Er hatte Durst. „Her mit dem Klaren!" rief er großkotzig und schlug mit der Faust auf den Tisch. Die übrigen Kumpane pflichteten ihm bei. Damit begann der gemütliche Teil.

Außer den Räubern waren noch ein paar Burschen und Mädchen aus den umliegenden Dörfern anwesend, die zum Bekanntenkreis der Suse gehörten. Sie ahnten nicht, wes Geistes Kind die neuen Gäste waren, die anfangs einen ganz sittsamen Eindruck machten. Bald fühlten sich die Räuber jedoch als Herren im Hause. Der Gendarm Schimbler brauchte keinen Finger mehr zu rühren.

Peter Bock übernahm das Heizen. Er stopfte den Ofen bis zum Platzen voll, daß er bald wie ein Backofen glühte und die Kerzen auf dem Tisch zu schmelzen begannen. Da der Schnaps eifrig die Runde machte, wurde es den Gästen bald so heiß, daß sie ihre Jacken auszogen. Nagels Pitterchen ent-

ledigte sich sogar seines Hemdes. Er hantierte in der Küche und spickte einen Rehrücken, den einer der Gäste gewildert hatte.

Da er allein mit der Arbeit nicht fertig wurde, zitierte er den Drickes Schumacher herbei. Der mußte ihm zur Hand gehen und eine Hirschkeule am Spieß drehen, damit sie gleichmäßig knusprig wurde, Nagels Pitterchen goß Fett darüber. Daß das meiste davon auf den Boden lief, störte ihn nicht. Es war genug da. Draußen hatte das Tabaksmännchen das Amt des Mundschenks übernommen. Zur Feier des Tages hatte der Gendarm neben ordinärem Kartoffelschnaps einen guten Zwetschgenschnaps gestiftet, der wie ein Fackelzug durch die Kehle rann.

Außerdem gab es richtigen Wein von Kloster Kamp. Den hatten die Räuber dort bei einem Einbruch gestohlen. Die zwei Musikanten – einer spielte auf dem Quetschklavier und der andere fiedelte auf der Geige – waren eigens aus dem

Holländischen herübergekommen. Fetzer hatte sie vermittelt. Ein Gendarm konnte sich einen solchen Spaß von seinem erbärmlichen Gehalt nicht erlauben.
Suse, die arglose Braut, saß verschüchtert neben Fetzer und mußte es sich gefallen lassen, daß er sie um die Taille faßte und ihr die Knie streichelte. Toni, der Bräutigam, lag bereits auf dem Kanapee und schnarchte. Der ungewohnte Alkoholgenuß, Schnaps und Wein und wieder Wein und Schnaps, hatte ihn bereits umgeworfen. Er kam als Beschützer seiner jungen Frau nicht mehr in Frage. Suse sah mit wachsendem Entsetzen in den Trubel hinein. Die Luft war heiß und stickig. Es roch nach menschlichen Ausdünstungen und nach dem scharfen Knaster, den die Räuber rauchten. Ein Glück, daß sich jetzt der Overtüsch neben den Fetzer setzte. Da war sie vielleicht eine Weile vor seinen Zudringlichkeiten sicher.
Doch sie sollte sich irren. Zunächst unterhielten sich die beiden sich zuprostend über Fronius. „Neersdonk aus räuchern und den Friedensrichter abschießen!" riet Overtüsch. „Um dich um so schneller an den Galgen zu bringen..." Fetzer lachte grimmig.
Der Hauptmann erhob sich plötzlich, griff nach seiner Büchse und ging zur Tür. Overtüsch hatte ihn auf einen Gedanken gebracht. Eine Wildsau wollte er schießen, aber eine echte. Das alte Jagdfieber regte sich plötzlich in ihm. Feiern konnte er noch die ganze Nacht. Draußen hatte der Sturm nachgelassen. Das bißchen Schnee störte Fetzer nicht. Jetzt war der Platz neben dem Overtüsch und der Suse leer. „1000 Taler für die Elisabeth." – Overtüsch wiederholte, was Fetzer während des Kriegsrates gesagt hatte. „Die Mädchen steigen alle im Preis." Er sah bei diesen Worten die Tochter des Gendarms herausfordernd an, so daß diese sich schaudernd abwandte.
Jetzt wurde Overtüsch frech. Er wollte Suse auf seinen Schoß zerren. Fetzer war außer Sicht. Das Mädchen wehrte sich mit Händen und Füßen. Was sie eben gehört hatte, ließ ihr keine Ruhe. Sie versuchte vergebens, ihre Gedanken zu ordnen während sie den heißen Atem des Overtüsch an ihrem Ge-

sicht spürte. Der starrte sie mit lüsternen Blicken an. Plötzlich ließ er von ihr ab. Der Bratenduft, der aus der Küche drang, schien ihm Appetit gemacht zu haben. Suse blickte ängstlich um sich. Sie betrachtete mit aufsteigendem Ekel einen nach dem anderen. Wie sie den Schnaps und den Wein in sich hineingossen. Die meisten tranken schon aus der Flasche, auch die Mädchen, die bei den Kerlen auf dem Schoß saßen. Wie würde das enden? Die Angst schnürte Suse die Kehle zu. Sie hatte nur einen Gedanken: Wie komme ich hier ungeschoren heraus?

Overtüsch kehrte jetzt zurück. Er hatte es sich auch bequem gemacht und das Hemd über den Stuhl gehängt. In seinen groben Fäusten hielt er ein großes Stück Fleisch, das er wie ein Raubtier in der Luft zerriß. Laut schmatzend kam er auf Suse zu und hielt ihr einen Fetzen hin. Als sie angeekelt ablehnte, schlang er den großen Bissen selbst hinunter, packte den Daniel Töller und den Zülcher Wilhelm am Arm, und alle drei grölten aus vollem Halse ein Lied, das sie auf einer Kirmes von einem auswärtigen Bänkelsänger gehört hatten:

„Hol mer emol die Worzelberscht
Hol mer emol de Schwamm,
Bring mer aach die Schmierseef her
Un den enge Kamm.
Knöpp se an dem Galje uff,
An der Katz ihrn Schwanz.
Und dann gewe mer uns die Händ',
Mache drum en Danz."

Wie der leibhaftige Satan, dachte Suse beim Anblick des Overtüsch. Was der Vater da für eine Schuld auf sich geladen hatte! Dem Treiben mußte ein Ende gemacht werden. Morgen früh gleich sollte der Toni, ihr Mann – ach, wenn er doch nicht so betrunken wäre – ja, wenn es Tag war, mußte er gleich nach Neersdonk laufen und dem Friedensrichter berichten, was sich hier abgespielt hatte. Am liebsten wäre sie selbst mitten in der Nacht aufgebrochen und hätte die ganze

Bande verraten. Hier in des Vaters Stube hätte Fronius mit Leichtigkeit die betrunkenen Räuber verhaften können. Da wäre ihr Vater noch Held des Tages geworden. Aber bei dem Hundewetter war es nicht möglich, dieses Vorhaben zu verwirklichen. Aus der Küche erscholl wüster Lärm. Dort war Nagels Pitterchen mit Drickes Schumacher, seinem Kochgehilfen, in Streit geraten. Pitterchen hatte Öl heiß gemacht und wollte Kräppel backen. Drickes aber verlangte noch ein Stück Rehkeule für seine Hilfestellung, die er dem Kumpan geleistet hatte. Als Pitterchen das ablehnte, warf Drickes die rohe Keule in das siedende Öl, daß es aufspritzte und Pitterchen die Hand verbrannte. Der ließ fluchend die Pfanne fallen, dem Drickes genau auf die Füße, so daß dieser vor Schmerzen wie ein Stier brüllte. Alle stürzten in die Küche. Diese Gelegenheit nutzte Overtüsch, fegte die Kerzen vom Tisch und griff nach Suse. Sie schrie gellend auf. Aber in dem Tumult und Gekreische der übrigen Mädchen und der Streitenden hörte niemand ihre Hilferufe. Overtüsch preßte ihr die Hand auf den Mund und schleppte sie nebenan in die Kammer, wo Bilmanns Toni schnarchend auf einem Bett lag. Man hatte ihn dorthin getragen, nachdem er unter den Tisch gesunken war.
Overtüsch zerrte das Mädchen auf das andere Bett. Um sie am Schreien zu hindern, steckte der geübte Verbrecher ihr einen Knebel in den Mund. Sie wehrte sich mit Kräften der Verzweiflung. Da griff er ihr an die Kehle. Sie trat ihm mit dem Absatz ins Gesicht. Das brachte die Bestie zur Raserei. Er drückte hart zu. In diesem Augenblick betrat der Gendarm Schimbler den Raum mit einer brennenden Kerze in der Hand. Er hatte Suses Schreie gehört und wollte ihr zu Hilfe kommen. Mit einer schnellen Bewegung riß er seine Pistole aus der Tasche. Overtüsch preßte mit der Rechten die zappelnde Suse tief in die Kissen, gleichzeitig stellte er dem Gendarm ein Bein, so daß der halb Betrunkene hart über einen Stuhl stolperte und zu Boden fiel. Bei dem Sturz entlud sich Schimblers Waffe, und die Kugel drang Overtüsch in die Schulter. Aufheulend zog er in blinder Wut das Mes-

ser und stach solange auf den wimmernden Gendarm ein, bis er keinen Laut mehr von sich gab. Als er endlich von seinem Opfer abließ, stand Fetzer neben ihm. „Alles kapott, aalles kapott…", lallte Overtüsch befriedigt mit teuflischem Grinsen und deutete auf das Bett, auf dem Suse, immer noch den Knebel im Mund, lag und kein Lebenszeichen mehr von sich gab. Bilmanns Toni, ihr Mann, schnarchte so laut und unbekümmert, als herrsche ringsum tiefster Friede.
Am liebsten hätte Fetzer den Overtüsch umgebracht. Diese doppelte Untat würde die Puppen zum Tanzen bringen. „Da hast du uns eine schöne Suppe eingebrockt", schrie er den Kumpan an. „Aufhängen sollte man dich wie den Schälen Hännes." Fetzer sah im Geiste bereits die Folgen dieses Doppelmordes. Die ganze Meute der Polizei und des Militärs würde Fronius ihnen auf den Hals hetzen. Es blieb nichts übrig, als schleunigst das Feld zu räumen. Von der Eintreibung des Lösegelds für die Tochter des Ricksmüllers war nicht mehr die Rede…
„Marsch!" Er packte Overtüsch am Kragen und schob ihn vor sich her wie einen störrischen Esel. Gleichzeitig mahnte er die übrigen Kumpane aufzubrechen, rüttelte sie aus dem Schlaf oder störte sie bei einem zärtlichen Tête-à-tête. Die Musik war längst verstummt, da niemand mehr tanzte. Nur widerwillig gehorchten sie. „Vite, vite!" trieb Fetzer die heftig Lamentierenden wie eine Hammelherde ins Freie. Sie begriffen nicht, weshalb es der Hauptmann plötzlich so eilig hatte. Außer Fetzer und Overtüsch wußte doch niemand, was sich in der Schlafstube Schimblers abgespielt hatte.
Zurück blieb nur Bilmanns Toni.
Draußen dämmerte der Tag. Der Sturm und das Schneetreiben hatten nachgelassen. Die frische Luft fegte die Köpfe der bezechten Räuber klar und weckte wieder die Lebensgeister und die Unternehmungslust. Fetzers Plan war, das Gros der Bande aufzulösen, bis Gras über die jüngsten Untaten gewachsen war. Er teilte die Bande in drei Gruppen ein. Die erste sollte sich nach Duisburg durchschlagen, die zweite über die Grenze nach Holland retirieren und die

dritte bei Neuss Quartier nehmen. In jeder Stadt gab es genug Freunde und Spelunkenbesitzer, bei denen sie Unterschlupf finden würden. Von dort konnten sie neue Raubzüge organisieren.
Bis Geldern blieb die Bande beisammen. Dort trennten sich die von Fetzer eingeteilten Gruppen. Den Overtüsch schickte er mit dem Tabakmännchen und dem Zülcher Wilhelm nach Duisburg. Sie sollten dort versuchen, mit der Essener Bande Verbindung aufzunehmen. Adolph Weyers schickte Fetzer mit Daniel Töller und Nagels Pitterchen über die holländische Grenze nach Venlo. Er selbst machte sich mit dem Deutzer Michel, Drickes Schumacher, Peter Bock und einigen anderen nach Neuss auf den Weg. An der Neusser Furth kannte er einen Diebes-Wirt. Bei diesem gedachte er sein künftiges Hauptquartier aufzuschlagen. Neuss gehörte nicht mehr zum Bereich des Friedensrichters. Dort konnte er ein junges Revier abgrasen. Dort war er noch ein unbeschriebenes Blatt.

Schinderhannes am Niederrhein

„Der Schinderhannes am Niederrhein!" In den Gazetten stand es schwarz auf weiß. Der Viehhändler Salomon aus Brüggen war nachts auf der Landstraße von dem Räuberhauptmann überfallen worden, als er vom Viehmarkt in Roermond zurückkehrte. Die Hälfte seiner Barschaft hatte der Räuber ihm abgenommen, fünfzig blanke Taler. Salomon hatte brav die Arme hoch gehalten, als Schinderhannes ihm die Taschen durchsuchte. Wie hätte er sich auch gegen diesen Unhold wehren sollen.
Doch er fulterte erregt: „Das sollst du mir am jüngsten Tage mit Zins und Zinseszins heimzahlen." Da schlug ihm Schinderhannes wutschnaubend auf den Mund und rief: „Wenn du mir so lange Ziel gewährst, will ich dich auch noch um die andere Hälfte erleichtern." Sprach's und raubte ihm auch die restlichen Taler...

„Der Schinderhannes in Neuss, der Schinderhannes in Duisburg, in Venlo, in Aachen..." Er hätte in sechs Städten zu gleicher Zeit sein müssen, wenn etwas an den Gerüchten wahr gewesen wäre, die vom Volk kolportiert wurden. Für alle Schandtaten, die am Niederrhein begangen wurden, machte man plötzlich den Schinderhannes verantwortlich. In Korschenbroich war er nachts mit seiner Bande bei dem Juden Rübsam eingebrochen. Die Räuber hatten Rübsam jedoch nicht zu Hause angetroffen. Um so leichter war es für sie gewesen, das Haus zu plündern. Die Frau Rebekka und die beiden Töchter hatten ihnen, nur notdürftig bekleidet, die brennenden Talglichter halten müssen, während sie Kisten und Kasten leerten. Sieben Pfund Silber, zwanzig Uhren, drei Ballen Tuch und goldene Münzen nahmen sie als Beute mit. „Wenn ihr einen Muckser tut", hatte der Räuberhauptmann gedroht, als er mit seiner Bande abzog, „geht das Haus in Flammen auf. Der Schinderhannes gibt keinen Pardon!" Bis zum anderen Morgen hockten die verängstigten Weiber auf ihren Betten, ohne sich zu rühren.
In Waldniel rammte die Bande die Tür zum Pfarrhaus. Als sie in Trümmer ging, sahen sie sich der Leiche des Pfarrers gegenüber, der tags zuvor gestorben war. Beiderseits der Bahre brannten Kerzen. Die Totenwachen hatten durch einen Hinterausgang entsetzt die Flucht ergriffen. Einige Beherzte waren in die Kirche geeilt und hatten Sturm geläutet. Die von dem Alarm erwachten Ortsbewohner kamen mit Brandeimern gerannt, denn sie glaubten nicht anders, als das Pfarrhaus stehe in Flammen. Daß Räuber das Pfarrhaus überfallen hatten, erfuhren sie erst, als sie mit Schüssen empfangen wurden.
Da sie unbewaffnet waren, mußten sie tatenlos zusehen, wie die Räuber mit der Beute – für 500 Gulden Silbermünzen und Silbergerät fiel ihnen in die Hände – flüchten konnten. Und so ging es Schlag auf Schlag. Dem Bauer Werkle auf der Heide bei Jüchen wurden nachts fünf junge Pferde von der Weide gestohlen. Er fand die Tiere einige Tage später bei einem Händler auf dem Pferdemarkt in Grevenbroich.

Als er die Tiere energisch als sein Eigen reklamierte, da lachte ihn der Händler aus und drohte ihm mit Anzeige bei der Polizei, und Werkle mußte seine eigenen Pferde für teures Geld zurückkaufen.

Dem Fuhrmann Hesse, der mit einem Wagen und zwei Pferden von Neuss nach Hemmerden unterwegs war, spannten die Räuber am hellen Tag die Gäule vom Wagen. Er mußte sich selbst anspannen, um wenigstens das Fahrzeug zu retten. Den Heubachhof bei Wickrath überfielen die Räuber, als der Bauer mit seiner Frau und seinen Söhnen die Kirmes besuchte. Die Spitzbuben trieben die schlafenden Knechte und Mägde aus den Betten und fesselten sie, nachdem diese ihnen die Schlüssel zu einer mit Silber gefüllten Eisentruhe ausgehändigt hatten. Als die Räuber schwer beladen abzogen, kamen ihnen die angeheiterten Kirmesgäste entgegen. Diese wurden nach kurzem Kampf überwältigt, völlig ausgeplündert und sogar ihrer Kleider beraubt.

Der Überfall erregte besonderes Aufsehen, da in Wickrath französisches Militär lag und auf dem Marktplatz Kanonen und Pulverwagen aufgestellt waren. Im Übermut hatten die Räuber die Kanonenrohre mit Pech verstopft und vor ihrem Abzug einen der Pulverwagen mit einer brennenden Lunte versehen, so daß er nach einer Viertelstunde in die Luft flog und zwei in der Nähe liegende Häuser zerstört wurden. Die

Wachmannschaft, die in einem der Häuser ihren Kirmesrausch ausgeschlafen hatte, kam dabei ums Leben.
Dieser Handstreich löste schlagartig einen Großalarm am ganzen Niederrhein aus. Jetzt schalteten sich plötzlich auch die Militärbehörden in die Verfolgung ein, die sich zuvor stets passiv verhalten hatten. Am Niederrhein war eine Schinderhannes-Hysterie ausgebrochen, obwohl niemand den berüchtigten Räuberhauptmann mit eigenen Augen gesehen hatte. In allen Städten zwischen Köln und Kleve rechts und links des Rheines wurden Razzien veranstaltet. Polizei und Militärpatrouillen durchkämmten berüchtigte Spelunken, Hurenhäuser und Diebesherbergen. Wahllos wurden alle verdächtigen Individuen festgenommen und auf der nächsten Polizeistation nach Papieren kontrolliert. Vielleicht, daß man den Schinderhannes erwischte. Man verhängte plötzlich drakonische Strafen gegen kleine Diebe; Spinnen-Anton, ein Hehler aus Neuss, wurde zu einer fünfjährigen Galeerenstrafe verurteilt, weil er auf dem Markt beim Diebstahl eines Ballens Kattun erwischt worden war. Der Kak Friedes, ein Abdecker aus Düsseldorf, wurde aufgehängt, weil man bei einer Haussuchung zwei Silberleuchter unter einem Strohhaufen gefunden hatte, über deren Herkunft er keine Auskunft geben konnte. Manes Hüskens, entlassener Soldat und Landstreicher, legte man in Krefeld für drei Jahre in

Ketten, weil er einen Opferstock beraubt hatte. Und die Lumpes-Ami, eine Kupplerin von der Seilerstraße in Aachen, wurde für ein Jahr in eine Dunkelzelle gesperrt, weil sie einem berauschten französischen Soldaten die Geldbörse mit zehn Francs gestohlen hatte. Meist waren es kleine Fische, die den Häschern ins Netz gingen. Die großen wurden durch ihre Späher so rechtzeitig gewarnt, daß sie sich beizeiten aus dem Staub machen konnten. Den gesuchten Schinderhannes erwischten sie jedoch nicht. Nur einmal gelang in jenen unruhigen Tagen ein guter Fang. Die Behörden verdankten ihn dem Händler Jacob Rübsam, dessen Haus in Korschenbroich der Schinderhannes in seiner Abwesenheit geplündert hatte. Als Rübsam von einer Reise nach Holland zurückkehrte und erfuhr, wie die Räuber bei ihm gehaust, was sie geraubt und wie sie Frau und Tochter drangsaliert hatten, da brach er in wilde Verwünschungen aus, rannte zum Gendarm Alfermann und schwor, nicht eher zu ruhen, als bis er diesen Frevel gesühnt und den Schinderhannes zur Strecke gebracht habe. Der Gendarm hegte Zweifel, daß es der Schinderhannes gewesen sei. Der saß doch im Hunsrück und an der Mosel. Der konnte doch nicht fliegen. Auch am Niederrhein gab es Gesindel und Verbrecher. Da hörte man in letzter Zeit so viel vom Fetzer, der es dem Schinderhannes gleichtun sollte. Doch Rübsam ließ sich seine Meinung nicht ausreden.

„Hat er doch der Rebekka gesagt, er ist der Schinderhannes. Und wenn er gesagt hat, er ist der Schinderhannes, dann ist er auch der Schinderhannes ..." Was die Frau erzählte, war für ihn Evangelium. „Und Gott der Gerechte wird mir helfen zu bringen an den Galgen den Schinderhannes, wo sich versündigt hat am Jacob Rübsam ..."

Mit diesen Worten machte sich Rübsam in seiner Chaise auf den Weg, den Schinderhannes zu suchen, begleitet von seiner Frau Rebekka, die er als Kronzeugin brauchte. Sie fuhren von Ort zu Ort, und Rübsam, der als Händler überall bekannt war wie ein bunter Hund, zog seine Erkundigungen ein. Er kargte nicht mit Talern, wenn man ihm brauchbare Auskünfte erteilte. Und was der Polizei bis dato nicht gelungen war, Jacob Rübsam fand eine Spur, die nach Neuss führte. In Damm hatte Schinderhannes, einem Ondit zufolge, in einer Scheune genächtigt und als Erinnerungszeichen ein großes Sch. mit einem Totenkopf hinterlassen. In Hemmerden war er als biederer Handwerksbursche in einer Wirtschaft eingekehrt und hatte mit den einheimischen Gästen gekartet. Als der Wirt nach seinem Weggang den Platz aufräumte, da las er mit Kreide die Worte auf den Tisch gemalt: „Ich, der Schinterhannes war hihr, wehr Mich verräd, iß des Totes …" In Glehn hatte er einem Häusler das Pferd aus dem Stall geholt und 10 Taler als Entgelt hinterlegt. Dann war er in Richtung Neuss geritten.

„Beim Wirt Nikolaus Schwoll an der Neusser Furth tauchte viel lichtscheues Gesindel unter", hatte dem Jacob Rübsam in Grevenbroich ein alter Kunde verraten. Vielleicht, daß da auch der Schinderhannes verkehrte. Und so fuhr Rübsam nach Neuss.

An der Neusser Furth machte er beim Schwoll-Wirt in der Diebesherberge halt. Bescheiden und unauffällig nahm er in einer Ecke Platz und bestellte einen Becher Wein, während seine Frau als Hausiererin getarnt von Gast zu Gast ging und Feuersteine feilbot. Mit listigen Augen hielt sie dabei Umschau unter den Anwesenden, die mit Kartenspiel und Würfeln beschäftigt waren und dabei eifrig dem Schnaps zusprachen. Einer der Schnapphähne, den sie ansprach, wollte sie umhalsen, aber sie riß sich los. „Zimperliese!" rief er ihr nach.

Schreckensbleich kehrte sie an den Tisch ihres Mannes zurück. „Vaterleben, Vaterleben …", flüsterte sie erregt und am ganzen Leibe zitternd, „er ist es … Ich hab' gefunden den Räuber, wo gesagt hat, er ist der Schinderhannes, und wo gedroht hat, er werde verbrennen das Settchen, wenn ich ihm nicht zeige, wo ist dein Geld…"

Rübsam hielt ihr den Mund zu, denn sie sprach in ihrer Erregung überlaut, so daß die Gäste schon aufmerksam geworden waren. Als Rübsam seine kleine Zeche bezahlte, da sagte der Wirt: „Mach dir nichts draus, er hat es halt mit

allen Weibern“, glaubte er doch, Rebekka habe sich wegen der Belästigung durch einen Gast erregt.
Eilends fuhr Rübsam nach dem Verlassen der Spelunke davon, um in Neuss die Polizei zu alarmieren. Unterwegs begegneten sie einem Pikett französischer Jäger. Rübsam erzählte ihnen seine Erlebnisse und daß seine Frau an der Neusser Furth den Schinderhannes entdeckt habe. „Diable! C'est bon!“ frohlockte der Lieutenant und beschloß, der Sache unverzüglich auf den Grund zu gehen.
Fetzer saß um diese Zeit mit Damian Hassel, dem Studentchen, Joseph Schlager und dem Deutzer Michel immer noch an der Neusser Furth beim Kümmelblättchen und dachte an nichts Böses.
Plötzlich hörten sie draußen vor der Tür Pferdegetrappel. Rauhe Männerstimmen riefen „prr...“, und ehe sich die Gäste in der Kneipe versahen, waren sie von sechs französischen Reitern umringt, die mit der Pistole in der Hand die Pässe kontrollierten.
Fetzer unterbrach sein Spiel, kramte gemächlich in seinen Taschen und hielt den Kontrolleuren dreist und ungeniert wie ein Mann, der ein gutes Gewissen hat, die Papiere unter die Nase. Der Reiter, ein baumlanger Kerl, über die herausfordernde Geste des Gastes etwas pikiert, fixierte den Mann und seinen Paß mit mißtrauischen Blicken.
„Vielleicht bin ich gar der Schinderhannes...“, trotzte dieser. Das klang wie Spott und Hohn. „Ha“, lachte der Lange grimmig, „hast recht, vielleicht bist du der Schinderhannes, steh auf, du bist arretiert“, und riß ihn mit hartem Griff vom Stuhl. Wie eine wilde Katze fiel Fetzer den Reiter an, riß das Messer aus dem Sack und stach, wohin er traf.
„Der Schinderhannes!“ Das war das Stichwort für die übrigen Reiter. „En avant! Auf sie!“ – und im Nu war eine wüste Keilerei im Gange. Stühle und Tische gingen in Splitter, die Fetzer und seine Kumpane zum Schutz gegen Säbelhiebe und Schüsse wie Schilde in die Luft stemmten. Der Wirt hob flehentlich die Hände, alles ging in Scherben, Krüge, Gläser
 und Flaschen. Doch der Fetzer mochte noch so wild drein-

schlagen, am Ende blieben die Reiter Sieger, und in eine Ecke gedrängt mußten sich die Räuber auf Gnade und Ungnade ergeben. An Händen und Füßen gefesselt wurden sie unter dem Gejohle der übrigen Gäste draußen auf einen Karren geladen und nach Neuss transportiert.

„Der Schinderhannes in Neuss verhaftet!“ Wie ein Lauffeuer pflanzte sich die Nachricht fort. Und die französischen Reiter fühlten sich als Helden des Tages. Ein Kurier, der nach Köln geschickt wurde, ritt zwei Pferde zuschanden, um dem öffentlichen Ankläger Keil die Nachricht möglichst rasch zu überbringen. Dieser, der gerade Berichte über neue Schandtaten des Schinderhannes an der Mosel erhalten hatte, schüttelte verzweifelt den Kopf. „Der Schinderhannes in Kochem, der Schinderhannes in Trier, der Schinderhannes in Simmern auf dem Hunsrück, auf dem Kallenfels an der Nahe und jetzt – der Schinderhannes in Neuss verhaftet!“ Da sollte sich noch ein vernünftiger Mensch auskennen.

Es half nichts. Der arretierte Halunke in Neuss mußte unter die Lupe genommen werden, und Monsieur Keil schickte seinen Sekretarius Diepenbach zur Vernehmung an Ort und Stelle. In der Windmühle auf dem Wall hatten sie Fetzer und seine drei Kumpane inhaftiert. Ganz unten saß er in einem

Verlies bei Wasser und Brot, die Hände und Füße mit Ketten an die Mauer geschlossen. Der Reihe nach wurden sie Diepenbach vorgeführt. Zuerst der Fetzer. Ein Blick genügte. Das war nie und nimmer der Schinderhannes.

„Wie heißt Er?" – „Jakob Wagenschmier", erwiderte Fetzer gelassen, „wie es in den Papieren steht." „Ist Er nicht der Schinderhannes, der Johannes Bückler?" – „Der bin ich nicht." „Weshalb hat Er sich als solcher ausgegeben?" Fetzer grinste fröhlich und erzählte, wie die französischen Reiter mißtrauisch seine Papiere kontrolliert hätten und er ungeduldig gesagt habe: „Am Ende bin ich gar der Schinderhannes..." Diepenbach las in dem Paß: „Jakob Wagenschmier..." Während er die Vernehmung fortsetzte, kam ihm plötzlich der Gedanke, den Friedensrichter Fronius in die Untersuchung einzuschalten. Doch dann verwarf er den Plan wieder. Neersdonk lag doch zu weit vom Schuß. Das mußte hier in Neuss erledigt werden.

Was aber sollte mit diesem Wagenschmier geschehen? „Laufen lassen!" sagte der Sekretär. Der Mann erschien ihm uninteressant. Ein ganz gewöhnlicher Tagedieb und Landstreicher. Doch der Friedensrichter von Neuss, der seine Ehre retten wollte, protestierte. Dieser Monsieur Wagenschmier sei schon dreimal in Neuss arretiert worden, zweimal habe er keine Papiere vorweisen können. Er sei vermutlich ein Kirchendieb, ein Einbrecher par excellence auf jeden Fall. Man habe ihn auch im Verdacht, in Wickrath bei dem Überfall auf den Heubachshof beteiligt gewesen zu sein und den Pulverwagen der Franzosen in die Luft gesprengt zu haben.

Auch der französische Kommandant von Neuss protestierte gegen die Entlassung. „Olala!" sagte er, „un homme très dangereux, ein serr gefährliches Mensch, nix entlassen..." So beschloß man, zunächst einmal die Knechte vom Heubachshof zu befragen. Vielleicht kannten die ihn wieder. Vielleicht war der Wagenschmier der berüchtigte Fetzer, der in letzter Zeit so viel von sich reden machte und der nach dem Verbrechen in der Bönninghardt so plötzlich vom Erdboden verschwunden war.

Und so blieb Fetzer in Haft. Monsieur Diepenbach hielt zwar das Aufsehen, das man in Neuss von diesem Manne machte, für übertrieben, aber immerhin – besser, es saß ein Unschuldiger im Loch als ein Halunke in Freiheit, der ein halbes Dorf durch eine Pulverladung hatte in die Luft gehen lassen. Wenn er am Ende doch der Fetzer war – kaum auszudenken –, dann... „Gut bewachen, un homme très dangereux...", hatte der französische Kommandant von Neuss gesagt. Und die Polizei stellte eine Doppelwache vor die Windmühle, in der der Übeltäter saß.
Fetzer hockte mit dem Deutzer Michel in einer Zelle, in die das Tageslicht nur spärlich fiel. Es war Martini. Draußen heulte der Sturm. Man hörte es bis in das Verlies hinunter, wie er an den Mühlenflügeln rüttelte. Das rechte Wetter, um einen Ausbruch zu wagen, dachte Fetzer. Abends um neun Uhr brachte die Wache den Gefangenen noch ein Stück Brot und frisches Wasser, prüfte die Ketten und schloß die Türen ab. Als sie gegangen war, machte sich Fetzer an die Arbeit. Zunächst scheuerte er an der Mauer eine Handfessel an einer dünnen Stelle durch, streifte sie ab, befreite sich mit kundigen Griffen von den Fußfesseln und half dann seinem Kumpan aus den Ketten. Jetzt prüfte er die Fluchtmöglichkeiten. Ein Ausbruch durch die Tür erschien ihm nicht möglich. Doch die Decke war morsch. Das hatte Fetzer gleich mit Kennermiene festgestellt. Er entfernte mit starker Hand eine Eisenstange, die überflüssigerweise kreuzweise über einer engen Luke angebracht war – es hätte niemand durch das Loch kriechen können –, stieg auf die Schultern des Deutzer Michel, stieß ein Loch in die Decke und brach zwei Bretter heraus. Dann hangelte er sich in die Höhe und erreichte so den ersten Stock. Den Deutzer Michel zog er an den Händen hinauf. Doch hier war an ein Weiterkommen nicht zu denken.
Durch ein kleines vergittertes Fenster blickte man auf den Wall. Unten hörte man die monotonen Schritte der Schildwache. Ein Ausbruchsversuch durch das Fenster hätte diese alarmiert. Die beiden Häftlinge stiegen weiter in die Höhe.

Über eine steile Stiege erreichten sie die Kuppe der Mühle und gelangten von hier aus ins Freie. Draußen wehte ein heftiger Wind, so daß sich die Ausbrecher kaum vor dem Absturz bewahren konnten, der aus dieser Höhe tödlich gewesen wäre. Fetzer zog sich an einem der ausgespannten Tücher, die an den Flügeln befestigt waren, bis zur Galerie hoch. Als er sich mit Hilfe der Windsegel hinunterlassen wollte, wurde er durch den Sturm gegen die Mauer der Mühle geschleudert. Er verlor dabei den Halt und mußte in die Tiefe springen. Nach dem Aufschlag glaubte er, alle Knochen im Leib gebrochen zu haben. Doch es blieb ihm keine Zeit, lange über die Folgen des Sturzes nachzugrübeln, denn die Wache war aufmerksam geworden.

„Qui vive? – Wer da?" hallte es durch die nächtliche Stille. Dann fielen Schüsse. Doch Fetzer war bereits verschwunden. Er hatte trotz der durch den Sturz verursachten Schmerzen die nahe Erft erreicht und sich kopfüber in das eisige Wasser gestürzt, die einzige Möglichkeit, den Verfolgern zu entrinnen.

Die Schüsse, die ihm die Wache nachsandte, verfehlten ihr Ziel, und es gelang ihm, im Schutze der Dunkelheit das jenseitige Ufer zu erreichen. In einer leerstehenden Fischerhütte verschaffte er sich trockene Kleider und fuhr noch in der selben Nacht in einem gestohlenen Kahn nach Düsseldorf, wo er beim „Panneschepp", einer Diebesherberge am Rhein, untertauchte und sich von den Strapazen der letzten Tage erholte. Am nächsten Tag traf auch der Deutzer Michel ein. Auch ihm war der Ausbruch gelungen. Die Wachen hatten nach Fetzers Flucht die Windmühle verlassen und wohl eine Stunde lang mit Fackeln das Ufer der Erft abgesucht, ohne den Ausbrecher zu finden. Derweil fand der Deutzer Michel Zeit, in aller Gemütsruhe auf demselben Wege, aber ohne Hast zu flüchten und sich bis zum nächsten Morgen in einer Hufschmiede zu verstecken.

Die Nachricht von der Verhaftung und der Flucht des falschen Schinderhannes in Neuss machte rasch die Runde am ganzen Niederrhein.

Jakob Rübsam, der sich bereits hoch geehrt von den Behörden und im Besitz der auf die Ergreifung des Schinderhannes ausgesetzten Belohnung gesehen hatte, mußte sich jetzt den Spott seiner Mitbürger gefallen lassen. Doch das schlimmste war – er hatte hinfort keine ruhige Nacht mehr. Der Schinderhannes erschien ihm als Rächer im Schlaf, würgte ihn an der Kehle, daß er klagende Angstlaute ausstieß und seine Frau ihn wecken mußte.

„Jakob, wach auf, du schreist dir ja die Krotz ab!" Auch die lieben Nachbarn hielten nicht mit dunklen Prophezeiungen zurück: „Paß auf, er wird es dir heimzahlen, du hättest besser das Maul gehalten." Und der Gendarm Alfermann spottete: „Du schaust drein wie einer, der die Hosen voll hat ..."

Inzwischen brach der Winter herein. Die Angst ging in den Dörfern um, die wie ausgestorben lagen. In den Spinnstuben erzählte man Geschichten vom Schinderhannes und vom Fetzer. Man munkelte, alle Schandtaten der jüngsten Zeit, die der Schinderhannes begangen haben sollte, kämen auf Fetzers Konto. Wer war der Fetzer? Bänkelsänger posaunten

seinen „Ruhm“ auf den Jahrmärkten aus. Doch niemand hatte ihn bisher von Angesicht zu Angesicht gesehen. Er sei klein und schmächtig von Gestalt, hieß es. Aber Kräfte habe er wie ein Löwe. Den kleinen Bäuerchen tue er nichts zuleide. Nur die Begüterten schröpfe er, wo er könne. Jakob Rübsam, dem alle diese Geschichten zu Ohren kamen, trug sich mit dem Gedanken, sein Anwesen in Korschenbroich zu verkaufen und ins benachbarte Holland überzusiedeln. Er bot sein Haus an wie sauer Bier, doch niemand wollte es haben.
Da brach über Nacht das Unglück über ihn herein. Er war spät abends von einem Kuhverkauf in Grevenbroich zurückgekehrt und saß, hungrig von dem langen Fußmarsch durch den tiefen Schnee, über der Mehlsuppe, die ihm seine Rebekka gekocht hatte; da hörte er draußen Lärm und die Aufforderung: „Aufgemacht! Der Schinderhannes ist da!“
Gleichzeitig donnerten dumpfe Rammstöße gegen die Haustür. Rübsam wußte gleich – jetzt wurde es Ernst. Sie waren mit einem Rammbock zur Stelle. Am ganzen Körper zitternd ließ er den Löffel fallen, stürzte zum Fenster auf der Rückseite des Hauses und schrie aus vollem Halse: „Zu Hilfe! Zu Hilfe! – Der Schinderhannes ist da!“ Doch nichts rührte sich im Ort. Die hielten sich die Ohren zu und dachten: Soll er sehen, wie er mit ihnen fertig wird. Hatte er sie nicht herausgefordert?
Trotz der Querbalken, die Rübsam sich zur Sicherheit von innen vor die Tür hatte schlagen lassen, hatten die Räuber sich bald Eingang verschafft. Zu viert fielen sie über ihn her. Er wollte fragen: „Wieviel Geld wollt ihr?“ Er wollte ihnen die Silberkiste zeigen, die er in einer Geheimwand versteckt hatte, aber sie ließen ihn nicht zu Wort kommen. Die wollten kein Geld.
„Verräter!“ grollte der Anführer, ein kleiner schmächtiger Mann mit rußgeschwärztem Gesicht und einer schwarzen Perücke auf dem Kopf. Der sah aus wie der Leibhaftige. Dann knüpften sie dem Rübsam eine Schlinge um den Hals und hängten ihn am Türpfosten auf. Die Weiber sperrten sie in ihrem Schlafzimmer ein, ließen sie aber ungeschoren.

Als die Bewohner von Korschenbroich am nächsten Morgen nach der Ursache des nächtlichen Lärms forschten und das Haus des Rübsam betraten, packte sie das Entsetzen.
Sie fanden den Händler Rübsam tot und die beiden Frauen halb ohnmächtig vor Angst in ihrem Zimmer, unfähig zu reden. Am Haus stand mit Kreide geschrieben: „Daß wahr die Rache deß Schinderhanes!"

Der Postraub von Opladen

„Es ist mein großes Ungelücke,
Daß ich so wunderschöne bin,
Die Jungfern reißen mich in Stücke,
Wenn ich einst will von hinnen ziehn;
Die Weiber kommen auch dazu,
So hab' ich weder Rast noch Ruh..."

grölten die zwielichtigen Gäste beim Schwoll-Wirt an der Neusser Furth. Es war das erste Mal, daß die Krefelder Bande nach der blutigen Hochzeit beim Gendarmen Schimbler beinahe wieder vollzählig beisammensaß. Das mußte gefeiert werden. Die Gäste hatten schon ganz schön geladen, und der Hannes Reitschuster, ein neues Bandenmitglied aus Grevenbroich, konnte schon den Schellenkönig nicht mehr von der Roten Zehn unterscheiden. Doch es war ihm nicht entgangen, daß Overtüsch seine Hanne karessiert hatte, während er draußen sein Wasser abschlug. Und wie ein Tiger sprang er dem Nebenbuhler mitten im schönsten Tête-à-tête an die Gurgel. Der hatte aber genug Stehvermögen, um den Angriff abzuwehren, und gleich war die schönste Prügelei im Gange. Als Reitschuster dann zum Messer griff, geschah das Unglück. Overtüsch zog blitzschnell die Pistole, schoß – und Reitschuster lag mausetot am Boden.
Der Singsang verstummte. Fetzer raufte sich die Haare. Schon wieder eine Leiche im Haus, das hatte ihm gerade noch

gefehlt. Davon brauchten nur die Gendarmen Wind zu bekommen, die den ganzen Tag um das Haus herumschnüffelten, dann hatten sie eine willkommene Gelegenheit, das Nest auszunehmen. Es standen zwar Tag und Nacht zuverlässige Späher vor der Tür, die sofort Alarm schlugen, wenn sich Verdächtige näherten, doch war die Gefahr damit noch nicht gebannt, von der Polizei überrascht zu werden. Man machte mit verdächtigen Individuen in letzter Zeit kurzen Prozeß. Der Petronellen-Michel war ohne Urteil gleich aufgehängt worden, weil er einem Krämer in Neuss in seinem Laden mit dem Pistol in der Hand ein paar Taler geraubt hatte.

Um die Polizei in Sicherheit zu wiegen, war die Krefelder Bande seit Wochen untätig gewesen. Seit dem Überfall auf den Jakob Rübsam herrschte im Lande Ruhe. Doch diese Ruhe ging Fetzer auf die Nerven. Da saßen die Kerle müßig herum und vertrieben sich die Zeit mit Würfelspiel und Saufen. Und wenn sie zuviel getrunken hatten, gerieten sie sich wegen der Weiber, an denen kein Mangel war, in die Haare.

Fetzer befahl, die Leiche Reitschusters in einen Sack zu stecken, diesen mit einem Mühlstein zu beschweren und in den verschlammten Erftkanal zu versenken. Bis der Reitschuster wieder auftauchte, würde Gras über den Fall gewachsen sein. Außerdem würde ihn dann keiner mehr wiedererkennen. Nachdem Nagels Pitter Ausschau gehalten hatte, ob die Luft rein war, machte er sich mit Overtüsch auf den Weg, Fetzers Auftrag zu erfüllen. Es war stockduster draußen. In der Spelunke des Schwoll-Wirtes war es inzwischen still geworden. Das Singen war den Zurückgebliebenen vergangen. Während sich einige der Gäste beim Kümmelblättchen vergnügten und die Weiber in die Stadt ausschwärmten, da ihnen das Zusehen zu langweilig war, beriet Fetzer mit dem Wirt, ob es nicht ratsam sei, die Zusammenkünfte der Räuber zeitweilig an einen anderen Ort zu verlegen. Der Boden war ihm auch hier nach den jüngsten Ereignissen zu heiß geworden.

Schwoll zeigte wenig Neigung, Fetzers Plan zuzustimmen. Er habe gute Beziehungen zur Polizei. Den Gendarmen leihe er hin und wieder kostenlos ein Mädchen aus und spendiere einen Liter Schnaps. Damit halte er sie bei guter Laune. Darüber kamen sie weiter ins Planen. Es sei Zeit, meinte Fetzer, endlich wieder einmal etwas zu unternehmen, einen nahrhaften Raub, möglichst weit vom Schuß. Einen Überfall, bei dem es nicht um einen lumpigen Opferstock, um ein paar armselige Zuckersäcke oder Tuchballen gehe, sondern um Kisten voll Gold und Silber, Gulden und Taler, von denen man einige Zeit sorglos leben könne.

Schwoll, ein vierschrötiger Bulle mit dem Gesicht eines Henkers, wollte gerade vorschlagen, das Grenzzollamt in Aachen zu plündern, da ging die Tür auf und Karl Heckmann, der Hauptmann der Essener Bande, erschien auf der Schwelle, fröhlich die Marseillaise pfeifend. Im Nu war auch Fetzers schlechte Laune vergessen. Er wußte, wenn Heckmann kam, dann gab es ein lohnendes Geschäft.

Er sollte sich nicht getäuscht haben. Heckmann erzählte von einem Postwagen, der jede Woche einmal von Deutz nach Elberfeld fuhr und dessen Personal nachts im alten Posthaus von Opladen Station mache. „Dieser Postwagen", so berichtete Heckmann, „ist bis unter die Decke mit Gulden und Talern beladen." Wie im Schlaraffenland. Man brauche nur zuzugreifen. Er lachte dröhnend. Daß es aber mit dem Zugreifen doch nicht so ganz einfach war, gestand er im nächsten Satz. Zweimal schon hatte er versucht, den Wagen zu überfallen. Und beide Male, das gab er offen zu, sei der Streich mißlungen. Der Vorschlag machte Fetzer begierig. Es ehrte ihn, daß Heckmann, der große Heckmann, ihm allein einen Erfolg zutraute.

„Topp", sagte er, „das wäre ein fetter Braten", und schlug Heckmann begeistert auf die Schulter. Sie verabredeten die Stunde des gemeinsamen Abmarschs von Deutz. „Sorg, daß deine Kerle zeitig zur Stelle sind", sagte Fetzer, „Overtüsch wird die Unsrigen kommandieren. Ich bin erst in Opladen mit von der Partie ..." – „Erst in Opladen?" fragte Heckmann enttäuscht. „Laß gut sein, Heckmann, du weißt, daß ich die Karten immer gut mische ..." Damit trennten sie sich.

Der Fahrgast, der in Köln-Deutz bei der Post auf den Namen Joseph Elias ein Billet für die Diligence verlangte, die einmal in der Woche auf dieser Strecke verkehrte, besaß einen untadeligen Paß. Dieser war in Mainz ausgestellt und lautete: „Il s'est indiscontinuellement conduit un homme probe et d'honneur, imbu de tous les sentiments d'un sincère patriote que loin de se montrer capable de commettre la moindre des bassesses, il s'est, en réunissant toutes les vertus, attiré l'amitié de tous ses concitoyens.“ Dem Manne wurde darin bescheinigt, daß er ein Ehrenmann und ein guter Patriot sei, der sich der Freundschaft seiner Mitbürger erfreue.
Ein solches Zeugnis verlangte die Post von ihren Passagieren, ehe sie für diese Reise eine Fahrkarte ausstellte. Monsieur Joseph Elias war nach der neuesten Mode gekleidet und hatte nach Art der Stutzer ein Halstuch bis über das Kinn geschlungen. Sein Anzug war aus feinstem Aachener Tuch geschneidert. Schuhe trug er aus farbigem Leder, dazu einen neumodischen Hut aus Paris. Ob es nicht gefährlich sei, mit wertvollem Gepäck diese Strecke zu bereisen, wollte der Passagier wissen. Da brauche der Herr keine Angst zu haben, beschwichtigte der Postinspektor den Monsieur und deutete auf die ringsum aufgestellten Postsäcke, die zum Verladen bereit lagen. Monsieur Elias durfte sogar Einsicht in die Frachtbriefe nehmen. Da waren so ehrenwerte Namen verzeichnet wie Achenbach und Brüningshaus, Schlösser und Kemnitz, Seibel und Rittershaus, Funk und Musenberg, Heimanns und Schlosser, alle in Barmen, Elberfeld und Ronsdorf wohnhaft. Diese Fracht sei sicherlich das Tausendfache von dem wert, was der Monsieur in seinem Reisesack mit sich führe, meinte der Inspektor herablassend und blickte ein wenig spöttisch auf das Gepäck des besorgten Passagiers.
Außerdem, so fügte er beruhigend hinzu, werde ja nur bei Tage gefahren. Nachts raste man in einem wohlbehüteten Gasthaus in Opladen. Da sei keine Gefahr. Diese Erklärungen machten sichtlichen Eindruck auf den Monsieur. Er zahlte den Fahrpreis für das Billett, stellte sein Gepäck zu der übri-

gen Fracht, zog höflich den Hut und erklärte, er werde sich bis zur Abfahrt der Post noch ein wenig die Beine vertreten. Außer dem Monsieur Elias bestiegen vor der Abfahrt noch drei weitere Passagiere die Diligence: ein betagter französischer Kaufmann Latour aus Marseille mit seiner jungen Frau und ein Weinhändler Lorenz aus Mainz. Man unterhielt sich recht lebhaft über die unruhigen Zeiten. Während Monsieur Latour wahre Schauergeschichten vom Räuberhauptmann Picard zum besten gab, der ganz Frankreich unsicher mache und erst kürzlich in Paris am hellen Tage einen Juwelierladen geplündert habe, erzählte Monsieur Lorenz vom Räuberhauptmann Schinderhannes, der wie ein mittelalterlicher Raubritter den ganzen Hunsrück, das Nahe- und Moselgebiet terrorisierte. Er habe bei den Bauern einen Stein im Brett, weil er diese gegen die Willkür der reichen Grundbesitzer und auch gegen die Übergriffe der französischen Militärorgane beschütze, die dem Bäuerlein die letzte Kuh aus dem Stall holten.
Wie es denn hierzulande um die Sicherheit bestellt sei, wollten die Herrschaften von Monsieur Elias wissen, der sich als reicher Tuchhändler aus Aachen vorgestellt hatte. „Oh, – da könnten Sie ganz ohne Sorge sein“, erwiderte Elias. Das sähen sie ja schon daran, wie schutzlos die Post ihre Geldtransporte befördere. „Ein ganzer Wagen voll Geld“, sagte Elias, „schauen Sie sich das an und kein Gendarm weit und breit.“ Als Madame Latour, ein kapriziöses Persönchen, ängstlich ihr zartes Gesichtchen verzog und sich nervös das niedliche Näschen puderte, da klopfte Monsieur Elias prahlerisch auf sein Pistol, das er seitlich am prallen Hosenbein in einer feinen Ledertasche angeschnallt hatte: „Seien Sie beruhigt, Madame, Sie befinden sich in guter Hut.“
Und er erzählte, er sei passionierter Nimrod. Er habe im vergangenen Winter in der Eifel zehn Wölfe zur Strecke gebracht. Galant zog er ein Fläschchen Johann Maria Farina aus der Tasche und erbat sich von Monsieur Latour die Erlaubnis, dieses Präsent Madame überreichen zu dürfen. „Un Souvenir de Cologne!“

Madame revanchierte sich mit einem gefüllten Bonbon, direkt aus Paris. Im weiteren Verlauf der Fahrt rühmte Monsieur Latour den General Napoleon, der langsam aber sicher in Frankreich die Herrschaft an sich reiße und sich bereits die Sympathien aller guten Patrioten erworben habe. „Er wird mit dem Mob, den die Revolution an die Oberfläche gespült hat, rasch aufräumen." An einem einzigen Tag seien in Paris 23 Räuber aufgehängt worden. Leider sei der Picard noch nicht darunter gewesen, einer der gefährlichsten und brutalsten. Monsieur Lorenz nickte zustimmend, als Monsieur Latour die Ansicht äußerte, es sei vielleicht von Vorteil, wenn dieser General Bonaparte auch im Rheinland einmal für Ordnung sorge. Doch Monsieur Elias schürzte spöttisch die Lippen und meinte, er verlasse sich am liebsten auf sein eigenes Pistol, denn der General Napoleon könne nicht gleichzeitig überall sein, wie die Streiche des Schinderhannes und seiner Bande zeigten.

Mitten im Wald bei Engelskirchen erlitt der Postwagen eine Panne. Es gab einen heftigen Ruck und das Fahrzeug legte sich ganz allmählich auf die Seite. Madame mußte sich an Monsieur Elias festhalten. Sonst wäre sie unweigerlich zu

Boden gestürzt. Monsieur Elias leistete ihr nur zu gern Hilfestellung. Sekundenlang berührten sich beider Wangen, und Monsieur Elias griff etwas fester zu, als es im Interesse der Sicherheit von Madame notwendig gewesen wäre. Dann riß er mit festem Griff den Wagenschlag auf, sprang munter ins Freie, Madame freischwebend als süße Last auf den Händen tragend und sanft auf den Boden stellend. „Merci", hauchte Madame und warf dem galanten Kavalier einen schmachtenden Blick zu. Monsieur Latour kroch mühsam, vor Schreck an allen Gliedern zitternd, aus einer Wagenecke. „Ah volià!" sagte er aufatmend, „ich dachte, es wären die Räuber..."
„Das kleine Malheur werden wir bald behoben haben", versuchte der Kondukteur den nervösen Monsieur zu beschwichtigen. Dieser äffte mißbilligend nach: „Petit malheur!" und lachte geringschätzig.
Wie aber den Schaden hier mitten im Walde weitab vorn nächsten Wagner reparieren? Die Herren Beamten von der Post machten ziemlich ratlose Gesichter. Nur Madame lächelte glückselig. Ringsum sangen die Vögel, die Sonne schien warm hernieder und man stand auf einem Plätzchen, das so recht zum Verweilen geeignet gewesen wäre. Verlangend hielt Madame Ausschau nach dem liebenswürdigen Kavalier Elias. Doch der Monsieur schien jetzt keine Zeit mehr für sie zu haben. Er raisonierte mit den Postbeamten: „Was für eine grandiose Schlamperei!" Nicht einmal ein Ersatzrad hatte man in Reserve. Man müßte mit dem defekten Rad das nächste Dorf zu erreichen versuchen und die Nacht im Wald verbringen. Der Kondukteur nickte. Man würde nicht gerade unter die Räuber fallen. Narrheiten!
Der Monsieur Elias schnupperte wie ein Jagdhund in der Luft. Ein brenzliger Geruch stieg ihm in die Nase. Ein Köhler? Das war die Rettung. Flugs warf er sein Jackett ab und werkelte wie ein geschulter Wagner an dem zerbrochenen Rad, nahm es auf die Schulter und verschwand pfeifend im Wald, den Zurückbleibenden ein entschuldigendes „Excusez!" und der schmollenden Madame ein galantes Kußhändchen zuwerfend.

„Ein Teufelssassa!", bekannte Monsieur Lorenz, und die anderen mußten ihm beipflichten.
Und wieder ein fröhliches Liedchen trällernd kehrte Monsieur Elias nach einer guten Stunde rußgeschwärzt wie ein Köhler zurück, das reparierte Rad vor sich heranrollend. Noch ein paar Handgriffe, und das Malheur war beseitigt. An einer nahen Quelle wusch sich der handwerkbeflissene Fahrgast und nahm frisch gestrählt und strahlender Laune in der Diligence Platz. „Excellent! Excellent! Ausgezeichnet!" rief Monsieur Latour anerkennend. „Vous êtes un artiste! Ihr seid ein Künstler! Mille remerciement! Tausend Dank!" und „Merci, merci!" flötete Madame überschwenglich mit betörendem Augenaufschlag. Kondukteur und Kutscher gaben ihm das feierliche Versprechen, sich bei der obersten Behörde für die Rückzahlung des Fahrpreises einzusetzen. „Bon!" sagte Monsieur Elias überlegen lächelnd und klatschte aufmunternd in die Hände: „Vite, vite! Voran gemacht!" Es war ihm jetzt daran gelegen, daß die Fahrt weiterging.
Sie kamen mit zweistündiger Verspätung im Posthaus von Opladen an, das idyllisch am Waldrand, abseits vom Ort lag.
 „Hat der Schinderhannes euch geschröpft?" empfing der Wirt

Köbes Bollmann die Gäste lachend. „Beinahe", erwiderte Monsieur Elias schmunzelnd und trug sich mit krakeliger Schrift ins Fremdenbuch ein, während der Postillon draußen pfeifend die Gäule ausspannte.

Abends saß man dann gemütlich beisammen, und Monsieur Elias wurde als Held des Tages gefeiert. Er ließ sich diese Ehre etwas kosten und spendierte einen delikaten Steinberger von Kloster Eberbach, die beste Flasche, die der Wirt im Keller hatte. Monsieur Latour wollte sich indessen nicht lumpen lassen und ließ eine Flasche von jenem neumodischen vin mousseux auffahren, den sie „Propfentreiber" nannten, weil er die Pfropfen in die Luft trieb, wenn man den Verschluß löste. Ein simpler Kellermeister und Mönch namens Dom Perignon habe ihn erfunden, so erzählte er.

„Formidable!" Monsieur Elias spitzte die Lippen. Er sei doch ein weitgereister Mann, doch so etwas Delikates habe er noch nicht getrunken. Monsieur Latour ließ es sich nicht nehmen, noch eine zweite Flasche zu spendieren.

Der schwere Wein von Kloster Eberbach und der Champagner lösten die Zungen. Man geriet in Hochstimmung, und es zeigte sich, daß Monsieur Elias auch ein guter Unterhalter war.

Es kam wieder die Rede auf die Räuber, die jetzt überall ihr Unwesen trieben. Zweimal, so erzählte der Wirt, hätten sie versucht, die Post vor seinem Hause zu überfallen. Aber das sei jedesmal mißlungen. Die Räuber hätten feige die Flucht ergriffen, als er mit den Gästen und dem Postillion beim ersten Lärm mit der Pistole vor der Tür erschienen sei.

„Man muß den Räubern nur couragiert entgegentreten", sagte Monsieur Elias gelassen, „die meisten Räuber sind große Feiglinge, die sich sogar von alten Weibern in die Flucht schlagen lassen." Und er erzählte einen Schwank, der sich kürzlich in Niederpleis bei Siegburg auf dem Jentgeshof zugetragen habe. Die Begebenheit sei ihm persönlich von dem Jentgesbauer berichtet worden.

„Der Jentgesbauer ist ein reicher Mann. Er hat, wie die Leute ihm nachsagen, so viel Geld in den Strohsäcken seiner Betten

versteckt, wie ein Esel auf seinem Rücken forttragen kann. Außer dem Bauern wohnen noch fünf seiner Schwestern auf dem Hof.
‚Mit den alten Weibern wirst du fertig werden', sagte der Fetzer, den es vor einigen Monaten gelüstete, den Hof mit seinen Kumpanen zu überfallen, und er schickte den Johann Müller, einen seiner Spießgesellen ins Haus, während er mit den übrigen Räubern, dem Hirtz, dem Schwarzschleuß und dem Heinze in die Kirche einbrach, wo viel Silber versteckt liegen sollte.
Der Johann Müller hatte jedoch Pech. Kommt nachts in die Schlafstube, wo der Bauer mit den fünf Schwestern liegt und denkt: Jetzt heben sie die Hände hoch und betteln um Gnade. Da springen die Weiber aus ihren Betten, werfen den Müller mit vereinten Kräften zu Boden, krallen sich in seine Kleider, beißen ihm in die Beine und zerkratzen ihm das ganze Gesicht, daß ihm das Blut in die Augen läuft und er kaum noch sehen kann. Mit letzter Kraft rafft er sich auf, schüttelt die Katzen mit roher Gewalt ab und läuft auf die Straße. Die fünf Weiber nicht faul, rennen in ihren Nachtjacken hinterher, schwingen drohend ihre Holzknüppel und stimmen ein lautes Geschrei an, daß die Bauern in den Nachbarhöfen erwachen und mit Nachtmützen auf dem Kopf, Äxte und Dreschflegel schwingend, an der wilden Jagd teilnehmen. Erst hinter dem Dorf konnte sich der Müller seinen Verfolgern entziehen."
Monsieur Elias stärkte sich mit einem Schluck Champagner und schloß: „Der Fetzer hat später erzählt, er habe mit dem Heinze und den beiden anderen von der Kirche aus der Hatz tatenlos zugesehen, denn einem Jammerlappen, der nicht einmal über fünf Weiber Herr werde, könne er keinen Beistand leisten."
Wer denn der Fetzer sei, wollten die Gäste wissen, die der Erzählung mit Spannung gelauscht hatten. „Der Fetzer? hm…", das sei ein Kerl wie der Schinderhannes, nur noch nicht so berühmt, aber auf dem besten Wege es zu werden.
 Da der Champagner-Vorrat des Monsieur Latour zur Neige

gegangen war, spendete Monsieur Elias noch eine Flasche Steinberger. Der tat sehr schnell seine Wirkung. „Wie ein Schlaftrunk...", sagte Monsieur Latour und bemühte sich vergeblich, ein lautes Gähnen zu unterdrücken. Er verabschiedete sich alsbald mit seiner Frau. Das war das Zeichen zum allgemeinen Aufbruch. Auch Monsieur Elias begab sich in seine Schlafkammer, nicht ohne Madame Latour zwischen Tür und Angel einen unmißverständlichen Wink zu geben, daß er bereit sei, die Unterhaltung à deux auf seinem Zimmer fortzusetzen. Sie warf einen abwägenden Blick auf Monsieur Latour. „Pst", machte sie. Doch dieser schnarchte schon lauthals. Nach einer Weile schlüpfte sie, im Négligé zu Monsieur Elias ins Zimmer ... Der Postillion und sein Kamerad begaben sich vor dem Schlafengehen noch einmal auf die Straße, wo der Postwagen einsam, nur von einem Talglicht aus dem Innern der Wirtsstube erleuchtet, stand, durch einen großen Wolfshund bewacht, der unter dem Wagen an der Kette lag. Es schien alles in bester Ordnung. Bald lagen Haus und Hof in tief er Stille. Auch die Käuze schwiegen.

Eine Stunde später gellte ein Angstruf durch die Nacht: „Des brigands, des brigands! – Räuber, Räuber!" Und ein donnerähnlicher Stoß erschütterte das einsame Haus. Noch ein zweiter und dritter Stoß mit einem Rammbock, und die Haustür war gesprengt. Ein halbes Dutzend vermummte Gestalten drängten in den Posthof, fesselten und knebelten die Postbeamten, die im Schankraum geschlafen hatten, während Karl Heckmann, der Anführer der Bande, die Treppe hinauf eilte. Auf der obersten Stufe stand, die Arme gekreuzt wie ein Feldherr nach gewonnener Schlacht, Monsieur Elias, der Fetzer...

„Alles in Ordnung!" rief er triumphierend, „keiner hat gemuckst", und, die Reisetaschen der Gäste schwenkend, „sie haben dem Monsieur Elias schon ihren Obolus entrichtet..." Aus den Zimmern drang unterdrücktes Jammern und Stöhnen. Und eine Frauenstimme schluchzte: „Quel trompeur! – So ein Betrüger!" „Tausend Merci, Madame!" rief Fetzer ironisch und stieg mit Heckmann stolz wie ein

siegreicher Feldherr die Treppe hinab, die Überfallenen und in ihren Zimmern Eingeschlossenen ihrem Schicksal überlassend.

Johann Müller hatte indessen vor dem Posthause mit dem Gros der Bande ganze Arbeit geleistet. Gulden, Taler, Kronen, Gold und Silber lagen zu Haufen getürmt auf der Straße und wurden mit den Händen in Säcke geschaufelt, während der Overtüsch und der Zülcher Wilhelm einen wilden Freudentanz aufführten. In Windeseile wurden die Säcke verschnürt und jeder bekam seine Last auf den Buckel, die so schwer war, daß die Träger kaum gehen konnten. Fetzer und Heckmann bildeten schußbereit die Nachhut, damit keiner mit seiner Beute Reißaus nehmen konnte.

Im Eilmarsch, so schnell, wie es die mitgeführten Lasten zuließen, marschierten sie auf ein Wäldchen in der Nähe von Hittorf zu, wo die Beute geteilt wurde. Fetzer, Müller und Heckmann zerschnitten die Säcke, nahmen ihre Hüte und füllten sie mit Talern, Kronentalern und Gulden, und jeder erhielt nach Verdienst seinen Anteil, die drei Anführer das

Doppelte. Keuchend unter der schweren Last, ängstlich nach allen Seiten spähend, ob nicht Gendarmen in der Nähe seien, marschierten sie zum Rheinufer.
Da lag sehr einladend ein Nachen bereit. Doch wer sollte ihn bedienen? Es war kein Schiffsmann unter ihnen. Am jenseitigen Ufer waren Fischer beim Fang. „Hol über, hol über!", riefen die Räuber, die Hände zum Trichter geformt. Bald kamen die Fischer herbeigerudert. Als sie den Strom zu Dreiviertel durchquert hatten, hielten sie plötzlich mit Rudern inne und machten dann schleunigst kehrt. Sie hatten erkannt, wer übergeholt werden wollte. Und bald dröhnten bei Fühlingen am jenseitigen Ufer die Sturmglocken, und die Nachtwächter tuteten ins Horn: „Der Schinderhannes ist im Land..."
Jetzt war es Zeit, auf Eigenhilfe zu sinnen. Wenn jetzt auch noch am diesseitigen Ufer Alarm geschlagen wurde, saßen sie in einer Mausefalle. Fetzer und Heckmann zogen kurzentschlossen den im seichten Wasser schwimmenden Nachen heran und befahlen den Kumpanen einzusteigen. Das leichte Boot war bald mit Männern und Geldsäcken so überlastet, daß es nur noch wenige Zentimeter aus dem Wasser ragte. Fetzer und Zülcher Wilhelm ergriffen die Ruder und versuchten, das Boot in Fahrt zu bringen. Doch als sie sich mächtig in die Riemen legten, brach ein Ruder. Fetzer verlor das Gleichgewicht und fiel gegen den Zülcher Wilhelm. Der ließ sein Ruder ins Wasser fallen und stürzte zu Boden. Der Nachen geriet ins Schwanken. Der Insassen bemächtigte sich Unruhe. Sie erhoben sich ängstlich von den Sitzen, so daß das schwer beladene Fahrzeug, völlig führerlos geworden, von den Wellen überflutet wurde. Der geistesgegenwärtige Fetzer befahl energisch Ruhe und schöpfte mit der Kelle in Eile das Wasser aus dem Nachen. Mit einem Ersatzruder gelang es ihm, das schnell stromabwärts treibende Boot auf das diesseitige Ufer zu steuern. So erreichten die Insassen glücklich wieder festen Boden. „Was hängen soll, ersäuft nicht!" rief Fetzer aufatmend und sprang lachend als erster an Land.

Trotz der unverhofften Rettung war höchste Eile geboten. „Jeder schnüre sein Bündel und sehe zu, daß er heil davonkommt“, riet Fetzer. Das war jedoch bei der Last, die einige zu schleppen hatten, leichter gesagt als getan. Die meisten entschlossen sich, ihre Beute an Ort und Stelle zu vergraben und unbeschwert nach Köln zu marschieren, bis über den Raub etwas Gras gewachsen war. Der Überfall würde, dessen waren sie sicher, alle Sicherheitsorgane rechts und links des Rheines alarmieren.

Fetzer wollte sich jedoch nicht von seinem Schatz trennen. Er nahm seinen Packen, dessen Wert er auf mindestens 5000 Livres schätzte, auf den Rücken, sagte „adjes“ und war bald im Morgennebel verschwunden, der sich wie zum Schutz auf die Landschaft gelegt hatte. Es war keine Seltenheit, daß sich die Mitglieder der Bande selbständig machten und auf eigene Faust ins Blaue marschierten. Man kannte ja alle Schlupfwinkel und wußte, wo ein Wiedersehen in nächster Zeit möglich sein würde.

Fetzers Ziel war zunächst Düsseldorf. Er wollte von dort den Niederrhein hinabwandern und sich irgendwo versteckt halten, um die Ereignisse der nächsten Tage in Ruhe abzuwarten. Köln war ihm ein zu heißes Pflaster. Dort lag das Zentrum der Sicherheitsbehörden, die in den bekannten Quartieren der Verbrecher, vor allem in den Bordellen um St. Martin von Zeit zu Zeit Razzien veranstalteten.

Als Fetzer eine halbe Stunde marschiert war, erreichte er die Landstraße. Man hätte ihn mit seinem Knotenstock, seinem sauberen Habit und dem Bündel auf dem Rücken, das er schwer keuchend mit sich schleppte, für einen biederen Handwerksburschen halten können.

Während Fetzer trotz der schweren Last auf dem Rücken rüstig fürbaß schritt – es sollte niemand Verdacht schöpfen –, hielt er eifrig Ausschau nach einem Gaul, den er vielleicht seinen Zwecken dienstbar machen könnte. Schon jetzt brannte ihm der Rücken von der ungewohnten Last. Er war sicher, länger als eine Stunde würde er den Goldsack nicht schleppen können.

Lange schaute er sich vergebens um. Da tauchte plötzlich im Dunstschleier des Morgens ein Gefährt auf, ein Bollerwagen mit einem Bauern auf dem Bock, der sein Gemüse, seine Butter und Eier auf dem Markt verkauft hatte.
„Heda, lieber Bauersmann", rief Fetzer leutselig, als sei es nichts Außergewöhnliches, „könnt Ihr mich nach Düsseldorf kutschieren? Ich bin so schlecht zu Fuß, und das verdammte Bündel drückt mich gewaltig. Es soll Euch nicht gereuen ..."
Der Bauer schaute zornig drein. „Wo denkt Ihr hin, ich bin kein Fuhrhalter, habe es eilig heimzukommen", und schlug auf den Gaul ein, daß Fetzer beiseite springen mußte, um nicht überfahren zu werden. Der warf behende sein Bündel auf den Wagen und war mit einem Satz neben dem Bauern auf dem Bock, fiel dem scheu gewordenen Gaul in die Zügel und hielt den erschrockenen Fuhrwerksbesitzer mit der Rechten in Raison. „So haben wir nicht gewettet, lieber Freund ...!" rief Fetzer, „Steig ab, wenn dir dein Leben noch etwas wert ist ..." und gab dem am ganzen Körper zitternden Manne einen Stoß, daß er vom Bock stürzte.
Ohne sich um den Gestürzten zu kümmern, karriolte Fetzer mit lustigem Peitschenknallen ungehindert gen Düsseldorf, wo er am späten Abend eintraf, Pferd und Wagen auf der Flingernstraße bei einem Hehler zu Geld machte und Quartier am Ratinger Tor nahm, nicht ohne den Goldsack vorher in einem nur ihm bekannten Versteck auf Nummer Sicher gebracht zu haben.

Der tapfere Pfarrer von Mülheim

„So eine verruchte Welt! So eine verderbte Jugend!" Pfarrer Pithan in Mülheim an der Ruhr war außer sich. Da hatte er die Lina, ein Findelkind, als Hausmagd bei sich aufgenommen und wie seine eigene Tochter behandelt und nun diese Blamage. Mitten in der Nacht war der Pfarrer von einem Geräusch erwacht und als er zum Fenster hinausschaute, sah er einen Mann an der Hauswand heraufklettern und im Zimmer der Lina verschwinden. Pfarrer Pithan war ein sittenstrenger Mann. Er lebte nicht nur selbst nach christlichen Grundsätzen, sondern hielt auch seine Hausgenossinnen zu einem solchen Leben an. Konnte man es ihm verargen, daß er aus der Fassung geriet, als er sich so schmählich getäuscht sah? „Donner und Doria!" Da konnte sogar ein Pfarrer das Fluchen lernen. Anfangs hatte Pithan den Kerl für einen Räuber gehalten, der seiner Lina vielleicht hatte Gewalt antun wollen. Doch als er lauschend sein Ohr an die Zimmertür hielt, hinter der die vermutlich Überfallene schlief, da stieg ihm die Schamröte ins Gesicht über die Worte, die er hörte. Kurzerhand öffnete er, packte den nächtlichen Besucher beim Kragen und warf ihn halbnackt zum Haus hinaus. Am nächsten Tag entließ er die schamlose Hausmagd, in deren Reisebündel seine Frau bei näherer Untersuchung etliches Tafelsilber fand, das sie seit einiger Zeit vermißt hatte. „Das werde ich mir wiederholen! Und wenn ich zum Schinderhannes gehe!" hatte die Lina getrotzt, als der Pfarrer ihr das Diebesgut abnahm.

Die Pfarrersleute ahnten nicht, daß Lina ihre Worte wahr machen würde, obwohl Pithan in der verhängnisvollen Nacht festgestellt hatte, daß der Besucher der Kernmichel gewesen war, ein Tagedieb und übel beleumdetes Subjekt.

Einige Wochen danach herrschte um Mitternacht trotz der vorgerückten Stunde in der Wirtschaft zum „Besch… Eimer" des Johann Paffrath in Düsseldorf hinter der Ratinger Mauer Hochbetrieb. Paffrath, der bei Tage den Biedermann spielte und dessen Haus bis zum Feierabend Treffpunkt bürgerlicher Gäste war, beherbergte zur nächtlichen Stunde in einem Anbau allerlei lichtscheues Gesindel vom rechten und linken Niederrhein, sogar von der Ruhr: Räuber, Diebe, Hehler, Huren und ähnliches Gelichter...

An diesem späten Abend waren Männer bei ihm zu Gast, die schon lange bei der deutschen und französischen Polizei auf der schwarzen Liste standen, Mitglieder der Krefelder und Essener Bande, die sich bei Paffrath ein Stelldichein gaben, um einen gemeinsamen Raubzug zu planen: Der Fetzer, Augustin Overtüsch, Karl Heckmann, Nagels Pitterchen, Hüskes-Hannes, Pit Doeble, Mathias Schroer, Jan Bosbeck und andere, darunter eine ganze Anzahl, die den Überfall auf den Postwagen in Opladen ungestraft überstanden hatten. Fetzer und Overtüsch waren eigens von Neuss herübergekommen, da Heckmann und Bosbeck nach ihnen geschickt hatten. Unter den Anwesenden war ein neues Bandenmitglied, ein junges Bürschchen, der Kernmichel aus Mülheim an der Ruhr, der von einem großen Gold- und Silberschatz bei dem Pfarrer Pithan in Mülheim prahlte.

Kernmichel hatte von seiner Braut erfahren, daß Pfarrer Pithan ein wohlhabender Mann war, der kurz zuvor geerbt hatte. Das schien ihm eine willkommene Gelegenheit, die Schmach an Lina zu rächen, die der Pfarrer kurzerhand entlassen hatte.

Kernmichel kam sich wie ein großer Held vor, weil er an diesem Abend der Mittelpunkt des Räuber-Rendezvous war. Die Lina, ein freches Weibsstück mit hungrigen Augen, hatte er gleich mitgebracht. Die trug faustdick auf, was der Pfarrer angeblich an Schätzen besaß: Gold und Silber in Truhen und Schränken, Schmuck und viel bares Geld, Gulden und Kronentaler.

Ob der Pfarrer auch Waffen im Hause habe, wollte der Fetzer wissen. „Nur ein kleines Schießgewehr, um Ratten damit abzuknallen...“ Mehr wußte Lina nicht. Und ob die Haustür nachts verriegelt sei. Das sei sie, erwiderte die Räuberbraut. Doch es sei ein leichtes, durch die Fenster ins Haus

zu steigen, prahlte Kernmichel. Das wisse er doch am besten, weil er immer nachts bei der Lina eingestiegen sei, bis ihn der Pfarrer ertappt habe ... Da lachten sie alle, und Overtüsch meinte, Kernmichel sei ein lüsterner Hahn und wie alle lüsternen Hähne ein Dummkopf. Sonst hätte er bei seinen nächtlichen Ausflügen nicht nur die Lina karessiert, sondern den Gold und Silberschatz gehoben. „Aus dem wird im Leben kein richtiger Räuber", prophezeite Overtüsch und maß den Prahlhans mit geringschätzigen Blicken. Man solle nur nicht zuviel auf sein Geschwätz geben, riet er.
Da wurde Kernmichel böse. Ob das der Dank dafür sei, daß er diese große Chance für die Bande ausbaldowert habe? „Halt's Maul!" schrie Bosbeck und warf dem Kernmichel einen Handkäse an den Kopf; der war so weich, daß er dem jungen Räuber im rechten Ohr kleben blieb. Als Kernmichel wütend nach einem Schürhaken griff, schlug ihm Fetzer derb auf die Hand und machte dem Duell damit ein Ende. Mit dem Beschluß, in der nächsten Nacht den Raubzug in Mülheim zu wagen, hob man die Sitzung auf. Es saßen genug Weibsstücker herum, die darauf warteten, mit den kapitalkräftigen Räubern bei Schnaps und Wein noch ein unterhaltsames Schäferstündchen zu verbringen. Andere machten ein Spielchen. An diesem Abend verlor Kernmichel seine Braut an den Overtüsch ...
Punkt elf Uhr trafen sich die Räuber in der nächsten Nacht bei Hügel, um mit einem Nachen über die Ruhr zu setzen. Alle waren zur Stelle, auch der Kernmichel, der in der Nacht zuvor beim Aufbruch erklärt hatte, er sei kein Rotzjunge, der sich von einem Räuberhauptmann schlagen lasse. Sie sollten den Pfarrer nur allein besuchen. Der werde ihnen schon den Weg zur Hölle zeigen ...
Als sie in Mülheim ans Ufer stiegen, beleuchtete der Vollmond die Landschaft taghell, was Fetzer für ein schlechtes Omen hielt. „Bei Vollmond sind alle Hunde wach ...", sagte er. Die Pistolen wurden geladen. Auf einem Bauernhof stahlen sie einen Rammbaum, an dem vier starke Männer zu schleppen hatten. Während Pit Doeble und Karl Heckmann

sich mit dem Kernmichel und anderen Jungräubern um das Pfarrhaus postierten, kontrollierten Fetzer, Bosbeck, Overtüsch und Hüskeshannes die stillen Straßen von Mülheim und fingen fünf Nachtwächter und Leuchtemänner ab, die gerade ihren Rundgang machten und andächtig das „Hört ihr Leut' und laßt euch sagen..." sangen. Die Fortsetzung des Nachtliedes blieb ihnen schier im Halse stecken, denn in diesem Augenblick wurden sie von derber Faust gepackt und in den Pfarrgarten geführt, wo sie gefesselt und geknebelt dem weiteren Ablauf der Dinge untätig zuschauen mußten, von zwei Räubern streng bewacht.
„Alle Mann an den Baum!" kommandierte Fetzer, und rumms wurde der erste Schlag gegen die Tür des Pfarrhauses geführt. Die Tür widerstand dem furchtbaren Stoß. Auch dem zweiten und dritten, die das ganze Haus erschüttern ließen, hielt sie stand. Als die Räuber zum vierten Stoß ansetzten, wurde im ersten Stock ein Fenster geöffnet. Der Pfarrer hielt argwöhnisch Ausschau nach der Ursache des nächtlichen Lärms. Kernmichel legte die Büchse an und schoß. Doch der Schuß

ging fehl. Pithan wußte es jetzt: Hier ging es auf Leben und Tod. Da griff er zur Waffe. Ein Schuß traf den Rammbaum, daß er den Räubern aus der Hand fiel.
Nagels Pitterchen brüllte: „Tu fais feu, mais tu n'échapperas pas de nos mains." (Du gibst Feuer, aber du wirst uns doch nicht entgehen.) Pithan schoß zum zweiten Mal. Ein Aufschrei zeigte, daß er getroffen hatte. Die massive Abwehr des Pfarrers brachte die Räuber zur Raserei. „Zur Hölle mit dem Pfaffen!" schrien sie jetzt auf deutsch. „Zieht ihm das Fell über die Ohren! Hängt ihn am Kirchturm auf!" Mit doppelter

Wucht sauste der Rammbaum gegen die Haustür. Diese hielt noch immer stand. Da setzte Fetzer eine Winde an. Auch dieser widerstand die Tür. Nochmals die Winde! Sie wurde mit aller Wucht gegen ein Mittelstück der Tür geführt. Da krachte es: „Ein Loch! Ein Loch!" jubelten die Räuber und brachen die Tür auf. Fetzer riß die eisernen Stangen beiseite, die den Weg ins Innere des Hauses versperrten, und stand im Flur. Die anderen drängten nach.

Doch da war noch eine Falltür, die zum ersten Stock führte. Die mußte noch aufgebrochen werden. Vom Schlafzimmer aus versuchte Pithan indessen, Hilfe herbeizuholen. Er schoß in die Nacht hinaus, bis ihm das Pulver ausging. Dann setzte er das Sprachrohr an: „Helft! Helft! Räuber im Pfarrhaus! Zu Hilfe, zu Hilfe!" Nichts regte sich in der Stadt. Die Angst vor den Kugeln der Räuber hielt die Nachbarn zurück. Gleich mußten die Banditen im Schlafzimmer sein, das eine doppelte Tür hatte. „Ergib dich, Pfaffe!" schrie Pit Doeble, „sonst pinseln wir deine Kebse..." Er meinte die Hausangestellte, die den Räubern beim Betreten des Hauses in die Hände gefallen war.

Pithan zog sich mit seiner Frau in das äußerste Zimmer zurück – es lag hinter dem Schlafzimmer. Nur noch eine Minute würde es dauern, bis die Räuber die Oberhand haben würden. Unbemerkt von ihnen gelang es der Pfarrfrau inzwischen, über eine Hintertreppe den Hof zu erreichen.

Pithan deckte ihren Rückzug mit der Waffe. Sekunden später ging die letzte Tür in Trümmer, die den Pfarrer noch von den Räubern trennte. Pithan warf ihnen die ausgeschossene Büchse vor die Füße und eilte seiner Frau nach, die bereits in Sicherheit war. Doch ehe er über den Gartenzaun entwischen konnte, fiel ihn eine der Wachen an, die bei den gefesselten Nachtwächtern geblieben waren. Ein wüstes Handgemenge entstand. Es gelang dem Pfarrer, den Angreifer über den Zaun zu werfen. Da packten ihn die Kumpane und schmetterten ihm eine Pistole auf den Kopf.

„Du stirbst, wenn du dein Geld nicht herausrückst!" rief Heckmann und schüttelte den halb Bewußtlosen. Jetzt re-

signierte Pithan und lieferte den Räubern die Schlüssel zu Truhen und Schränken aus. Sie leerten die Behältnisse und warfen den Inhalt auf den Boden, Wäsche und Porzellan, Tafelsilber, Schmuck und andere Pretiosen. Bosbeck stopfte alles, was ihm wertvoll erschien, in Kissenbezüge.
Kernmichel stürzte sich wie ein Berserker auf den am Boden liegenden Pfarrer und schlug ihm auf den Mund, daß ihm das Blut herausschoß: „Mehr, mehr Geld!" schrie er, „sonst bist du des Todes."
Da traf ihn ein Schlag, daß er taumelte und rückwärts die Treppe hinabstürzte. „Hier kommandiert nur einer", sagte Bosbeck gelassen, ohne sich weiter nach dem Gestürzten umzusehen. Fetzer und Heckmann nickten zustimmend. Das geschah dem Grünschnabel recht. Und weiter suchten sie nach Silber und Gold.
Von der Straße herüber ertönte plötzlich eine Stimme: „Camerades des autres bataillons! Formez vous, rangez vous! En avant! Marche!" Zu gleicher Zeit begannen die Sturmglocken aller Kirchen in Mülheim zu läuten. Die Stadt war aufgewacht. Kurpfälzische Kavallerie, die man alarmiert hatte, war im Anmarsch.
Fetzer, Bosbeck und Heckmann packten eilig alles in Säcke, was sie erbeutet hatten, stürzten die Hintertreppe hinab und zur Tür hinaus in die Nacht. Der Mond hatte sich inzwischen verfinstert. „Auf nach Werden!" war die Parole. Auf nach Werden! So schnell waren sie lange nicht gelaufen. Nach einer halben Stunde versagte ihnen der Atem, und sie machten halt. Sie zählten ab. Wer war zur Stelle? Fetzer und Heckmann, Bosbeck, Mathias Schroer, Kernmichel und Nagels Pitter. Es fehlten Pit Doeble, Hüskeshannes und Overtüsch. Zwei waren verletzt: Nagels Pitter und das Tabakmännchen. Und wo war die Beute? Man untersuchte die Säcke, die die Jungräuber geschleppt hatten. Diese enthielten nur wertlosen Plunder: Wäsche, Gebetbücher, kupferne Kirchenleuchter, sonst nichts. Der Sack mit dem Gold- und Silbergerät, dem Schmuck und dem baren Geld aber war verschwunden.
 Fetzer stellte den Kernmichel zur Rede. Der mußte gestehen,

daß er aus Angst, ein Opfer der Verfolger zu werden, den Sack vor der Kirche hatte stehenlassen.
„Verdammter Feigling!" Ein Faustschlag traf den Kernmichel am Kinn. „Jetzt schlag zurück, du Buchsendrietert" – Fetzer holte zu einem neuen Hieb aus. Dann kommandierte er: „Zurück das Ganze! Das wäre gelacht, eine so schöne Beute im Stich lassen, weil es diesem Scheißkerl plötzlich bange geworden ist." Doch es war schon zu spät. Kaum waren sie tausend Schritte in Richtung Mülheim gegangen, da merkten sie, daß die ganze Gegend im Alarmzustand war. Die Bauern standen mit Dreschflegeln und Mistgabeln vor den Höfen, andere hielten Schießprügel bereit. Die ersten Kugeln pfiffen den Räubern um die Ohren. Die Gefahr umzingelt zu werden, war groß. Jetzt galt es, sich um jeden Preis bis zur Ruhr durchzuschlagen, um mit einem Nachen auf die andere Seite zu rudern. Doch weit und breit war kein Boot zu finden. Die Angreifer rückten näher und näher. Da entdeckte Fetzer ein am Ufer liegendes Kohlenschiff. Acht Schiffer standen auf dem Deck und beobachteten den Rückzug der Räuber mit hämischen Blicken. „En avant!" brüllte Fetzer. Mit Säbel und Pistole zwangen sie die Schiffer, ihnen das Fahrzeug zu übergeben und sie zum jenseitigen Ufer zu fahren, wo sie im nahen Wald untertauchten.

Quartier in der Schinderhannes-Höhle

Mißmutig, hungrig und müde schleppten sie sich durch den Wald bis in die Nähe von Duisburg. Mitten im Dickicht, in der Nähe eines Teiches, kannte Fetzer eine Höhle; die war so geräumig, daß zwanzig Räuber darin Platz gefunden hätten. Sogar ein Strohlager, eine Feuerstelle waren vorhanden. Doch zunächst hatten die Räuber nur einen Wunsch: Ausruhen! Schon nach wenigen Minuten verkündeten laute Schnarchlaute, daß die Höhlenbewohner in tiefen Schlaf verfallen waren. Es wäre ein leichtes gewesen, sie zu verhaften, hätten die Sicherheitsbehörden nur das Versteck gekannt.
Und sie schliefen bis zum nächsten Nachmittag. Fetzer erwachte zuerst. Es dauerte eine ganze Weile, ehe er sich zurechtfand. Nach und nach erwachten auch die Kumpane. Und man beriet zunächst, was getan werden könne, um die Scharte von Mülheim auszuwetzen. Ein nagendes Hungergefühl gab dem Unternehmungsgeist neuen Antrieb.
Overtüsch riet zu einem Überfall auf das Duisburger Nonnenkloster. „Die Nonnen einmal im Hemd tanzen lassen", das wäre doch ein Gaudium. Er habe von einem Theaterstück gehört, da seien die Räuber auch in ein Kloster eingedrungen und hätten den Nonnen einen Denkzettel gegeben. „Die Räuber hat man dann dafür am Halse aufgehängt", meinte Fetzer. „Mit dem Strick mußt du auch eines Tages rechnen ...", mischte sich Overtüsch ein und grinste.
Erst ein Pfarrhaus überfallen und dann ein Kloster ausräuchern! Fetzer war es nicht ganz wohl bei dem Gedanken. Eine zweite Untat dieser Art würde zuviel Aufsehen erregen. Doch es fiel ihm auch gerade nichts Besseres ein. Und unternommen werden mußte ja etwas, um die Kerle bei guter Laune zu halten. Man brauche die Nonnen ja nicht gleich schmoren zu lassen, meinte Overtüsch. Nur ein bißchen am Hintern kitzeln und ihnen das Silberzeug abnehmen. Wozu brauchten Nonnen Geld und Gut? Die kamen doch alle in

den Himmel. Fetzer war schließlich mit dem Vorhaben einverstanden, zumal auch die übrigen Räuber ihn befürworteten.
Zunächst galt es jedoch, für einen gefüllten Magen sorgen. Nicht weit von der Höhle am Schnabelhuck wohne der Talerwirt, ein reicher Mann, wußte Fetzer von früheren Streifen durch den Duisburger Wald. Der Wirt werde vermutlich nicht viel Lärm schlagen, wenn man seinen Hühnerstall plündere. Das Los, diesen Diebstahl auszuführen, fiel auf Pit Doeble. Viel Lärm machen, lohne sich nicht, prägte ihm Fetzer nochmals ein. Doeble war Spezialist im Hühnerdiebstahl. Er getraute sich, diesen kleinen Auftrag mit dem kleinen Finger zu erledigen. Nicht einmal wach werden sollte der Wirt.
„Paß auf, die Hunde!" warnte Fetzer.
Es war mittlerweile wieder Abend geworden. Als Pit Doeble mit Hüskeshannes und Mathias Schroer, die ihn begleiteten, den Waldrand am Schnabelhuck erreicht hatte, brannte beim Talerwirt noch Licht; es waren auch noch Gäste in der Wirtsstube. Im Hof kläffte ein Hund. Eine Kuckucksuhr schlug die zehnte Stunde. Pit Doeble erschien es für den Streich noch zu früh. Sie setzten sich unter eine Eiche mit dem Blick auf das Wirtshaus und warteten ab. Als die Uhr elfmal schlug, brannte immer noch Licht in der Wirtsstube. Um halb zwölf gingen die Bewohner zu Bett. Wie es schien, hatten die Logisgäste solange gezecht, denn man hörte ihren fröhlichen Singsang noch eine ganze Weile.
Um Mitternacht machte sich Pit Doeble leise auf den Weg, während die beiden Kumpane mit Spannung auf den weiteren Ablauf der Dinge warteten. Eine Viertelstunde mochte vergangen sein, da hörten die beiden Zurückgebliebenen auf ihrem Lauscherposten einen unterdrückten Aufschrei. Dann schlug der Hofhund an, und eine Herde Gänse begann alarmierend zu schnattern. Gleichzeitig flammte in der Schlafstube des Wirtes Licht auf.
Ein Fenster wurde geöffnet, und eine Stimme rief ins Innere des Zimmers: „Es ist ein Fuchs in die Falle gegangen, das

Eisen hat geschnappt." Dann war eine Weile Ruhe. Das Fenster wurde wieder geschlossen, und das Licht erlosch. Dann begannen die Gänse von neuem zu zetern und der Hund riß unaufhörlich kläffend an der Kette. Ein Schuß krachte. Da schwieg der Hund, aber im Wirtshaus wurde es lebendig. Am Fenster erschien der Wirt mit der Flinte in der Hand. Auch in den übrigen Zimmern flammten Lichter auf. Hüskeshannes und Karl Schroer waren aufgesprungen. Sie konnten sich nicht erklären, weshalb Pit Doeble geschossen und das ganze Haus alarmiert hatte. Jetzt sahen sie, wie der Wirt sein Gewehr anbackte. Hüskeshannes tat desgleichen, und zwei Schüsse krachten zu gleicher Zeit. Der Mann am Fenster war verschwunden, aber im Hof zeterten die Gänse um so lauter.

Hüskeshannes und Mathias Schroer liefen geduckt und im Schatten des Gebüschs auf das Wirtshaus zu, sprangen über den Hofzaun und sahen einen Mann am Boden liegen, der verzweifelte Anstrengungen machte, aufzustehen. Es war Pit Doeble. Er steckte wahrhaftig in einer Fuchsfalle. Der Hofhund lag wenige Meter entfernt tot am Boden. Der Mond beleuchtete mit fahlem Licht die Stätte des Unheils. Auf den ersten Blick hatten die beiden Kumpane die Situation erfaßt. „Du nimmst die Hühner!“ flüsterte Hüskeshannes und zeigte auf den Stall, in dem die Gänse unentwegt schnatterten. Während Karl Schroer den Wink befolgte, nahm Hüskeshannes Pit Doeble huckepack, schleppte ihn zum Hofausgang und hastete mit seiner schweren Last dem Walde zu, in dem er nach wenigen Minuten verschwunden war. Hier rastete er und wartete ab. Verfolgen würde ihn jetzt mitten in der Nacht niemand mehr.

Gespannt beobachtete er das Wirtshaus. Dort schien es einen Verletzten oder einen Toten gegeben zu haben. Das Fenster, an dem der Wirt gestanden hatte, war jetzt geschlossen. In seinem Zimmer brannte Licht. Unruhige Schatten zeichneten sich an den Wänden ab. Doch niemand wagte sich ins Freie. Aus dem Hühnerstall drangen unartikulierte Laute. Auch im Gänsestall zeterte es wie in Todesnot.

Dann herrschte unheimliche Stille. Bald darauf kam Karl Schroer, einen schweren Sack auf dem Rücken, herangekeucht. „Fette Beute“, sagte er und setzte die Last aufatmend auf den Boden.

„Und was ist mit dir?“ fragten sie Pit Doeble. Erst jetzt hatten sie Zeit, sich mit ihm zu befassen. „Wasser!“ keuchte dieser und zeigte auf seinen rechten Fuß, der naß von Blut war. „Geduld!“ mahnte Hüskeshannes und drängte zum Aufbruch. Es war ein mühsamer Weg, den sie zurücklegen mußten. Ein Glück, daß Hüskeshannes ihn im fahlen Schein des Mondes fand. Er war der geborene Pfadfinder. Und doch dauerte es zwei Stunden, bis sie die Höhle erreicht hatten.

„Schei...!“ fluchte Fetzer, als er sah und hörte, was geschehen war. Gleich untersuchte er Pit Doebles Verletzung beim Schein trüber Talglichter. Das Fuchseisen hatte ihm den rechten Fuß durchschlagen. Er war so von Blutverlust und Schmerzen geschwächt, daß er kaum sprechen konnte.

Während der „Samariter“ Pit Doeble verarztete, fielen die anderen über das gestohlene Federvieh her. Es waren zwei Gänse und sechs Hühner, die bald wohl gerupft und ausgenommen lieblich über einem mächtigen Feuer schmorten.

Ein paar Flaschen Schnaps hatte Fetzer in der Höhle noch in Reserve, und die schlechte Stimmung wegen des mißglückten Unternehmens in Mülheim war rasch verflogen. Nur Pit Doeble jammerte vor Schmerzen. Der verletzte Fuß machte ihm zu schaffen. „Sei kein Fottloch!" brummte Overtüsch und hielt ihm einen gefüllten Schnapsbecher hin. Doeble nahm nur einen kleinen Schluck. Ihm schmeckte es heute nicht.

Der Marsch nach Duisburg mußte wegen Pit Doebles Verletzung um einen Tag verschoben werden. Während des Ruhetages verteilte Fetzer die Rollen für den geplanten Überfall auf das Duisburger Nonnenkloster. Zum Hauptquartier erkor er in der Stadt die Spelunkenkneipe des Hassels Christ auf der Obermauerstraße. Von dessen Keller aus konnte man unterirdisch vor die Stadtmauer gelangen, ohne die Stadttore benutzen zu müssen.

Auch am nächsten Tag war Pit Doebles gesundheitlicher Zustand schlecht. Er fieberte, und der Fuß war dick angeschwollen, so daß er nicht auftreten konnte. Fetzer wollte den Abmarsch nicht noch länger verschieben. Der Boden war ihm im Duisburger Wald zu heiß. Der Überfall auf das Haus des Talerwirts hatte sicherlich schon Aufsehen erregt und die Spürhunde in Marsch gesetzt. Bald würden Gendarmen den ganzen Wald durchkämmen, um die Täter zu fassen. Und die Bauern ringsum würden ihnen dabei helfen. Man wollte Pit Doeble in Duisburg von einem Bader behandeln lassen oder ihn im Siechenhaus abliefern.

In aller Herrgottsfrühe verließ die Bande die Höhle und schwärmte einzeln oder zu zweit in Richtung Duisburg aus. Pit Doeble wurde von Mathias Schroer und Overtüsch vorsichtig geführt. Auf der Mülheimer Straße waren Bauern mit ihren Gemüsewagen auf dem Weg zum Duisburger Markt. Fetzer wußte, daß die Insassen am Stadttor von den Stadtwachen kaum kontrolliert wurden. Von allen übrigen Reisenden, die das Stadtgebiet betreten wollten, verlangten die Wachen Pässe. Nun besaß zwar jeder Räuber ein solches Papier, doch erschien es Fetzer ratsam, einer Kontrolle nach Möglichkeit aus dem Wege zu gehen. Da die Bauern um Bar-

geld sehr verlegen waren, nahmen sie gegen einen Taler gern einen Fahrgast mit, der sie auf der Straße anhielt. Leute, die in die Stadt wollten, erschienen den Bauern nicht verdächtig. Nur auf der Rückfahrt waren sie mißtrauisch. Da hatten sie Geld im Sack und befürchteten Überfälle.
Es ging alles nach Wunsch. Jeder hatte einen Bauern gefunden, der zur Mitnahme bereit war. Am schwierigsten war es, für den verletzten Pit Doeble einen mitleidigen Fuhrmann zu finden. Einer der Bauern verlangte einen ganzen Taler für den Transport, als ahne er, um wes Geistes Kind es sich bei dem Verletzten handelte. Mathias Schroer und Overtüsch, die den kranken Kumpan begleiteten, zahlten jedoch, ohne zu feilschen. So kamen sie alle ungeschoren in die Stadt. Wie verabredet trafen sie sich beim Hassels Christ. Noch am gleichen Abend berieten sie gemeinsam den Überfall auf das Nonnenkloster, der für den nächsten Tag geplant war. Karl Schroer und Overtüsch hatten Pit Doeble im Siechenhaus abgeliefert, da der Brand in die Wunde geraten war und ein ärztlicher Eingriff unabwendbar schien.

Die Nonnen im Hemd tanzen sehen

Eine alte Bauersfrau mit einem großen Korb am Arm zog an einem Spätnachmittag am Nonnenkloster auf der Nonnengasse die Klingel. Eine Nonne öffnete die Sprechspalte an der Tür. Es war keine Seltenheit, daß alte Weiblein an der Pforte etwas verkaufen wollten.
„Butter, Eier, Käse, ganz frisch, ganz frisch", bot die Bäuerin mit heiserer Stimme an. Der Preis, sechs Eier für einen Heller, war so niedrig, daß die Nonne die Tür öffnete und die Bäuerin einließ. Auf dem Weg zur Klosterküche stolperte jedoch die alte Frau, der Korb entglitt ihren Händen, und sie stürzte zu Boden, wo sie reglos liegen blieb. Alle Bemühungen der Nonne, die Frau wieder auf die Beine zu stellen, blieben erfolglos. Die Schwester lief in die Küche und holte Hilfe. Zwei Laienschwestern trugen die Besinnungslose ins Haus und legten sie im Krankenzimmer auf ein leerstehendes Bett. Dann kam eine Krankenschwester. Sie rieben der bewußtlosen Bäuerin die Schläfen und Brust mit wohlriechenden Essenzen ein und zogen ihr die Kleider aus. Nach einigen Minuten schlug die Bäuerin die Augen auf und blickte erstaunt um sich. Ihr Atem ging schwach, und die Krankenschwester stellte akute Herzschwäche fest. Die Frage nach ihrem Alter ließ die Kranke unbeantwortet. Sie bewegte zwar die Lippen, aber sie war zu schwach zum Sprechen. So war über die Herkunft der Kranken nichts zu erfahren. Woran mochte sie leiden? Vielleicht war es Entkräftung. Man wußte, daß Bäuerinnen an Markttagen oft eine ganze Nacht zu Fuß unterwegs waren, um die Stadt zu erreichen. Diese hier hatte möglicherweise auf dem Markt keinen Absatz für ihre Erzeugnisse gefunden und war bei dem Versuch, im Kloster etwas zu verkaufen, in Ohnmacht gefallen.
Man versuchte, der Kranken Milch einzuflößen. Doch sie preßte die Lippen fest zusammen. Dann schlief sie ein. Auf den Zehenspitzen verließen die Nonnen das Zimmer. „Sie

wird sich gesund schlafen", sagte die Krankenschwester. Als das letzte Aveläuten verklungen war, kehrten die Nonnen nochmals zu der Kranken zurück. Auf einem Tablett hatten sie eine Kanne heiße Milch und etwas Brot mitgebracht. Doch die Bäuerin schlief fest. Sie jetzt wecken, hielt man für unangebracht. Die Atemzüge der Schläferin gingen regelmäßiger als am Nachmittag. Morgen früh würde die Patientin wieder gesund sein. „Es war nur ein Schwächeanfall", konstatierte die Pflegerin stolz über ihre richtige Diagnose. Eine Wache zurückzulassen hielt man nicht für erforderlich. Man entzündete ein winziges Öllämpchen als Nachtlicht und stellte es zusammen mit der Milch und dem Brot neben die Kranke auf den Schemel. Vielleicht erwachte sie später und brauchte eine Stärkung.

Kaum hatte sich die Tür hinter den Nonnen geschlossen, schlug die Kranke die Augen auf und horchte gespannt in die Nacht. Sie hörte, wie die Schritte der Nonnen verhallten, wie die Treppen, die sie hinaufstiegen, knarrten, wie eine Tür ins Schloß fiel. Gebete wurden gemurmelt, frommer Gesang ertönte, dann herrschte feierliche Stille.

Die Bäuerin blieb noch eine Weile reglos im Bett liegen, die Augen weit geöffnet. Als der Nachtwächter auf der Nonnengasse die zwölfte Stunde verkündete, schlug die vermeintliche Kranke energisch die Decke zurück und sprang munter auf die Beine. Schnell kleidete sie sich an, öffnete leise ein Fenster und ahmte täuschend den Schrei eines Käuzchens nach. Vom Klostertor kam Antwort. Dann erschien auf der Klostermauer eine dunkle Gestalt. Sie sprang mit einem geübten Satz in den Hof, eine zweite, dritte und vierte folgten. Die Bäuerin hatte das Nachtlicht als leuchtenden Wegweiser auf das Fenstersims gestellt. Dunkle Schatten huschten, sich durchs Fenster schwingend, ins Krankenzimmer. Der Fetzer und seine Bande hatten mit Hilfe der Hassels Male, einer Tochter des Spelunkenwirtes von der Obermauerstraße, Eingang ins Kloster gefunden …

Jeder mit einem brennenden Licht in der Hand, schwärmten die Eindringlinge durch das fromme Haus. Treppauf, trepp-

ab ging die wilde Hatz. Der Overtüsch voran. Sie polterten gegen die Zellentüren: „Aufgemacht! Der Jüngste Tag ist da." Als nicht gleich geöffnet wurde, brachen die Räuber mit Gewalt ein, rissen die Nonnen aus den Betten mit dem Ruf: „Her mit dem Silber, her mit dem Geld!"
Doch so leicht gaben sich die Frauen nicht geschlagen. Die Äbtissin, eine wehrhafte Frau von fünfzig Jahren, schlug dem Mathias Schroer mit einem Fußschemel so derb auf den Kopf, daß er taumelte und die Treppe hinabkugelte. Dann riß die couragierte Frau ein Fenster auf, und gellend hallte ihr Hilferuf durch die Nacht: „Feurio! Feurio!" Ein Nachtwächter griff den Ruf auf und tutete Alarm …
„Feurio! Das könnt ihr haben!" brüllte jetzt der Fetzer, über den hartnäckigen Widerstand erbost. Er riß aus einem

frommen Buch, das er auf einem Tisch fand, eine Anzahl Seiten heraus, zündete sie an und warf die brennenden Blätter in die Betten der Nonnen.
Derweil hatte eine junge Schwester, die Overtüsch mit einem brennenden Licht vor sich hertrieb, aus Angst, in eine lebende Fackel verwandelt zu werden, die Räuber zu dem Klosterschatz geführt. In Sekundenschnelle war das schwere Schloß zertrümmert, und aus der Tür der Schatzkammer quollen silberne Leuchter und Monstranzen, edelsteinbesetzte Kreuze und Reliquiare, wertvoller sakraler Schmuck. In einer schweren Eisentruhe fanden die Räuber das ersehnte Geld, Taler und Gulden, so viel, daß der Fetzer einen halben Sack damit füllen konnte. In einem zweiten Sack bargen sie das geraubte Silbergerät. Der Feueralarm, den die Äbtissin ausgelöst hatte, war nicht ungehört verhallt. Auf den Gassen wurde es lebendig. Beherzte Bürger, Nachtwächter, Stadtpolizei rückten mit wassergefüllten Löscheimern an und drangen in die brennenden Klosterräume vor, nicht ahnend, daß diese von bewaffneten Räubern besetzt waren. Für Fetzer war es ein günstiger Augenblick, um den Ausbruch zu wagen, der in dem allgemeinen Tumult auch unbemerkt gelang. Die Rettungsmannschaften hatten alle Hände voll zu tun, um ein Übergreifen des Feuers auf die Nachbarhäuser zu verhindern. Als ihnen zu Ohren kam, daß eine Räuberbande den Brand gelegt hatte, waren die Täter längst im Schutze der Nacht verschwunden. Einen Teil des Raubes, vor allem das Silbergerät, ließ Fetzer in der Obhut des Hassels Christ zurück, der immer Abnehmer für heiße Ware hatte. Der ließ es noch in derselben Nacht durch einen unterirdischen Gang zu einem außerhalb der Stadtmauer wohnenden Hehler schaffen. Auch Fetzer, dem der Boden in Duisburg nach den letzten Überfällen zu heiß geworden war, setzte mit seiner Bande vor Tagesanbruch über den Rhein und kampierte bis zum nächsten Morgen bei „Vögels Ann", einer alten Kupplerin in Rheinhausen. Hier wollte er auf die Rückkehr Augustin Overtüschs warten, den er ins Siechenhaus geschickt hatte, um nach dem Befinden Pit Doebles zu fragen.

Die Schlacht von Daaden

An der Landstraße, die von Moers nach Düsseldorf führt, saß ein in Lumpen gehüllter Greis. Er hatte ein Paar Krücken neben sich liegen und trug eine Brille mit dunklen Gläsern. Wenn ein Pferdefuhrwerk vorüberzuckelte, winkte er verzweifelt mit den Armen und schrie unverständliche Worte in den Wind. Doch die Fuhrleute achteten seiner nicht. Es waren zu viele Scharlatane und Simulanten unterwegs.

Die Bewegungen des Mannes wurden immer schwächer, müder und hilfloser. Als die Dämmerung hereinbrach, überfiel ihn der Schlaf. Plötzlich fuhr er auf. Es war, als spitze er die Ohren, die das Herannahen eines größeren Fuhrtransportes vernommen hatten.

Voran trabten zwei bis an die Zähne bewaffnete Reiter, denen ein schwer beladenes Fuhrwerk folgte. Auf dem Bock saßen zwei Fuhrleute, die ein Gewehr geschultert hatten. Und die Nachhut bildete abermals ein Reiterpaar, das gewichtige Schießeisen im Gurt trug. Der Mann am Wege winkte erneut und deutete unmißverständlich auf seine Krücken.

Einer der beiden Fuhrleute warf einen Blick auf den Invaliden und rief den Reitern des Vortrabs einige Worte zu. Diese zügelten die Pferde, und die ganze Kavalkade hielt. Ein Mann sprang vom Bock des Wagens und beugte sich über den Greis. „Trés malade, messieurs! Invalide! Soldat malade! – Invalider Soldat! Sehr krank!" jammerte der Mann am Wege. Der Kutscher betrachtete mitleidig das Häuflein Elend am Straßenrand, wechselte ein paar Worte mit seinen Kameraden und half dem am Boden Sitzenden auf die Beine, führte ihn hilfreich zum Wagen, und zu dritt hoben sie ihn dann samt seinen Krücken auf den Wagen-Rücksitz, auf dem schon ein Diener saß. Die Pferde zogen an und weiter ging es in Richtung Uerdingen.

Unterwegs erzählte der Invalide seinem aufhorchenden Nebenmann von seinen Kriegsabenteuern, von seinen schweren Verwundungen – Lähmung beider Beine – und von seinem

Augenleiden. Dieses zwinge ihn, ständig eine dunkle Brille

zu tragen, da er sonst große Schmerzen leide. Er komme, so berichtete er, von Holland und wolle weiter nach Düsseldorf, wo ein Bruder wohne. Nach einer flotten Fahrt hielt das Fuhrwerk in Uerdingen vor der „Eule“. Ein vornehmer Herr, offenbar der Besitzer des Transportes, stieg aus und begab sich mit den beiden Reitern, die vorangetrabt waren, in das Innere des Gasthauses, um einen Imbiß zu sich zu nehmen. Die Reiter der Nachhut blieben mit dem Diener, der neben dem Fahrgast saß, als Wache zurück. Auch dieser stieg ab, um sich die Beine zu vertreten. Die Zurückgebliebenen unterhielten sich über den weiteren Reiseplan. In Düsseldorf, so hörte der fremde Passagier, werde man die Nacht verbringen, um am nächsten Tag in aller Frühe weiter nach Köln zu fahren. In Köln wolle man abermals über Nacht bleiben, da der Herr eine Reise in der Dunkelheit wegen der vielfältigen Gefahren auf den Landstraßen nicht wagen wolle. Nach einer Weile kehrten die Reiter der Vorhut zu dem Fuhrwerk zurück. Sie hatten sich mit Speise und Trank gestärkt und lösten ihre beiden Kameraden der Nachhut ab, die nun ihrerseits das Wirtshaus betraten. Eine Magd brachte dem draußen wartenden Diener auf einem Tablett Brot, kaltes Fleisch und eine Kanne Wein. Der fremde Fahrgast durfte an dem Imbiß teilnehmen, wofür er sich wortreich bedankte. Der Diener, den der Wein ebenfalls gesprächig gemacht hatte, sang ein Loblied auf die Güte seines Herrn. Es wäre auf der Welt besser bestellt, sagte er, wenn alle Besitzenden so gütig wären wie sein Herr, der Monsieur Bruckmann. Nachdem Räuber kürzlich sein Haus in Krefeld zu plündern versucht hätten – er habe ihnen aber als alt gedienter Offizier einen Denkzettel gegeben und sie in die Flucht gejagt –, sei er jetzt im Begriff, seinen Wohnsitz in das Dillenburgische zu verlegen, wo bereits ein reicher Vetter von ihm wohne.

Als der Diener einmal kurz ausgetreten war, warf der fremde Fahrgast einen prüfenden Blick durch seine dunklen Brillengläser in das Innere des Wagens. Doch so sehr er sich auch mühte, er vermochte nichts zu erkennen als einige eisen-

beschlagene Kisten und Kasten, wie sie vornehme Reisende mit sich zu führen pflegten.
Spät in der Nacht kamen sie in Düsseldorf an. Ehe die Reisegesellschaft im „König von Frankreich" abstieg, einem vornehmen Haus auf der Marktstraße, setzten sie den invaliden Fahrgast vor der Stadtherberge ab, die in der Wallstraße lag. Das freundliche Angebot der Wohltäter, ihn bis in das Innere der Herberge zu begleiten, lehnte der Krüppel ab und verschwand, mühsam humpelnd, in den düsteren Gängen des verräucherten Hauses, in dem die Obdachlosen zu nächtigen pflegten.
Kaum war der Wagen außer Sicht, da entledigte sich der „Krüppel" seiner Krücken, kehrte zur Tür zurück und hielt vorsichtig Ausschau nach allen Seiten. Dann riß er sich eine Perücke vom Kopf, nahm die Brille ab, und wer alsdann eilends ohne Krücken den Weg durch die dunklen Gassen zur Herberge zum „Liederjan" nahm, war kein anderer als der Fetzer.
In der Herberge fand er von den Kumpanen der Krefelder Bande nur den Hüskeshannes, den Anton Jennies, den Blindjoseph und den Overtüsch, die gemütlich beim Kümmelblättchen saßen, Schnaps aus Kaffeetassen tranken und dicke Rauchwolken in die Luft pafften. Als Fetzer die Stube betrat, warfen sie die Karten auf den Tisch und begrüßten ihn mit lautem Hallo. An der Hast, mit der er hereingestürmt war, sahen sie, daß er einen großen Coup in petto hatte. Und sie lauschten gespannt seinem Bericht. Der reiche Mann, in dessen Chaise Fetzer von Moers nach Düsseldorf hatte fahren dürfen, war ein Bankier, das hatte Fetzer zum Schluß der Reise noch von dem Diener erkunden können. Nun erwogen die Räuber die Möglichkeit eines Überfalles auf den Transport des reichen Mannes. Sicherlich war sein Wagen bis zum Rand mit Gold und Silber beladen. Wozu hätte er sonst schwerbewaffnete Reiter als Begleiter benötigt.
Overtüsch riet, dem Transport gleich zu folgen und ihn vor Köln an einer einsamen Stelle auszuplündern, wo der Wagen
 wegen einer besonders schlechten Wegestrecke sehr langsam

fahren mußte. Was bedeuteten schon vier Reiter für die Fetzer Bande? Die schoß man ab wie heurige Hasen. Den Bankier könnte man obendrein noch entführen und ein ansehnliches Lösegeld von seinen Angehörigen verlangen.
„Dummkopf!" Fetzer schüttelte mißbilligend den Kopf. „Morgen werden sie vielleicht schon Jagd auf dich machen! Die ganze Meute werden sie dir auf den Hals hetzen. Polizei! Soldaten! In Daaden ist es einfacher. Da schläft die Polizei Tag und Nacht, und die Soldaten sind weit vom Schuß! Mit den paar Bauern werden wir schon fertig werden. Die haben meistens Driss in der Bux! Die verrammeln Fenster und Türen und stecken sich Wolle in die Ohren, wenn sie hören: Der Schinderhannes ist da!"
Als Fetzer die übrigen Kumpane beifällig nicken sah, fuhr er fort: „Einer von euch fährt nach Daaden und baldowert alles aus. Wo der Bruckmann sein Geld versteckt hat, wer und wieviele es bewachen und ob Polizei in der Nähe ist..." Er deutete auf Weyers: „Mach dich gleich auf die Socken!"
Weyers war einverstanden. Den Hüskeshannes schickte Fetzer ins Mersenische. Vielleicht, daß da noch ein paar handfeste Kerle waren, die mit von der Partie sein wollten. Als Sammelplatz bestimmte er Neuwied. Hier wollte Fetzer die Bande zusammenstellen und Instruktionen erteilen.
Ehe sie auseinandergingen, fiel dem Overtüsch noch ein, daß ja einer ihrer Besten, der Colloredo, ein italienischer Pferdedieb, noch in Köln im Kaschöttchen saß, weil er falsche Taler unter die Leute gebracht hatte. Er war dabei auf der Kirmes in Liblar erwischt worden. Der mußte vorher noch befreit werden. Während Adolph Weyers am nächsten Morgen nach Daaden aufbrach, fuhr Fetzer mit Overtüsch und Blindjoseph nach Köln, um dem Colloredo zu helfen. Der hockte in einem finsteren Verlies am Frankenturm. Da man das dicke, mit einem schweren eisernen Schloß versehene Gitter für unbedingt ausbruchssicher gehalten hatte, war nachts keine Wache in der Nähe.
Die Tür bestand aus schwerem Eichenholz. Mit einem einfachen Brecheisen war ihr nicht beizukommen. Fetzer fand

schließlich in einer Schmiede ein Pflugeisen, mit dem er das Schloß zerbrach und sich Zutritt zu dem Gefängnis verschaffte. Da bot sich ihm ein neues Hindernis. Das Verlies, in dem der Colloredo saß, war fünf Meter tief. Unten stand, wie der Gefangene seinen Befreiern durch Zuruf mitteilte, das Grundwasser einen halben Meter hoch. Wie da hinunterkommen? Wie den Gefangenen da herausziehen? Ohne Leiter oder Strick schien das unmöglich. Doch Fetzer wußte Rat.

„Wartet hier!" sagte er und verschwand in Richtung Rheinufer. Nach einer Weile kehrte er mit einer langen Stange und einem Fischnetz zurück. „Aufpassen!" rief er in die Tiefe, wo Colloredo bereits an seiner Befreiung gezweifelt hatte. Zu dritt arbeiteten sie an dem Rettungsakt. Sie banden das Netz an die Stange und ließen diese in die Tiefe. „Festhalten!" kommandierte Fetzer. Dann versuchten sie den Mann langsam hochzuziehen.

Doch dieser war durch die lange Haft in diesem feuchten Loch so geschwächt, daß ihn auf halber Höhe die Kräfte verließen und er wieder in die Tiefe plumpste, so daß das schmutzige Wasser hoch über ihm zusammenschlug.
„Festbinden!“ befahl Fetzer, der bereits ungeduldig wurde. Er horchte aufmerksam in die Nacht. Wenn jetzt zufällig eine Ronde des Weges kam, dann waren sie alle verloren. Colloredo hatte verstanden. Er band sich das Netz um die Beine, und jetzt gelang die Rettung. Wie aber sah der befreite Gefangene aus? Er war über und über mit Schlamm bedeckt. Ein langer, schwarzer Bart war ihm während der Gefangenschaft gewachsen. Er sah aus wie der Leibhaftige. Lumpen hingen ihm in Fetzen vom Körper. Colloredo mußte von Overtüsch und Blindjoseph gestützt werden. Er konnte nicht allein gehen. Wie er mit zitternder Stimme erzählte, war seit drei Tagen keine Wache mehr bei ihm gewesen. Man hatte ihn offensichtlich vergessen. Durch einen Einbruch verschaffte ihm Fetzer noch am gleichen Abend neue Kleider. Bei der Düwelstrütsch schor man ihm den Bart und befreite ihn von Schmutz und Unrat. Nach drei Tagen hatte er sich so weit erholt, daß er mit Fetzer per Extrapost nach Neuwied aufbrechen konnte.

In der Schloß-Herberge von Neuwied wurde gefeiert. So viele zahlungskräftige Gäste hatte der Gaunerwirt Anton Belz lange nicht mehr bei sich gesehen. Die meisten waren mit Extrapost von Mersen, Krefeld und Essen gekommen. Sie hatten fast alle in den Kriminalakten diesseits und jenseits des Rheines einen gewichtigen Namen. Am Kopf des eichenen Holztischs residierte Räuberhauptmann Fetzer. Zu seiner Rechten und Linken saßen Adolf Weyers und Heckmann. Und weiter der berüchtigte Colloredo, Hüskes-Hannes, Nagels Pitter, Zülcher Wilhelm, Damian Hassel, Mathias Huth, Kremerius, kurzum die Garde der Mersener, Krefelder und Essener Bande hatte Fetzer zusammengetrommelt. Gemeinsam wollten sie auf Daaden marschieren. Einige hatten auch ihre Maitressen zu dem Räuber-Thing mitgebracht.

Hier in Neuwied fühlten sie sich sicher. Nirgendwo war die Polizei so großzügig, nirgendwo konnten die Diebe und Hehler so ungehindert ein- und ausgehen. Sie segelten alle unter der Flagge der Schutzbedürftigen, der Verfolgten, denen die Behörden jeden Schutz gewährten, wenn sie nicht gerade einen Mord oder einen schweren Einbruch in der Stadt begingen. Die Polizeiorgane standen vielfach im Verdacht, Helfershelfer der Räuber zu sein. Von auswärts erlassene Steckbriefe, so sagte man in Köln, fielen in den Neuwieder Amtsstuben meist unter den Tisch. Unumgänglich notwendige Haussuchungen würden von den Neuwieder Gendarmen immer erst nach vorheriger Warnung der Betroffenen durchgeführt, die verdächtige Spuren vorher beseitigen konnten. Als Mittelsmann zwischen Polizei und Räubern diente der Gaunerwirt Anton Belz in der Schloßstraße. Er gewährte Verfolgten Unterschlupf, Speise und Trank und betreute auch Verletzte und Kranke. Seine Mutter Sabine unterstützte ihn nach Kräften. Bei Belz berieten die Räuber auch ihre Diebesfahrten. Entfernungen und Reise-Strapazen spielten bei diesen keine Rolle.
Adolph Weyers erstattete bei dieser Zusammenkunft ausgiebig Bericht über seine Erkundungen in Daaden. „Ein reicher Mann, dieser Monsieur Bruckmann", erzählte er, „viel reicher noch, als wir geglaubt haben." Und er phantasierte weiter: „Einen ganzen Keller hat er voll Dukaten, Taler und Gulden. Und viel Schmuck, Gold und Silber..." Doch Weyers verschwieg auch nicht, daß der Bankier waffenkundige Dienerschaft habe. Auch gebe es unter den Bewohnern von Daaden couragierte Leute, echte Wildschützen...
Man müsse sich schon auf eine blutige Bataille gefaßt machen. Unverzüglich ließ Fetzer die notwendigen Vorbereitungen für die bevorstehende Aktion treffen. Flinten und Pistolen mußten unter seiner Obhut gereinigt werden. Patronen wurden gestopft, Wachslichter, Knebelstricke und alle für einen Großeinbruch notwendigen Gerätschaften beschafft. Ein Teil der Räuber brach bereits am nächsten Morgen in kleinen Trupps zu zweit oder viert zu Fuß nach

Daaden auf, das etwa 14 Wegestunden entfernt lag. Adolph Weyers, Hüskeshannes, Kernmichel, Overtüsch, Hassel und Fetzer planten vorher noch einen Ausflug nach Sayn auf die Kirmes. Sie wollten am nächsten Tage mit dem Wagen folgen. Man hatte sich für diesen Tag bei Hachenburg im Walde an einer Geiseleiche verabredet.

Auf der Kirmes in Sayn war viel Volks versammelt: Reiche Kaufleute aus Köln und Amsterdam, Bauern, Winzer, arme Schlucker und Tagediebe. Die Kaufleute waren im „Goldenen Löwen" abgestiegen, wo sie wie Fürsten tafelten und in Weinlaune von den guten Geschäften berichteten, die sie auf der letzten Frankfurter Messe gemacht hatten. Auch Fetzer wohnte mit seinen Kumpanen in dem vornehmen Haus. Er hatte sich als königlich privilegierter Zauberkünstler und Graf von Nikisch aus Prag mit Gefolge eingetragen. Und weil sie allesamt gut gekleidet waren und viel Gepäck mit sich führten – es war zwar nur Einbruchswerkzeug –, wurden sie wie vornehme Herren hofiert.

Mit viel Lärm und Trara ließ Fetzer am Nachmittag durch Kernmichel und Hassel in Sayn austrompeten, daß der wohlachtbare königlich privilegierte Zauberkünstler Graf von Nikisch aus Prag auf dem Markt eine Vorstellung geben werde. „Tote Katzen werden lebendig, Hunde spucken Feuer, goldene Sterne fallen vom Himmel, es regnet Silbertaler und glühende Kohlen zum Nachtessen!"

Durch alle Wirtshäuser und Gassen schwärmten die Ausrufer. „Teterätääää! Der große Magius aus Prag ist da! Herbei, herbei!!!"

Und das Volk eilte herbei, Männer, Frauen und Kinder, Arme und Reiche. Sie scharten sich um das Podium, auf dem der Hexenmeister seine Zauberkunststücke präparierte. Er trug einen scharlachroten mit Brokat besetzten Anzug und einen breitrandigen Hut von der gleichen Farbe mit einer langen Hahnenfeder. Seine Füße staken in hohen Stiefeln aus feinem Kalbleder. Die Handlanger des Hexenmeisters führten zunächst einen närrischen Tanz auf, während ihr Herr und Meister in einer großen Pfanne knusperige Kuchen buk.

Den ersten verschlang der Bäcker selbst mit Heißhunger. Die beiden nächsten verteilte er unter das Volk. Als ein Mann jedoch davon essen wollte, biß er sich fast einen Zahn daran aus, so hart war der Kuchen, und als er ihn auf den Tisch des Erzeugers schmetterte, klirrte es wie von Porzellan, und er zerbrach in Scherben.

Das Publikum spendete lauten Beifall. Dann griff der Graf mit der bloßen Hand in Brennesseln, die hinter dem Podium üppig wucherten. Er verbrannte sich jedoch nicht die Hände, als er sie ohne Handschuhe in einen Tabakskasten steckte. Diesen klappte er zu, verschloß ihn und drehte den Boden nach oben. Als er den Kasten wieder öffnete, entströmte ihm der Duft von feinstem Tabak. Mit diesem wohlriechenden Kraut stopfte er sich die Pfeife und blies den Rauch in alle Winde. Den Kasten reichte der Hexenmeister weiter an einen Mann aus dem Publikum und ermunterte ihn, sich auch einmal sein Pfeifchen damit zu stopfen. Als dieser der Aufforderung nachkam und in den Kasten griff, ließ er ihn mit einem Aufschrei fallen. Seine Finger brannten, als habe er tausend Nadeln angefaßt. Und wieder war der Beifall auf seiten des Zauberkünstlers. Dieser reichte nun einem seiner Gehilfen einen großen Blechteller. Der machte die Runde, und als er zurückkehrte, war er bis zum Rande mit Geld gefüllt. Außer Pfennigen und Hosenknöpfen waren auch Taler und Gulden darunter, ein Zeichen, daß zu den Spendern auch Begüterte zählten.

Während der Hexenmeister die nächste Nummer vorbereitete – er briet in Fett getauchte Kartoffeln auf glühenden Kohlen – schlich ein Junge seitwärts im Dunkel an den Tisch, an dessen Ende der mit Geld gefüllte Teller stand, und versuchte, selbst verdeckt, eine Handvoll Münzen hinterrücks zu stibitzen. Da schlug eine feurige Lohe aus dem Teller. Der Junge schrie vor Schmerzen und ließ die bereits ergriffenen Münzen fallen. Dabei stieß er an den Teller, der klirrend zu Boden fiel. Der Dieb rannte heulend davon, während das aufmerksame Publikum sich vor Lachen bog.

Der Zauberkünstler, der diesen Zwischenfall mit einer galanten Verbeugung quittierte, wollte gerade seine heiße Mahlzeit verzehren – die Kartoffeln hatten inzwischen das Aussehen glühender Kohlen angenommen –, da wurde die Vorstellung durch einen Zwischenfall unterbrochen. Aus dem Hotel „Zum Goldenen Löwen“ stürzten in wilder Flucht zwei Kerle mit rußgeschwärztem Gesicht, und hinterdrein rannte ein Diener und schrie lauthals: „Räuber! Diebe!“, so daß das schaulustige Publikum entsetzt auseinanderstob und sich der Platz in wenigen Minuten gelichtet hatte.

Wutschnaubend brach der Graf von Nikisch, königlich privilegierter Zauberkünstler aus Prag, seine Vorstellung ab und zog sich mit seinen Gehilfen in das Hotel zurück. Dort erfuhr er, daß zwei Spitzbuben versucht hatten, das Gepäck der Kölner Kaufleute in deren Zimmer zu plündern. Die Rechnung der Diebe, Graf von Nikisch werde mit seinen Zauberkünsten die Aufmerksamkeit aller auf sich lenken, war nicht aufgegangen. Die Kaufleute hatten, gewitzigt durch die Erfahrung, zwei Aufpasser mit geladenen Pistolen zurückgelassen. So wurde der Raub vereitelt. Und nur ihren schnellen

Beinen und dem allgemeinen Tumult auf dem Markt hatten es die Diebe zu verdanken, daß sie nicht gefaßt wurden.
Der Herr Graf war trotz vielfacher Bitten aus Kreisen des pp. Publikums nicht zu bewegen, seine Vorstellung am nächsten Abend zu wiederholen. In einem Ort, an dem es so von Spitzbuben wimmele, werde er keinen Tag länger verweilen. Und er reiste bereits am nächsten Morgen mit seinem Anhang in Richtung Hachenburg weiter. Als seine Chaise hinter Sayn in den Wald einbog, tauchten aus dem Gebüsch zwei dunkle Gestalten auf. Der Hexenmeister aus Prag zügelte seine Pferde und hieß die beiden Gesellen einsteigen.
„Räudige Hunde!" empfing Fetzer den Overtüsch und den Mathias Huth. „Esel können sich nicht dümmer anstellen als ihr. Und mit diesen Heuochsen will ich einen Schatz ausheben..." Er schlug dabei drei Kreuze. Adolph Weyers, der sehr abergläubisch war, meinte, dieser Fehlschlag sei ein schlechtes Omen für den geplanten Coup, und es sei vielleicht besser, man verschiebe ihn auf später. Doch davon wollte Fetzer nichts wissen: „Geplant ist geplant...", sagte er, „jetzt en avant! und wenn es in die Hölle geht..." Damit schlug er auf die Pferde, die wacker ausholten.
Ihre Wegzehrung requirierten die Räuber unterwegs in einsam am Wege liegenden Bauernhöfen. Den Hühnern nahmen sie die Eier in den Ställen unter dem Hintern weg, das frisch gebackene Brot stahlen sie aus den Backstuben, die Wurst aus dem Rauchfang und den Schnaps aus den Kellern der Dorfwirte.
Als sie die Straße nach Hachenburg erreichten, fanden sie den Weg, den die Kumpane zuvor genommen hatten, gut mit weißen Papierfetzen markiert. Ohne sich zu verfehlen, stießen sie verabredungsgemäß an der Geiseleiche auf das Gros der Bande. Die Räuber hatten sich unter dem grünen Dach des Waldes niedergelassen. Einige schossen zum Zeitvertreib nach Wildtauben und Hähern. Andere spielten Kümmelblättchen und brieten Eichhörnchen am Spieß. Als sie zur letzten Wegstrecke nach Daaden aufbrachen, zählte die Bande rund zwanzig Mann. Diese waren alle schwer bewaffnet und führten

Windlichter mit, um den Weg nicht zu verfehlen. Kurz vor der Abzweigung nach Daaden stießen sie auf einen Trupp Köhler, die ihre Kollegen in der nahebei liegenden Köhlerhütte ablösen sollten.

„Greift sie!" befahl Fetzer. Ehe die schwarzen Männer zur Besinnung kamen und sich überlegen konnten, was es wohl zu bedeuten hatte, wenn mitten in der Nacht eine kleine Armee verdächtiger Gestalten schwer bewaffnet in Richtung Daaden marschierte, und ehe die Köhler an Gegenwehr oder Flucht zu denken vermochten, lagen sie bereits gefesselt und

geknebelt auf dem Waldboden. Ohne eine Wache zurückzulassen marschierten die Räuber weiter.
Es war eine mondhelle Sommernacht, als das Ziel in Sicht kam. Fetzer ließ halten und gab seine letzten Instruktionen. Colloredo und Blindjoseph schickte er als Vorhut voraus. Sie hatten den Auftrag, die Schlüssellöcher in der Kirche zu verstopfen und die Nachtwächter unschädlich zu machen, damit niemand Sturm läuten und Alarm blasen konnte.
Der ortskundige Weyers führte die Bande an. Im Sturmschritt marschierten sie in Daaden ein und verschafften sich ungehindert Zutritt zu dem von Weyers bezeichneten Haus. Es lag mitten im Ort. Der Mond beleuchtete gespensterhaft die Szene des Überfalls. Die Räuber frohlockten; sie fanden die Tür zu dem altertümlichen Patrizierhaus wider Erwarten unverschlossen. Sie brauchten den mitgebrachten Rennbaum nicht zu verwenden. Sie fanden alle Zimmer unverschlossen und, wie sie bald verwundert feststellten, leer. Das ganze Haus war leer. Und Adolph Weyers, von Fetzer zur Rede gestellt, mußte beschämt bekennen, daß er sich im Eifer des Gefechtes in dem Haus geirrt hatte. Sie waren versehentlich in ein falsches geraten. Das richtige lag, wie Weyers jetzt feststellte, gegenüber.
Jetzt galt es, keine Zeit zu verlieren, denn im Ort wurde es schon lebendig. Ein Schuß war gefallen. Den hatte Blindjoseph abgefeuert, als er mit einem Nachtwächter aneinander geriet, der sich heftig wehrte und laut um Hilfe schrie. Auch bei dem Sturm auf das erste Haus hatte es Lärm gegeben. Fenster wurden geöffnet, Stimmen laut, Hunde bellten, und Weiber kreischten vor Angst.
In dem Haus, das die Räuber jetzt berannten, stießen sie auf erbitterten Widerstand. Was Weyers nach seiner Rückkehr aus Daaden angedeutet hatte, bestätigte sich jetzt. Es gab hier echte Wildschützen unter den Bewohnern, die keine Angst hatten und piff, paff aus den Fenstern auf die angreifenden Räuber feuerten. Das Haus war zudem noch mit eichenen Balken verbarrikadiert und hatte Schießscharten wie eine Festung. Colloredo erhielt einen Schulterschuß und fiel als

Angreifer aus. Overtüsch traf eine Kugel ins linke Bein, doch er kämpfte hinkend weiter. Noch waren die Verteidiger in der Minderzahl, und sie mußten der Übermacht weichen. Mit Axthieben zerschmetterte Fetzer die Tür zu einem Kellerraum, der nach Mitteilung eines aus dem Bett geprügelten Dieners die Schätze des Bankiers barg. Mit Triumphgeschrei fielen die Räuber über die bis zum Rande mit Münzen, Schmuck und Silbergeschirr gefüllten eisernen Kisten und Truhen her und verstauten die wertvolle Beute eiligst in mitgebrachten Säcken. Während sie noch mit der Bergung beschäftigt waren, drang Lärm von der Straße ins Haus.
Halb Daaden war inzwischen erwacht. Bürger und Bauern drangen in hellen Scharen bewaffnet bis zu dem Ort des Überfalls vor und feuerten Schuß auf Schuß gegen das von den Räubern besetzte Haus. Während Fetzer, Hüskeshannes, Weyers und Heckmann auf der Vorderseite einen Ausbruchsversuch vortäuschten, gelang es den übrigen, im Schutze des dichten Nebels, der sich inzwischen gebildet

hatte, durch einen Seitengang auf der Rückseite des Hauses zu entkommen; ehe die Ortsbewohner die List durchschaut hatten, waren auch Fetzer und seine Kumpane verschwunden. Es war ihnen sogar gelungen, den größten Teil der Beute mitzunehmen. Sie erreichten den nahen Wald, wo sie zunächst in Sicherheit waren. Fetzer duldete jedoch kein Ausruhen. Er wußte, daß dieser Gewaltstreich nicht nur in Daaden, sondern im ganzen Lande großes Aufsehen erregen würde. Schon am nächsten Tage mußte mit einer Treibjagd gerechnet werden. Und so marschierten sie mit schwerem Gepäck los, sich gegenseitig im Tragen der Lasten ablösend. Es ging über Stock und Stein, über fast grundlose Pfade, durch Bäche und Gräben, immer von einer dichten Nebeldecke eingehüllt.

„Morgen früh", so frohlockte Fetzer, „sind wir schon über alle Berge, da mögen sie suchen ..."

Als der Morgen graute und eine strahlende Sonne die letzten Nebelfetzen vertrieben hatte, machten sie Rast. Kaum hatten sie sich auf einer von dichtem Buschwerk umgebenen Lichtung gelagert, hörten sie Hundegebell. Und der als Kundschafter ausgesandte Blindjoseph meldete schreckensbleich, daß sie sich zu Häupten eines Dorfes befänden, das nur eine halbe Wegstunde von Daaden lag. Sie waren, vom Nebel getäuscht, sieben geschlagene Stunden im Kreise herum gelaufen. Der ganze Berg war, wie Blindjoseph erkundet hatte, von bewaffneten Bauern, Jägern und Soldaten umzingelt. Ein Entrinnen war kaum möglich.

Fetzer warf zunächst noch nicht die Flinte ins Korn. Es gab zwei Möglichkeiten, die Straße nach Neuwied zu erreichen. Entweder über Dillenburg oder über Hachenburg. Nach seiner Berechnung war die Straße nach Hachenburg schon von den Verfolgern besetzt, und er beschloß deshalb, auf Dillenburg zu marschieren.

Alle stimmten ihm zu, nur Colloredo und Kaufmann nicht. Sie waren der Meinung, daß es ratsamer sei, auf dem kürzesten Weg zum Ziel zu gelangen, und sie trennten sich hier von ihren Spießgesellen.

Die Bewohner von Daaden hatten inzwischen durch berittene Boten die Bauern in allen Dörfern der nächsten Umgebung alarmiert und das französische Militär zu Hilfe gerufen, das in Hachenburg und Dillenburg im Quartier lag.
Als Fetzer mit seinen Kumpanen das nächste Dorf erreichte, das in Richtung Dillenburg lag, fand er auch den Eingang dieses Ortes von bewaffneten Bauern besetzt.
Fetzer versuchte gewaltsam einzudringen. Doch die Abwehr war so stark, daß er sich in den nächsten Wald zurückzog. Als er auf einem Umweg wieder die Straße nach Dillenburg erreichte, stellte er fest, daß der Wald vom Militär umzingelt war. Dieser grenzte in entgegengesetzter Richtung von dem besetzten Dorf an eine Weide, auf der ein Dutzend Pferde grasten. Wenn den Räubern an dieser Stelle ein Durchbruchsversuch glückte und sie in den Besitz der Pferde gelangen konnten, waren sie gerettet. Doch ein Pikett Reiter verhinderte ihre Absicht. Wie die Hasen auf der Treibjagd wurden die Räuber über das freie Feld gehetzt. Was nutzte es, daß Fetzer zwei der Berittenen aus dem Sattel schoß? Der dritte warf den Räuberhauptmann zu Boden und schlug ihn mit dem Gewehrkolben bewußtlos. Heckmann und Hüskeshannes wehrten sich verzweifelt gegen ein Dutzend Bauern, die sie umringt hatten. Während beide wie wild um sich stachen, warf man ihnen von hinten Säcke über den Kopf und schnürte ihnen mit dicken Stricken die Arme zusammen.
So fiel einer nach dem anderen der Übermacht zum Opfer. Nur Adolf Weyers war es gelungen, sich bis zu den Pferden durchzuschlagen. Als er eines der Tiere bestieg und es brutal mit den Hacken bearbeitete, um es in Trab zu bringen, bockte es hinten und vorn und warf seinen Reiter ab. Noch am

Boden liegend wehrte er sich mit Händen und Füßen gegen die Versuche der herbeigeeilten Bauern, ihn zu fesseln. Doch schließlich entging auch er seinem Schicksal nicht.
Als die übrigen Räuber sahen, daß Fetzer und die Rabiatesten ihrer Bande gefangen waren, ergaben auch sie sich. Um ihnen keine Möglichkeit zu einem gemeinsamen Ausbruch zu geben, wurden sie paarweise aneinandergefesselt auf Verliese in Dillenburg, Hachenburg und Daaden verteilt und bis zum Abtransport nach Wesel aufs strengste bewacht.
Colloredo und Kaufmann, die sich bis zur Nacht in der Nähe von Daaden in einem dichten Gehölz versteckt hatten, gelang es, sich bis nach Neuwied durchzuschlagen. Nachdem das Gros der Bande in Haft saß, ließ man sie unbehelligt.

Drama in Wesel

Ganz Wesel war auf den Beinen, als die Fetzerbande an Händen gefesselt und von einem großen Aufgebot Militär begleitet, in der Stadt ankam. Auch aus den umliegenden Dörfern waren die Menschen zu Fuß und mit Wagen gekommen, um dieses Schauspiel zu erleben.
Drei Tage und Nächte hatte der Transport von Daaden bis Wesel gedauert. Nachts war in den Wäldern am offenen Feuer gerastet worden, jeder der Gefangenen von fünf Soldaten bewacht, so daß keiner der Räuber mit dem anderen Verbindung aufnehmen konnte. Der Lieutenant Cassier atmete auf, als Wesel in Sicht kam. „Mon dieu!“ Es war keine Kleinigkeit, die gefährlichsten Banditen des Jahrhunderts 60 Stunden weit durch einsame Wälder, über schlechte Straßen, durch entlegene Ortschaften und Städte zu schleusen. Man mußte immer darauf gefaßt sein, unterwegs von Kumpanen der gefangenen Räuber aus dem Hinterhalt überfallen zu werden. Doch sie kamen ohne Zwischenfall in Wesel an. Der Transport wurde mitten durch die Stadt bis zum Großen Markt geleitet. Die Menschen standen dicht Spalier: Männer, Frauen und Kinder. Drei Wagen zogen an

ihnen vorüber. Auf dem ersten standen Mathias Huth, Damian Hassel, Nagels Pitter, der Zülcher Wilhelm und Blindjoseph. Auf dem zweiten Fetzer, Adolph Weyers, Hüskeshannes, Karl Heckmann, Augustin Overtüsch und Johann Clemens. Auf dem dritten Mathias Barth, das Philippchen, Gustav Schonart, Joseph Michael, Anton Jennies und der Rote Fink, auf einem vierten ein paar Mitläufer.

Fetzer und Hüskeshannes warfen den Damen Kußhände zu. Einige erwiderten die galanten Räubergrüße. Sogar Blumen und Zuckerwerk, Tabak und Pfeifen wurden den Räubern zugeworfen. Andere Zuschauer bezeugten hinwieder ihr Mißfallen durch lautes Pfeifen und Johlen. Die Weseler Polizei hatte Mühe, die immer wieder bis in die Mitte der Straße drängende Menge zurückzuhalten. Unterwegs gab es einen Zwischenfall. Die Pferde des zweiten Wagens scheuten auf der Hohe Straße vor einer alten Frau, die sich vor das Gespann hatte werfen wollen. Die Gendarmen rissen sie gewaltsam zurück, sonst wäre sie unter die Hufe der Pferde geraten.

„Du Lump, du verdammter!“ rief die Frau und schüttelte die Fäuste gegen einen der Räuber. „Du miserabler Lump!“ und nach einer Weile vor ihm ausspuckend: „Hängt ihn auf, den Bankert, den gottverfluchten!“ Mit Händen und Füßen wehrte sie sich gegen die Gendarmen. Und es gelang ihr schließlich, sich mit Gewalt loszureißen. Sie bückte sich, hob eine Handvoll Roßäpfel auf und schleuderte sie dem Weyers mitten ins Gesicht. Die Pferde zogen wieder an, und das Gezeter der Frau ging unter in dem allgemeinen Lärm. „Dat is dem Weyers sin Moder...“, riefen die Leute und bekreuzigten sich.

Als der Transport vorüber war, wurde auf dem Fischmarkt und dem Großen Kornmarkt ein Freudenfest gefeiert. Geschäftstüchtige Wirte hatten Tische und Bänke aufgeschlagen. Es gab am Spieß gebratenes Fleisch, Wurst und Bier, Schnaps und Wein, und eine Kapelle spielte bis tief in die Nacht hinein zum Tanze auf. Währenddessen wurden die Räuber, ihrer Gefährlichkeit entsprechend, auf verschiedene

Gefängnisse verteilt. Fetzer sperrte man in einen Turm hinter dem Viehtor. Er wurde an Händen und Füßen gefesselt. Zwei Wärter mußten ihn Tag und Nacht alle Stunde kontrollieren. Das geschah auch pünktlich während der ersten Tage. Doch als die erste Woche vorüber war, erlahmte ihr Eifer. Sie schauten nur noch frühmorgens und abends nach ihm und brachten ihm eine Wassersuppe. Die übrige Zeit hockten sie in ihrer Wachstube, rauchten und spielten Karten. Am neunten Tag seiner Haft klagte Fetzer über Leibschmerzen; als die Wärter erschienen, krümmte er sich vor Pein. Er verlangte nach einem Arzt.

Die Wärter lachten und brachten ihm Pillen. Sie seien zum Abführen bestimmt, sagten sie. Danach werde es ihm schon besser werden. Fetzer klebte sie unter seinen Schemel und jammerte weiter. Die Suppe, die der Wärter ihm reichte, wies er zurück. Als er sie auch am nächsten Tag wieder unberührt hatte stehenlassen, wurde der Aufseher wütend: „Ist dir wohl nicht gut genug. Möchtest wohl gebratenes Hühnchen haben. Da, friß!“ und goß dem Räuberhauptmann die Brühe ins Gesicht. Fetzer krallte sich mit den Händen in seinen Schemel und brüllte wie ein Stier.

„Wenn er nur verrecke dät“, sagte der Wärter zu seinem Kollegen, stellte einen Krug mit Wasser neben den Schemel, nahm die Blechschüssel und kehrte dem Gefangenen den Rücken. Als dieser immer noch brüllte, drehte er sich noch einmal um: „Wart bis morgen früh …“ Dann verschwand er pfeifend. Am nächsten Morgen kehrten die Aufseher mit einem Doktor zurück. Der fühlte dem Kranken den Puls, klopfte seine Brust ab, ließ sich die Zunge zeigen und fragte, wo er Schmerzen habe. Fetzer deutete auf die rechte Bauchseite und verzog sein Gesicht zu einer Grimasse. „Purgieren“, sagte der Doktor und reichte dem Wärter einen mit Bleistift bekritzelten Zettel. Als der Arzt gegangen war, fuhr der Wärter den Fetzer an: „Hab ich es dir nicht gesagt, du sollst abführen, du Dämlack …“

Abends kehrte er mit der Medizin zurück. Der Kollege fertigte inzwischen einen Sträfling im zweiten Stock ab. Fetzer

lag apathisch auf der Pritsche. „Hier, friß das ...!" befahl der Wärter und hielt Fetzer ein Pulver hin, das er mit einem Schluck Wasser nehmen sollte. „Ich kann nicht!" stöhnte der Gefangene und machte verzweifelt Anstrengungen sich aufzurichten. Da machte der Wärter eine halbe Kehrtwendung, um den Becher auf die Erde zu stellen.
Während er sich bückte, erhielt er einen Stoß, daß er zu Boden stürzte. Im Nu war Fetzer über ihm und schlug ihm mit dem Schemel auf den Kopf, daß er bewußtlos auf die Seite rollte. Die Fesseln, die Fetzer getragen hatte, lagen zerrissen am Boden. Der Gefangene nahm dem Bewußtlosen die Pistole aus dem Gurt und stellte sich wartend hinter die Tür, den am Boden liegenden Aufseher genau im Auge behaltend. Doch dieser rührte sich nicht von der Stelle. Nach einer Weile kamen Schritte die Treppe herauf. Der zweite Wärter, der inzwischen seine Arbeit beendet hatte, wollte seinen Kollegen abholen. „Anton!" rief er vom zweiten Stock herauf, „Mach voran, es ist schon acht Uhr." Als er keine Antwort erhielt, schlurfte er weiter nach oben. Er war etwas dickleibig, und Fetzer hörte ihn vor Anstrengung laut japsen. Als der Mann oben angekommen war, blieb er betroffen stehen. „Anton!" rief er, „Bist du noch da?" und leuchtete mit seinem Windlicht vorsichtig in die Zelle hinein, die offen-

stand, aber völlig im Dunkel lag. Da traf ihn ein gewaltiger Schlag auf den Kopf, daß das Windlicht erlosch und er schwer zu Boden stürzte.
Fetzer, der dem ersten Wärter Feuerschwamm und Feuerstein abgenommen hatte, ehe er dessen Laterne ausgelöscht hatte, schlug Feuer und machte Licht. Da begann sich der erste Wärter wieder zu regen. Fetzer steckte ihm einen Knebel in den Mund, zerschnitt mit dessen Hirschfänger seinen Strohsack und band dem Aufseher die Hände auf den Rücken. Dann zog er dem ersten Aufseher die Kleider aus und schlüpfte hinein. Mit Windlicht, Pistolen und Hirschfänger versehen, schloß er die Zellentür ab und horchte nach unten. Es herrschte Totenstille. Nur aus der Zelle drang ein dumpfes Stöhnen.
Vorsichtig glitt Fetzer die Treppe hinab und eilte an der leeren Wachstube vorbei, in der Licht brannte, ins Freie. Noch am gleichen Abend brach er bei einem jüdischen Trödler am Fischmarkt ein, wechselte die Kleidung und fand in einer kleinen Truhe 23 blanke Taler, die er als willkommenes Zehrgeld mitnahm. Noch in derselben Nacht stellte er Nachforschungen nach seinen Kumpanen an, die in einem Turm am Wallgraben saßen.
Inzwischen waren auch Heckmann, Hüskeshannes und Overtüsch nicht müßig gewesen. Heckmann saß als der gefährlichste dieses Kleeblatts in einer Einzelzelle des vierten Stocks, Overtüsch eine Etage tiefer und Hüskeshannes im zweiten Stock.
Die Zellen waren alle sehr schmal und niedrig. Sie hatten etwa in Kopfhöhe eine kleine vergitterte Luke ohne Fensterscheibe. Diese Luke war so eng, daß ein normal gewachsener Mensch bei dem Versuch, sich hindurchzuzwängen, darin steckengeblieben wäre. Das hatten die Häftlinge bereits am ersten Tag festgestellt. Eine Stange des etwas morschen Gitters herauszureißen, wäre wohl möglich gewesen, hätte den Ausbrechern aber wenig Nutzen gebracht. Außerdem lagen die Zellen so hoch über dem Erdboden, daß sich selbst die geübtesten Kletterer bei einem Ausbruchsversuch wegen der

glatten Mauern den Hals gebrochen hätten. So brüteten die Inhaftierten über einer anderen Fluchtmöglichkeit.
Zunächst galt es, sich von den lästigen Fesseln zu befreien. Doch diese waren aus Eisen, und es hätte schon einer Feile bedurft, um sich ihrer entledigen zu können. Einmal am Tag wurden den Gefangenen vor dem Essen die Handfesseln abgenommen. Auf diese Chance spekulierten die Räuber. Da aber immer noch ein zweiter Aufseher als Aufpasser in der Zelle stand und auch die Fußfesseln hinderlich waren, um den Wärter in Sekundenschnelle überwältigen zu können, blieb die Befreiung in der Planung stecken.
Während sich Overtüsch und Hüskeshannes vergeblich den Kopf über eine Ausbruchsmöglichkeit zerbrachen, fiel für Heckmann zwei Tage nach Fetzers Flucht der Schlüssel zur Freiheit buchstäblich vom Himmel. Die Wärter hatten am Abend bei ihm ihren zweiten Tagesrundgang beendet, da hörte der auf seinem Stroh liegende Häftling ein leises Geräusch, als ob ein Stein auf den Fußboden gefallen wäre. Im Halbdunkel der Zelle lag ein Stückchen Holz auf der Erde. Der Gefangene wälzte sich auf den Boden und ergriff es mühsam mit den gefesselten Händen. Es bestand aus zwei zusammengeleimten Hälften, die er mit den Zähnen zerbiß. Ein Nagel kam zum Vorschein und ein Zettel, auf dem die ungelenk hingekritzelten Worte standen: „binn vrey! Fetzer!" Diese Nachricht und der beigefügte, zu einer kleinen Feile umgearbeitete Nagel wirkten auf Heckmann elektrisierend. Den Zettel zerkaute er sorgfältig und schluckte den Papierbrei hinunter. Dann ging er an die Arbeit. Die ganze Nacht über feilte er mit dem Nagel verbissen an seinen Handfesseln. Als der Morgen dämmerte, war ein winziges Glied mürbe, so daß er es mit einem Ruck hätte zerreißen können.
Den Nagel versteckte er unter einer vorsichtig gelockerten Schuhsohle. Die beiden Wärter, die gegen Mittag seine Zelle betraten, fanden ihn friedlich schlafend. Sie weckten ihn in barschem Ton. Heckmann sah, daß sie beide schwer bewaffnet waren. Außer einer Pistole und einem Gewehr führten sie einen langen Dolch mit.

Der Häftling wurde von Kopf bis Fuß durchsucht, als sei er soeben erst eingeliefert worden. Dann hieß es: „Mach das Maul auf!" und einer der Aufseher fuhr ihm mit spitzen Fingern unter die Zunge. Der Gefangene mußte Schuhe und Strümpfe ausziehen, und sie schauten ihm sogar in den After. Dann stieg der Oberwärter mit einer kleinen Leiter bis zur Fensterluke hinauf und rüttelte probeweise an den Eisenstäben. „Alles in Ordnung!" konstatierte er befriedigt, und Heckmann durfte seine Suppe löffeln, wobei die Wärter jede seiner Bewegungen sorgfältig beobachteten.
Ehe sie die Zelle verließen, sagte der Oberwärter: „Gib dir keine Mühe! Du wirst jetzt auch nachts bewacht." Heckmann ahnte, daß die außergewöhnlichen Kontrollmaßnahmen mit Fetzers Flucht zusammenhingen. Er zuckte gleichgültig mit den Schultern und legte sich wieder aufs Stroh.
In der Nacht begann er den angefaulten Fußboden unter seiner Pritsche mit dem Nagel zu bearbeiten, nachdem er seine Handfesseln zerrissen und abgestreift hatte. Es war ein mühsames Werk, doch er verlor die Geduld nicht, obwohl die Öffnung, die er bis zum nächsten Morgen gebohrt hatte, nur so groß war wie ein Mauseloch. Auch an diesem Tage wurde er nochmals von Kopf bis Fuß durchsucht. Doch der Eifer der Wachen begann bereits zu erlahmen. Nur flüchtig betasteten sie seine notdürftig reparierten Fesseln, die er ihnen bereitwillig zur Kontrolle entgegenstreckte. Von einer Nachtwache, die man ihm angekündigt hatte, bemerkte er nichts.
Als Heckmann noch zwei Tage und Nächte den Fußboden bearbeitet hatte, bemerkte er, daß die untere Hälfte völlig verfault war. Er erweiterte die Fläche und bedeckte sie mit Stroh, wenn es Mittag wurde. Die Wachen fanden ihn stets schlafend, was sie sichtlich zu beruhigen schien. Die körperliche Durchsuchung hatte längst aufgehört. Nur der Umgangston blieb unfreundlich und rüde.
Am vierten Tag nach Fetzers Flucht fanden die Wachen einen fast gelähmten Heckmann in seiner Zelle, Er konnte sich kaum vom Lager erheben. „Er hat das Podagra", stellte der Oberwärter fest, und um seine Mundwinkel spielte ein

spöttisches Lächeln. „Recht so“, erwiderte der andere und schüttelte sich, denn in der Zelle herrschte Grabeskälte. Durch die kleine Luke fiel nie ein Sonnenstrahl. Heckmann verlangte eine Arznei gegen Podagra.
„Arznei?“ lachte der Wärter, „Du bist wohl jeck. Spielst hier Komödie wie der Fetzer. Dat Männeken kannst du mit uns nicht machen.“ Sein Kollege nickte: „Soll ruhig verrecken, der Hund.“ Dann stellten sie ihm den Suppennapf auf den Schemel und verließen die Zelle, ohne sich weiter um den Gefangenen zu kümmern.
In der Nacht bereitete Heckmann alles für den Ausbruch vor. Vorsichtig hob er das morsche Brett auf und lauschte nach unten. „Overtüsch“, rief er und hielt die hohle Hand vor den Mund. „Overtüsch, bist du da?“ Dann preßte er das Ohr an die Öffnung. „Heckmann!“ antwortete eine Stimme, „Bist du es?“ – „Ja, ich bin es.“
„Paß gut auf, was ich dir sage: Morgen Abend brechen wir aus ... Fetzer ist schon seit einer Woche in Freiheit. Wie du siehst, habe ich ein Loch in den Boden gebrochen. Ich mache es gleich wieder zu. Bis morgen Abend, wenn die Hunde kommen, ist es doppelt so groß. Es wird einen großen Plumps tun. Verstehst du mich?“ – „Ich verstehe dich!“ „Paß auf, daß er dir nicht auf den Kopf fällt. Bind ihm das Maul zu, damit er kein Geschrei macht ... Gute Nacht!“
Damit war die seltsame Zwiesprache beendet. Der nächste Tag verlief programmäßig. Die Wärter trafen Heckmann am Abend wie immer schlafend an. Der Oberwärter warf ihm eine tote Ratte aufs Bett: „Da hast du deine Arznei!“ sagte er höhnisch, während ihm der andere die Suppe auf den Schemel stellte. Heckmann rührte sich nicht. „Willst du nicht fressen?“ sagte der Wärter. „Ich kann nicht aufstehen“, ächzte der Gefangene.
„Du brauchst wohl einen Johann“, knurrte der Wärter und wollte an sein Lager treten. Da strauchelte er, es gab ein knarrendes Geräusch, und der Mann war wie vom Erdboden verschluckt. Der dumpfe Aufschlag, den der Sturz des Wärters in dem unteren Stock verursacht hatte, ging unter

in dem Tumult, der jetzt in Heckmanns Zelle losbrach. Der Gefangene war mit einem Satz aus dem Bett über die Lücke im Fußboden gesprungen und hatte sich auf den zweiten Wärter gestürzt, der zwar im ersten Augenblick völlig überrascht von dem Absturz seines Kollegen und dem unvermuteten Überfall war, sich aber dann verzweifelt zur Wehr setzte. Doch Heckmann hatte ihn bald mit seinen eisernen Fäusten überwältigt und schlug ihn mit dessen Pistole bewußtlos. Dann nahm er Schlüssel und Laterne an sich, verschloß die Zelle von außen und stieg vorsichtig nach allen Seiten spähend, die Wendeltreppe hinab in den dritten Stock. Vor der Zelle des Overtüsch blieb er stehen, betrachtete das Schlüsselloch bei Licht, suchte den passenden Schlüssel und öffnete die Tür wie ein altgedienter Aufseher.

Overtüsch empfing ihn mit freudigem Grinsen. „Kapott!" sagte er lakonisch und deutete auf den Wärter, der regungslos neben einigen Bretterresten auf dem Fußboden lag. „Hätt sich dat Knick gebroke ..." Mit dem Fuß stieß er verächtlich an den leblosen Körper, als habe er eine Heldentat begangen. „Mach!" drängte Heckmann, „Jetzt wird es Zeit ..." Als Overtüsch den Flur betreten hatte, schloß Heckmann die Zellentür zu. Dann gingen sie von Tür zu Tür: „Holläh! Holläh! Opston Jonges!" rief Heckmann mit gedämpfter Stimme und: „Muhl geholde!"

Trotz dieser eindringlichen Mahnung stimmten die Befreiten ein Freudengeheul an, als sei die Hölle los. Mathias Huth, Anton Jennies, die erst geweckt werden mußten, so fest hatten sie geschlafen, glaubten, das letzte Stündlein sei für sie gekommen und winselten wie junge Hunde. Als sie Heckmann und Overtüsch schließlich erkannten und sahen, daß diese als ihre Befreier kamen, stimmten sie einen wüsten Gesang an, so daß Heckmann sie in die Rippen treten mußte. Adolph Weyers und Damian Hassel hatten gleich begriffen. Auch Hüskeshannes war sofort bei der Sache. Das Philippchen aus Mosbach hatte einen kranken Fuß und hinkte wie ein lahmer Gaul, wollte aber nicht zurückbleiben. Blindjoseph litt an Diarrhöe und war fast zum Skelett abgemagert.

Er stand so schwach auf den Beinen, daß Heckmann ihn stützen mußte. Alle anderen waren guter Dinge. Als sie hörten, daß Fetzer bereits in Freiheit war, jubilierten sie. Dann würde es auch mit ihnen bald wieder aufwärts gehen.
Einzeln schickte Heckmann die befreiten Gefangenen auf die Straße. Nur kein Aufsehen erregen. Gustav Schonart, der Däne, hatte vorgeschlagen, den Turm vor dem Verlassen in Brand zu stecken, um den Weselern einen Denkzettel zu hinterlassen. Da kam er aber bei Heckmann schön an. „Und du als Teufelsbraten in die Flammen!" drohte er und jagte den Schonart davon. „Mach keine Dummheiten", rief er ihm nach, „sonst hängst du als erster am Galgen."
„Au revoir beim Schwoll in Neuss!" hieß die Parole. Das war mit Fetzer abgemacht.
Während Heckmann, Hüskeshannes, Overtüsch und Adolph Weyers, ohne zu säumen bei Wesel mit einem gestohlenen Nachen über den Rhein setzten, um über Büderich, Geldern, Krefeld nach Neuss zu marschieren, hielt sich Gustav Schonart bis nach Mitternacht in einem alten Schuppen versteckt. Als die Nachtwächter die erste Morgenstunde verkündeten, schlich er zu dem Turm zurück, in dem er mit seinen Kumpanen gesessen hatte, und warf einen Feuerbrand in das Holzgebälk der Wachstube, die bald lichterloh brannte.
Als die Nachtwächter das Feuer entdeckten, hatte es bereits das Treppenhaus erreicht, und die Flammen loderten bis in den ersten Stock.
„Feurio! Feurio!" gellte es unheimlich durch die Nacht. Im Sturmschritt rückten bewaffnete Stadtsoldaten mit Feuereimern an. Viel Volks hatte sich inzwischen angesammelt. „Do sette de Räubers in et Füer!" Diese Nachricht war in Windeseile durch die Stadt gelaufen. Einige riefen mitleidig: „Lot se doch schmore..." Andere klagten: „Die ärm Lück!"
Polizei sperrte die nächste Umgebung des Turmes ab. Konnte man wissen, wozu die Kerle fähig waren, wenn sie von Verzweiflung getrieben, plötzlich aus dem Feuer stürzten? Gespannt starrte man zu dem rauchverhüllten Turm empor. Den mit dem Löschen des Feuers betrauten Soldaten war es längst

klar, daß es da nicht mehr viel zu retten gab. Man hätte schon von außen mit Leitern an der Turmmauer emporsteigen müssen. Aber selbst das war bei der Ausbreitung des Feuers jetzt schon gefährlich. Außerdem wußte niemand, in welcher Zelle die Räuber saßen. Und die beiden Wärter, die jene betreut hatten, waren unauffindbar. Man hatte in der ganzen Stadt nach ihnen suchen lassen. Sicher hatten sie am Abend zuvor einen über den Durst getrunken und schliefen
 irgendwo ihren Rausch aus. Die Wärter hatten auch die

Schlüssel in Verwahr, mit denen man die Zellen hätte öffnen können. So gab es keinerlei Rettungsmöglichkeit.
Höher und höher stiegen die Flammen. Es war ein schauerlichschöner Anblick zu sehen, wie der Turm innerlich erglühte. Kein Räuber sprang, wie einige Zuschauer in ihrer Phantasie erhofft hatten, wild fluchend aus den Flammen und stürzte sich rachegierig auf die neugierige Menge. Kein Verzweiflungsschrei wurde hörbar. Knisternd und prasselnd brach das Balkenwerk in sich zusammen. Bald hatten die Flammen die höchste Spitze des Turmes erreicht. Jetzt schlugen sie aus dem Dachstuhl. Es war zum Glück eine windstille Nacht, und so wurde es der Feuerwehr nicht schwer, die umliegenden Häuser vor dem Übergreifen des Feuers zu retten.
Die Schar der Neugierigen, die hier eine nächtliche Sensation erwartet hatten, lichtete sich mehr und mehr, als die Stunden ereignislos verrannen. Als der Morgen graute, rückten auch die Löschmannschaften ab. Es war nicht anzunehmen, daß noch ein Räuber lebend diesem verglühenden Haufen von Holztrümmern entrinnen würde. Nur eine Brandwache blieb zurück.
Am nächsten Tag setzte man die Suche nach den beiden vermißten Wärtern vergeblich fort. Ihr Verschwinden wäre wohl noch lange ein ungelöstes Rätsel geblieben, wenn die Polizei nicht das Philippchen bei einem Diebstahl erwischt hätte. Er erzählte in langwierigen Verhören den Hergang des Ausbruchs, bestritt aber entschieden, an der Brandlegung beteiligt gewesen zu sein. In der Asche des ausgebrannten Räuberturms fand man die verkohlten Knochenreste der bei dem Brand ums Leben gekommenen Wärter sowie die verglühten Schlüssel. Ein Schrei der Entrüstung ging durch Stadt und Land, als die Untat bekannt wurde. Einige Reiterpiketts wurden ausgeschickt, nach den entwischten Räubern zu suchen, doch sie suchten vergebens. Philippchen legte man bei Wasser und Brot in Eisen. Nach einigen Haftmonaten wurde er nach Sibirien verkauft, wo er bis an sein Lebensende in einem Bergwerk fronen mußte.

Alarm!
Der Fetzer ist wieder frei!

Nun war der Fetzer, der gefürchtete Räuber, wieder frei und machte den Niederrhein aufs neue unsicher. Die Nachricht von seinem und seiner Gesellen Ausbruch verbreitete sich rasch von Stadt zu Stadt und von Dorf zu Dorf. Sonderkuriere teilten sie allen zivilen und militärischen Behörden am rechten und linken Niederrhein bis hinauf nach Köln mit. Der Schreck fuhr den guten Bürgern in die Knochen. Wie war nur so etwas möglich? Man wetterte nicht nur höheren Orts gegen die Unfähigkeit der Polizei und der Gefängnisaufsicht in Wesel, sondern auch an den Stammtischen in den Wirtsstuben.

Der oberste Ankläger in Köln, Keil, raufte sich die Haare. Er hatte monatelang keine Mühe gescheut, war Tag und Nacht unterwegs gewesen, um dem Gesindel zu Leibe zu rücken; er hatte es schließlich trotz aller Schwierigkeiten und Kompetenzstreitigkeiten fertiggebracht, den Niederrhein von den Räubern zu säubern. Und in Daaden waren dank der engen Zusammenarbeit zwischen Polizei, Militär und Bürgern die gefährlichsten Mitglieder der Niederrheinbanden hinter Schloß und Riegel gebracht worden. Ein großer Erfolg! Auch dem Schinderhannes, der das Gebiet zwischen Nahe und Mosel und einen Teil der Eifel dank der Schlafmützigkeit der französischen Behörden seit vielen Monaten terrorisiert hatte, war man auf den Fersen, nachdem in Mainz bei der französischen Präfektur ein anderer Wind wehte. Und nun dieser Rückschlag! Jetzt konnte man wieder von vorn anfangen.

Unverzüglich reiste Keil in Begleitung seines Sekretärs Diepenbach an den Niederrhein. Sein Ziel war Neersdonk. Von dort war der Kampf gegen das Gesindel erfolgreich gestartet worden. Zunächst hatte Fronius mit seinen Leuten und entsprechenden Maßnahmen das Gebiet zwischen Krefeld und Kleve freigekämpft. Die Räuber hatten zuletzt den Raum

um Neuss und Düsseldorf nur noch als Unterschlupf benutzt und von dort aus ihre Aktionen ins Bergische, an die Ruhr und noch weiter bis in den Westerwald verlegt. Schließlich war ihnen der Boden an diesem Zipfel des Niederrheins zu heiß geworden, und sie hatten sich nach Neuwied zurückgezogen, um von dort aus den Überfall auf Daaden zu starten. Nach dem Ausbruch in Wesel mußte jetzt mit einer neuen Terrorwelle am Niederrhein gerechnet werden. Keil traf Fronius nicht unvorbereitet. Der Friedensrichter hatte bereits alle Schritte eingeleitet, um neuen Anschlägen durch die ausgebrochenen Räuber zuvorzukommen. Persönlich hatte er sich von der Schlagkraft der Bürgerwehren in den Ortschaften zwischen Krefeld und Kleve überzeugt.
In jedem Dorf gab es eine bewaffnete Nachtwache, der die ortsüblichen Nachtwächter alten Stils unterstellt waren. Auch an den Kirchentüren wurden bewaffnete Posten aufgestellt. Die Räuber pflegten erfahrungsgemäß die Schlüssellöcher zu verstopfen, um zu verhindern, daß bei Gefahr Sturm geläutet würde. In jedem Haus ließ man wieder Nachtlichter brennen. Scharfe Hunde wurden auf entlegene Höfe verteilt, die man in kleine Festungen verwandelte. Die Besitzer hielten wie im Mittelalter nachts siedendes Pech bereit, um es den Räubern auf die Köpfe zu schütten, wenn sie zum Sturmangriff ansetzten. Berittene Boten lagen in jedem größeren Ort bereit, um im Falle eines Alarms die Nachbarschaft zu Hilfe zu holen. Das französische Militär hatte die Erlaubnis zu Schießübungen erteilt, die tagsüber abgehalten wurden. Der öffentliche Ankläger zeigte sich von den getroffenen Maßnahmen äußerst befriedigt.
Keil blieb über Nacht im Forsthaus von Schloß Neersdonk. Der Wildmeister hatte inzwischen die Elisabeth aus der Ricksmühle geheiratet. Als Fronius seinem ehemaligen Vorgesetzten glückstrahlend seine junge Frau vorstellte, sagte Keil: „Habt acht auf sie, laßt sie Euch nicht zum zweiten Mal stehlen ... Ich fürchte, sie käme dieses Mal nicht so glimpflich davon.“ Doch Fronius war seiner Sache sehr sicher: „Es ist gut vorgesorgt“, sagte er und berichtete, daß

die Hauswachen verdoppelt seien, die Tag und Nacht Schloß und Forsthaus mit Schweißhunden unter Kontrolle hätten. Außerdem habe man für alle Frauen striktes Ausgehverbot erlassen, seit die Nachricht von dem Weseler Ausbruch bekannt geworden sei. Keil wollte auch der Gräfin seine Aufwartung machen. Doch Fronius riet davon ab. Die greise Dame sei bettlägerig. Die Nachricht, daß Fetzer aus dem Gefängnis in Wesel ausgebrochen sei, habe ihren Nerven stark zugesetzt. Sie leide an Angstvorstellungen, Fetzer sei im Anmarsch auf das Schloß und wolle ihr das Letzte rauben. Tag und Nacht hielten zwei Schwestern bei ihr Wache. Selbst die Mitteilung, man ziehe nachts die Zugbrücke auf und habe bei hellem Fackelschein eine Kanone aufgefahren, habe die Frau Gräfin nicht beruhigen können. Sie sei übrigens nicht die einzige Frau, die unter der panischen Angst leide, von den ausgebrochenen Räubern überfallen zu werden, erzählte Fronius. In zahlreichen Dörfern blieben die Weiber nachts in den Spinnstuben beisammen. Sie wagten es trotz völliger Übermüdung nicht, sich daheim ins Bett zu legen. So schliefen sie im Laufe der Nacht vor ihren Spinnrädern ein, wenn ihnen der Gesprächsstoff ausgegangen sei und die Müdigkeit sie überwältige.

Keil verließ am nächsten Morgen einigermaßen beruhigt Schloß Neersdonk. Er fuhr über Krefeld und Neuss nach Köln. In beiden Städten hatte er eingehende Besprechungen mit den Militär- und Zivilbehörden. Am Tag nach seiner Abreise wurde die berüchtigte Räuberspelunke des Schwoll-Wirtes an der Neusser Furth ausgehoben. Der Wirt, sein Weib und seine beiden Söhne wurden verhaftet und das Haus, eine verräucherte Wanzenbude, ließ man in Flammen aufgehen.

Hier sollte hinfort das lichtscheue Gesindel keine Bleibe mehr haben. Die Hoffnung, hier bereits den einen oder anderen der entsprungenen Räuber fassen zu können, erfüllte sich allerdings nicht. Nicht ein einziger Gast war bei der Durchsuchung anwesend.

Während die Bewohner des Niederrheins ängstlich dem ersten Überfall des ausgebrochenen Fetzers entgegenfieberten,

schlug dieser an einem Ort zu, wo es die Behörden am wenigsten vermutet hatten.
Auf Schleichwegen erreichte er Neuss und erfuhr dort durch den Schwarzen Gustav, einen früheren Hehler, daß die Räuberspelunke an der Neusser Furth nicht mehr existiere und der Schwoll-Wirt mit Familie im Kaschöttchen saß. Er mußte lachen. Ob die Polizei sich einbildete, ein Rendezvous der ausgebrochenen Räuber auf diese Weise verhindern zu können! Beim Schwarzen Gustav fand Fetzer Unterschlupf. Der Helfershelfer betrieb das biedere Handwerk eines Schornsteinfegers und fand auf diese Weise leicht Zutritt zu allen Häusern der Stadt. Er hatte dem Fetzer in dieser Eigenschaft schon manchen Kundschafterdienst geleistet. In dessen Haus war er sicher.
Am nächsten Tag fanden sich, wie verabredet, auch andere Mitglieder der ausgebrochenen Bande beim Schwarzen Gustav ein: Heckmann, Overtüsch, der Hüskeshannes, Damian Hassel, Nagels Pitter, Zülcher Philipp und Blindjoseph. Zunächst wurde Kriegsrat gehalten. Wichtig sei es, darin stimmten alle überein, daß man zu barem Geld komme. Hatte man den Sack wieder voll, konnte man in aller Gemütsruhe als Grandseigneur per Extrapost durchs Land reisen. Nur abgerissene Vagabunden kontrollierte man und sperrte sie ein. Daß der Niederrhein für die fernere Zukunft kein geeignetes Operationsfeld mehr sein würde, darüber ließ Fetzer keinen Zweifel. Man müsse sich wieder ins Mittelrheinische oder besser noch ins Nassauische absetzen. Dazu benötige man jedoch einen Sack voll blanker Taler. Und die gab es am ehesten bei der Neusser Stadtkasse. Diese war zwar durch eine französische Doppelwache gesichert, doch mit ihr gedachte Fetzer schon fertig zu werden. Auf seine Kumpane würde er sich verlassen können, dessen war er sicher. Die brannten nach dem Ausbruch von Wesel vor Tatendrang, und ihr Vertrauen in den Hauptmann war ungetrübt, nachdem er ihnen seinen Plan entwickelt hatte.
Der Nachtwächter, der um die Mitternachtsstunde in der Stadt die Runde machte, entdeckte vor dem Haus des

Bankiers Hagen in der Krämerstraße vier Kerle mit rußgeschwärzten Gesichtern, die mit einem Rammbaum und viel Getöse das eiserne Tor zu sprengen versuchten. Die von dem Lärm erwachten Bewohner erschienen in Nachtkleidern am Fenster und riefen angstschlotternd um Hilfe. Der Nachtwächter, der gerade andachtsvoll das „Hört, ihr Leute, und laßt euch sagen…“ sang, verschluckte sich fast, brach plötzlich ab und tutete ins Horn, als sei ein Großfeuer ausgebrochen. Dann retirierte er zum Rathaus, wo er „Räuber! Räuber!“ rufend die französischen Wachen alarmiert. Die schossen ihre Gewehre in die Luft, brüllten: „Des brigants, des brigants!“ und machten so die Wachen auf der Kommandantur munter, die nur wenige Straßen entfernt lag.
Doch als sie den Ort des Überfalls erreichten, waren die Räuber verschwunden. Man suchte vergebens die umliegenden Gassen und Straßen ab. Es fand sich keine Spur. Es war, als hätte sie der Erdboden verschluckt. Einige beherzte Bürger, die sich auf die lärmerfüllte Straße gewagt hatten, waren in die St.-Sebastianus-Kirche gelaufen, um Sturm zu läuten.
Inzwischen hatte Fetzer sich den Tumult und die Abwesenheit der Wachen vor dem Rathaus zunutze gemacht und war mit Heckmann, Overtüsch, Hüskeshannes und Damian Hassel von der Rückseite des Hauses in den Keller eingebrochen, wo die Gelder der Stadtkasse in großen eisernen Truhen aufbewahrt wurden. Hier bot sich den Räubern jedoch ein unerwartetes Hindernis. Die zu dem Geldkeller führende Tür war zweimal gesichert.
Einmal durch ein kompliziertes Türschloß und zum anderen durch eine dicke Eisenkette, an der ein großes Hängeschloß angebracht war. Mit diesem hatte Fetzer rasch gespielt. Er sägte die Kette mit einer scharfen Feile durch, die er in einer Schlosserwerkstatt gestohlen hatte. Das komplizierte Türschloß machte ihm mehr Arbeit. Als er sah, daß er mit den Schlüsseln, die er zur Hand hatte, nicht zum Ziel kam, feilte er die eisernen Scharniere an der schweren Tür durch, so daß diese an der verkehrten Seite einen Spalt weit aufsprang. Dann

brach er sie mit Hilfe Heckmanns aus dem Schloß heraus. Jetzt kamen die drei in Reih und Glied an der Wand stehenden Truhen an die Reihe.
Da Fetzer keine passenden Schlüssel zur Hand hatte, versuchte er ein für diesen Zweck geschmiedetes breites, aber dünnes Brecheisen zwischen Deckel und Kiste zu klemmen. Bei der ersten und zweiten Truhe schlug der Versuch fehl, doch bei der dritten glückte er. Das Schloß sprang unter dem Druck der Brecheisen auf. Dem Hüskeshannes flog dabei ein Stück Eisen an den Kopf. Er trug eine klaffende Wunde davon, die stark blutete. Ihm wurde speiübel. Er mußte sich setzen. Währenddessen beeilten sich die Kumpane, die in den Truhen aufbewahrten Taler und Gulden in die mitgebrachten Säcke zu scheffeln. In diesem Augenblick erschien Blindjoseph, der draußen mit Nagels Pitter Schmiere gestanden hatte. Es dämmere bereits, meldete er dem Hauptmann, und wenn sie sich nicht beeilten, müßten sie ihre Beute bei Tageslicht durch die Stadt schleppen. Jetzt erst merkte Fetzer, daß sie Stunden gebraucht hatten, um zum Ziel zu gelangen. Beim Verlassen des Kellerraumes hinterließen die Räuber ein wüstes Schlachtfeld. Neben durchgefeilten Eisenstangen, aufgebrochenen Schlössern und einer demolierten Truhe hatte sich an Hüskeshannes Platz eine große Blutlache gebildet. Der Verletzte war für die Räuber auf ihrem Rückzug ein großes Hindernis, denn er mußte von Blindjoseph und Nagels Pitter gestützt werden, so schwach fühlte er sich. Als sie ins Freie traten, flutete ihnen bereits das Tageslicht entgegen, und in den Gärten ringsum jubilierten schon die Vögel.
Vorsichtig nach allen Seiten spähend, schlichen sich die Räuber auf die Gasse. Gerade wurden die Wachen vor dem Rathaus abgelöst. Einer der Soldaten kreuzte ihren Weg. „Qui vive?“ rief er argwöhnisch. Da hatte ihn Fetzer schon gepackt. Doch der Mann wehrte sich verzweifelt. Bei dem Ringen fiel das Gewehr des Soldaten zu Boden und entlud sich.
„Fort mit euch!“ rief Fetzer seinen Kumpanen zu, während er dem am Boden Liegenden die Kehle zudrückte und ihm ein

Tuch in den Mund steckte, um ihn am Schreien zu hindern. Während Heckmann Fetzer half, den wild um sich schlagenden Soldaten zu fesseln, machten sich Overtüsch und Damian Hassel mit den Geldsäcken davon. Blindjoseph und Nagels Pitter keuchten mit dem verletzten Hüskeshannes hinterher. Der Schuß aus dem zu Boden gefallenen Gewehr hatte jedoch die zum Dienst vor dem Rathaus angetretenen Wachen alarmiert, die neues Unheil witternd herbeieilten. Fetzer und Heckmann hatten den ersten Gegner gerade überwältigt und gefesselt und wollten ihn in der nächsten Toreinfahrt niederlegen, als die beiden Wachen auf sie losstürmten. Die Entfernung zwischen diesen und den Räubern war so kurz, daß die Soldaten ihre Gewehre nicht mehr abfeuern konnten. So entspann sich ein wildes Handgemenge. „Prenez garde. Au secours! – Zu Hilfe, zu Hilfe!“ schrien die Wachen. Während Fetzer mit einem einzigen Schlag seines Brecheisens, das er schon bei dem Einbruch benutzt hatte, seinen Gegner außer Gefecht setzte, stürzte Heckmann bei dem Ringkampf mit seinem Widersacher zu Boden, und beide rollten sich überschlagend bis an den Rand einer Dunggrube. Fetzer sprang seinem Kumpan rasch zu Hilfe, packte ihn am Arm und bewahrte ihn so vor dem Sturz in die Grube, während der Soldat, den Halt verlierend, in dem stinkenden Loch verschwand.

Ein dickleibiger Schmied, der bereits in seiner Werkstatt mit der Arbeit begonnen hatte, kam durch das Geschrei der Wachen aufmerksam geworden mit einem mächtigen Hammer herbeigelaufen und stürzte sich auf die beiden Räuber. Dem Schlag mit dem Hammer geschickt ausweichend, stellte Fetzer ihm ein Bein, entwand dem Stürzenden die Waffe und schlug wild auf ihn ein. Inzwischen waren auch in den umliegenden Häusern die Bewohner erwacht.

Beherzte Männer, darunter die Gesellen des niedergeschlagenen Schmieds, eilten herbei. Da warf Fetzer, die Übermacht erkennend, den Hammer mit Schwung in die Dunggrube und suchte mit Heckmann sein Heil in der Flucht. Obwohl einige Männer die Verfolgung aufnahmen, hatten die beiden rasch einen Vorsprung und entkamen in dem Gewirr der Gassen. Beim Schwarzen Gustav wurden sie mit großem Hallo empfangen. Die Bande war jetzt wieder vollzählig bei ihm versammelt, und es hatte außer dem Hüskeshannes, der mit Wundfieber im Bett lag, keiner Schaden gelitten. Auch die Beute war ohne Verlust aus dem Tumult gerettet worden. Der Schwarze Gustav riet Fetzer, sich vorläufig mit seinen Kumpanen versteckt zu halten, da nach den jüngsten Ereignissen mit einer großangelegten Verfolgung durch Polizei und Militär zu rechnen sei. Von seinem Garten führte ein unterirdischer Gang bis vor das Obertor. Diesen hatte Gustav an seinem Eingang zu einer Kammer ausgebaut, in der er Diebesgut zu verstecken pflegte. Die Kammer wies er dem Fetzer und seinen Kumpanen zum Aufenthalt an und versorgte sie ausreichend mit Speise und Trank. Auch die Säcke mit den gestohlenen Talern brachten sie hier unter. Nur der kranke Hüskeshannes blieb im Hause.

Schon wenige Stunden, nachdem die Bande in der unterirdischen Kammer Zuflucht gesucht hatte, begann die vom Schwarzen Gustav prophezeite Jagd nach den Räubern. Die Erregung über die Mißhandlung der französischen Wachen und den Einbruch in die städtische Schatzkammer war groß. Städtische Polizei und französisches Militär durchkämmten alle Straßen und Gassen und hielten Haussuchungen ab. Sie krochen in die Keller und stiegen auf die Speicher. Vor allem suchten sie nach einem Verletzten, nachdem sie die Blutlache im Ratskeller entdeckt hatten.

Auch beim Schwarzen Gustav pochten sie an. Da dieser jedoch einen guten Leumund hatte, fragten sie ihn nur, ob er keine verdächtige Spur gesehen habe. Sie ahnten nicht, daß der verletzte Verbrecher, nach dem sie suchten, neben der guten Stube im Bett lag, in der sie der Schornsteinfeger empfing, und daß die Bande sich nur wenige Meter entfernt unter der Erde bei Schnaps und Spiel die Zeit vertrieb und vom Schwarzen Gustav wohl versorgt wurde. Nach drei Tagen wurde die Jagd nach den Räubern ergebnislos abgebrochen. Man war überzeugt, daß sich die Bande längst aus dem Staub gemacht habe.

Am fünften Tag nach dem Einbruch verließ Fetzer zum ersten Mal sein selbst gewähltes Gefängnis und begab sich ohne Begleitung in die Stadt. Dabei stellte er befriedigt fest, daß das Leben wieder seinen gewohnten Gang genommen hatte und man mit keinem neuen Überfall mehr rechnete. Er riskierte auch einen Spaziergang durch das Obertor. Sein Paß, der ihn als Handelsmann Jakob Riemenschneider aus Trier auswies, wurde nur flüchtig kontrolliert. Später ließ man ihn wieder ungehindert in die Stadt. In einem Gespräch mit den Torwächtern erfuhr er, daß man auf die Ergreifung des Fetzers 1000 Taler Belohnung gesetzt hatte und daß „alle Gendarms gehorsamst ersucht wurden, auf das herumstreichende Vagabunden- und herrenlose Gesindel, besonders die Krugkrämer und Korbflicker, ein wachsames Auge zu halten und im Betretungsfall gefälligst anhalten und visitieren zu lassen“.

Abends teilte man beim Schwarzen Gustav das erbeutete Geld. Es waren rund 5000 Taler; für jeden fiel ein rundes Sümmchen ab. Den Löwenanteil erhielten Fetzer, Heckmann und der Schwarze Gustav, ohne dessen Hilfe die ganze Aktion nicht möglich gewesen wäre. Der Hüskeshannes wurde durch ein besonderes Schmerzensgeld belohnt.
Nach der Teilung der Beute riet Fetzer, am nächsten Tag einzeln und in verschiedener Richtung die Stadt zu verlassen. Es sei notwendig, sagte er, daß sich jeder während der nächsten Wochen als Einspänner durchschlage, da die Behörden nach dem Ausbruch in Wesel und dem Einbruch in Neuss vermutlich ein besonders scharfes Auge auf Männer haben würden, die in größeren Trupps durch die Lande zögen. Vor allem empfahl er, so schnell wie möglich den Niederrhein zu verlassen. Als geeigneter Ort für spätere Zusammenkünfte erschien ihm wieder Neuwied, wo man sich schon vor dem Abmarsch nach Daaden getroffen hatte.
Und so verließ am nächsten Tag in zeitlichen Abständen einer nach dem andern den Unterschlupf beim Schwarzen Gustav. Fetzer fuhr mit einer Diligence in Richtung Köln. Von dort gedachte er weiter rheinaufwärts zu reisen. Ein genaues Ziel gab er jedoch nicht bekannt, da er nicht allen Kumpanen über den Weg traute. Wie leicht konnte einer darunter sein, der sich das hohe Kopfgeld verdienen wollte, das man auf seine Ergreifung gesetzt hatte. Daß gleich in der Nacht nach seiner Abreise der Schwarze Gustav ermordet worden war und die Polizei Blindjoseph als Mörder erwischt hatte, der bei seiner Vernehmung der Polizei den Hergang des Einbruchs bei der Stadtkasse in allen Einzelheiten zu Protokoll gab, erfuhr Fetzer erst nach Wochen in Köln bei der Düwelstrütsch, die ihm riet, schleunigst weiterzureisen, da die Polizei fast alle Tage Haussuchung nach verdächtigen Gästen bei ihr halte.

In die eigene Falle geraten

Fetzer war auf der Flucht vor seinen Verfolgern in den Taunus geraten. Hier war er noch ein unbeschriebenes Blatt. Hier würde er eine Weile vor den Verfolgern Ruhe haben. An einem sonnigen Sommertag saß er geruhsam im Gasthaus zum „Goldenen Hirschen" in Königstein und verzehrte mit gutem Appetit eine Keule, die dem Namen des Hauses alle Ehre machte. Dazu trank er einen Schoppen süffigen Rheingauer.

Niemand hätte in dem vornehmen Herrn, der einen Anzug aus feinstem Aachener Tuch trug, den Räuberhauptmann Mathias Weber, genannt Fetzer, vermutet. Der Wirt ließ es sich nicht nehmen, den vornehmen Gast persönlich zu begrüßen. Sicherlich war er ein Baron, der nach Frankfurt zur Messe fuhr.

„C'est juste! – Richtig geraten!" Der durch den guten Wein in Stimmung geratene Gast lachte, wie von einem Alpdruck befreit. Nach Frankfurt zur Messe, dahin wolle er. Morgen in aller Frühe gehe die Diligence, sagte der Wirt zuvorkommend. Die könne man jetzt wieder unbesorgt benutzen, seit der Schinderhannes hinter Schloß und Riegel sitze.

„Der Schinderhannes hinter Schloß und Riegel?" Das Gesicht des vornehmen Gastes nahm einen bestürzten Ausdruck an, so daß der Wirt ihn erstaunt fragte, ob er denn nicht wisse, wer der Schinderhannes sei. Der Gast hatte sich bereits wieder in der Gewalt. Natürlich wisse er das. Den Schinderhannes kenne doch jedes kleine Kind dem Namen nach.

„Was für ein Gottes Glück!" heuchelte er, „daß dieser Schurke der Polizei ins Garn gegangen ist."

Der Wirt nickte. Dann erzählte er ausführlich die Vorgeschichte und den Hergang der Verhaftung. Der Schinderhannes habe sich auf dem linken Rheinufer längst nicht mehr sicher gefühlt. Dort wehe ein anderer Wind, seit der neue Präfekt Jean Bon-St. André energische Maßnahmen gegen das Räuberunwesen ergriffen habe. Um diesen zu entgehen, sei der Bückler dann auf das rechte Rheinufer geflüchtet. Hier im Taunus sei er ja geboren, gar nicht weit von hier in Miehlen bei Nastätten. Ganz simpel sei er an einem schönen Maientag durch eine Streife des Hofgerichtsrats und Amtsverwalters Fuchs aus Limburg an der Lahn in einem Kornfeld entdeckt worden. Und da er keinen vorgeschriebenen Paß habe vorweisen können, sei er von den Beamten aufs nächste Amt vorgeladen worden. Schinderhannes habe sich Jakob Schweikard genannt. Ein zweiter Räuber, der Schwarze Christian, habe auf dem Amt den Jakob Schweikard bei seinem richtigen Namen genannt. Da sei es der Polizei aufgestoßen; was sie für einen guten Fang gemacht habe.

Es war gut, daß der Wirt in diesem Augenblick in die Küche gerufen wurde. Ihm wäre sonst sicherlich aufgefallen, daß der vornehme Gast mit den lustigen Augen und dem hellen Lachen plötzlich sehr ernst geworden war und nervös an seinem Schnurrbart zwirbelte. In der Tat, dem Fetzer war der Schreck in die Glieder gefahren. Der Wein, den er soeben noch mit Behagen geschlürft hatte, schmeckte ihm plötzlich nicht mehr. Der Schinderhannes verhaftet! Der Schweiß trat ihm auf die Stirn.

Was tun? Der Boden, den er für so sicher gehalten hatte, wurde ihm heiß. Mit Gewalt versuchte Fetzer, seine innere Unruhe niederzukämpfen. Während er noch darüber nachgrübelte, ob es opportun sei, unter diesen Umständen nach Frankfurt weiterzureisen, kehrte der Wirt zurück. Er nahm den Faden wieder auf und berichtete seinem Gast, daß ja nun wohl auch der letzte gefährliche Räuber bald zur Strecke gebracht werde, der das Rheinland seit Jahren in Schrecken halte, der Fetzer. Der Gast tat ganz erschrocken: „Der Fetzer?" Der Wirt beschwichtigte. Er brauche sich nicht zu ängstigen. Der halte sich ja nicht hier im Taunus auf. Dessen Jagdrevier sei der Niederrhein, auch am Mittelrhein habe man ihn schon gespürt. Zwischen Kleve und Neuwied treibe er sein Unwesen. Man habe zwar während der letzten Tage gemunkelt, er sei schon bei Wiesbaden gesehen worden. Aber das sei Unsinn. So ein schlauer Bursche wie der Fetzer werde sich nicht ausgerechnet in die Höhle des Löwen wagen, wenn er erfahre, daß der Schinderhannes ins Garn gegangen sei. „Auf mein Wort", beruhigte der Wirt, „Ihr könnt getrost nach Frankfurt reisen ..."

Fetzer trank in einem Zuge sein Glas leer und bestellte ein neues. Während der Wirt verschwand, um das Glas zu füllen, sah Fetzer auf der Straße einen Trupp Männer vorüberziehen, die ihn neugierig musterten. Plötzlich rief einer: „Vivat Kamerad! Vivat Bruder!" Und als Fetzer den Mann genau betrachtete, erkannte er Damian Hassel, von dem er sich erst kürzlich nach dem Überfall in Neuss getrennt hatte. Auch dessen Begleiter waren alte Bekannte, Peter Bock, der Tillenburg, Johann Schneider, Toni Heinze und der Rote Fink.

Die Begegnung kam dem Räuberhauptmann denkbar ungelegen. Mit diesen Kerlen, die recht heruntergekommen aussahen, war kein Staat zu machen. Jetzt, nachdem die Sicherheitsbehörden links und rechts des Rheines gemeinsam ein Kesseltreiben auf alle Räuber veranstalteten, wäre er lieber eine Weile allein durch die Lande gereist und incognito geblieben. Außer dem Damian Hassel war diesen Burschen nicht zu trauen. Am wenigsten dem Roten Fink. Von dem war zu befürchten, daß er jeden Kameraden ans Messer lieferte, wenn er damit sein eigenes Fell retten konnte.

Doch Fetzer durfte seine Unlust nicht zeigen. Er mußte gute Miene zum bösen Spiel machen. Er konnte sie nicht zum Teufel jagen. Dreist und ungeniert setzten sie sich zu ihm an den Tisch. Was blieb ihm übrig – er mußte sie einladen mitzuhalten bei Speise und Trank. Der Wirt, der mit dem gefüllten Glas zurückkehrte, musterte die Männer nicht gerade mit freundlichen Blicken. Sie führten wilde Reden, und ihre Kleidung stach erheblich von der des vornehmen Gastes ab. „Alte Kriegskameraden", versuchte Fetzer die seltsame Bekanntschaft zu erklären „haben unter mir in Holland gekämpft ..." Das leuchtete dem Wirt ein. Alte Kameraden mußte man unterstützen und durfte man nicht verleugnen. Der Gast war sicher ein hoher Offizier gewesen. Wenn die ehemaligen Soldaten auch nicht gerade eine Zierde des Hauses waren, keinesfalls konnte man ihnen Speise und Trank verweigern. Als der Wirt die Gäste versorgt hatte, begab er sich wieder in das Innere des Hauses. Fetzer war mit den Kumpanen allein. Der Wein hatte rasch deren Zunge gelöst. Sie erzählten lauthals und ohne Rücksicht auf ungebetene Zuhörer, daß sie gleichfalls auf dem Weg nach Frankfurt seien. Dort könne man während der Messe gute Geschäfte machen. Wenn Fetzer mit von der Partie sei, werde man auch Erfolg haben. Das stimme schon, erwiderte Fetzer, den Ton dämpfend und vorsichtig nach unliebsamen Lauschern spähend, doch dürfe man nicht leichtsinnig sein, denn die Polizei mache allerorten Jagd auf Freibeuter.

Als sich die Kumpane wunderten, von dem draufgängerischen Fetzer so bedachtsame Worte zu hören, knurrte dieser böse: „Ihr wißt wohl nicht, daß der Schinderhannes im Loch sitzt?“ Oh, das wußten sie längst; der Rote Fink lachte frech. So kleinlaut der einst so mutige Hauptmann? Er habe ihn als Fetzer noch gut in Erinnerung. Ob er diesen Titel nicht mehr führte, spottete er. „Papperlapapp!“ sagte Fetzer unwirsch. Ob er sich einbilde, er wolle morgen neben dem Schinderhannes auf dem Schafott enden. Und er zählte die Kumpane alle auf, die auf der Strecke geblieben waren: Der Hüskeshannes, der Weyers, der Heckmann, Mathias Huth, der Jennies und all die anderen … Gehängt, erschossen, guillotiniert, auf der Galeere elend verreckt, in Ketten nach Sibirien verschickt oder in modrigen Kerkern noch auf ihre Aburteilung harrend.

Da dämpften die Kumpane plötzlich ihre großkotzigen Reden. Es lief ihnen ein kalter Schauer über den Rücken. Nur der Rote Fink führte weiter das große Wort. So dumm wie der Schinderhannes seien sie ja nun nicht, prahlte er. Ohne Papiere laufe man ja auch nicht am hellen Tag im Kornfeld herum. Und außerdem – er klatschte sich auf die Hose, unter der er seine Pistole trug – werde er sich niemals ergeben: „Die letzte Kugel für mich!“

Wie sie noch hin- und herstritten und haderten, fuhr ein Wagen vor, dem ein elegantes Ehepaar entstieg. Zwei Diener

trugen schwere Koffer auf die Zimmer. Als die Herrschaften sich vom Reisestaub gereinigt hatten, setzten sie sich an einen Nebentisch auf der Veranda und ließen sich Forelle und Huhn schmecken. Dazu tranken sie eine Flasche Champagner aus Frankreich importiert. Während der Wirt sie bediente, fragte ihn der Herr, ob er in der Nähe keinen Hufschmied wisse. Bei einem der Pferde habe sich ein Eisen gelöst. Da er morgen in aller Frühe weiter nach Frankfurt reisen wolle, sei ihm sehr daran gelegen, diesen Schaden noch heute abend zu reparieren.
Der Wirt bedauerte. Der Hufschmied im Ort liege gerade krank danieder, und der Knecht des Hauses, der sich gleichfalls auf dieses Handwerk verstehe und kleine Schäden in der eigenen Schmiede reguliere, sei nach Idstein gefahren, wo seine Schwester Hochzeit feiere. Da räusperte sich Fetzer und bot in höflicher Form seine Dienste an. Wenn der Herr mit einem seiner Freunde vorliebnehmen wolle. Er deutete auf den Tillenburg. Der sei von Hause aus Hufschmied und traue sich schon zu, das Eisen wieder zu befestigen.
Der fremde Herr dankte dem Fetzer für sein liebenswürdiges Angebot und sagte, er helfe ihm aus einer großen Ver-

legenheit. Der Herr Graf konnte ja nicht wissen, daß es fast nur gestohlene Gäule waren, die Tillenburg beschlagen hatte. Fetzer begleitete den Hufschmied in den Pferdestall und begutachtete die Gäule. Er kraulte ihnen wohlgefällig die stolzen Mähnen und sagte: „Morgen früh, Pferdchen, seid ihr unser..."

Schon nach einer halben Stunde war der lahme Gaul wieder flott. Und der fremde Herr, ein Comte de Rasquin, französischer Emigrant, lohnte die prompte Arbeit mit einem Silbertaler.

In Fetzer war inzwischen der alte Tatendrang von neuem erwacht. Der Graf, so schätzte er, war ein wertvolles Objekt. Verflogen waren die trüben Gedanken, die ihn befallen hatten, als er von der Verhaftung des Schinderhannes erfuhr. Auch der fremde Gast vermochte ihm die gute Laune nicht zu verderben, als dieser im Laufe der abendlichen Unterhaltung – man war inzwischen näher zusammengerückt – mit Genugtuung die Vernichtung der Schinderhannes-Bande erwähnte.

„Grace à dieu!" sagte die Gräfin „Gott sei Dank!" und warf einen scheuen Blick auf die Kumpane des Fetzers. „Bald wird unser schönes Land von dieser Pest befreit sein." Der Rote Fink hielt die Hand bei diesen Worten wutschnaubend in der Tasche versenkt. Ein derber Fußtritt Fetzers brachte ihn zur Raison. Er wußte, wie unberechenbar der alte Räuber war.

Als Fetzer bei hereinbrechender Nacht dem Wirt mitteilte, seine Freunde wollten auch in seinem Gasthaus übernachten, winkte dieser ab. Er habe nur noch ein Zimmer mit einem Bett zur Verfügung. Das sei für den Monsieur reserviert. Die übrigen Gäste – er bedaure – könnten nicht in seinem Hause wohnen. Für sie stehe jedoch ganz in der Nähe eine einfache Herberge zur Verfügung.

Der Hund des Wirtes, eine mächtige Dogge, die wütend geknurrt hatte, als Fetzer das Haus betrat, winselte leise, sprang schweifwedelnd an diesem hoch und leckte ihm die Hände. Der Wirt staunte: „Das hat noch niemand fertiggebracht..." Ob er Hunde besprechen könne ...?

Um kein weiteres Aufsehen zu erregen, akzeptierte Fetzer das angebotene Zimmer und schickte die Kumpane in die bezeichnete Herberge. Sie kehrten jedoch auf halbem Wege um und versteckten sich in der Nähe des „Goldenen Hirschen“ im Gebüsch, um abzuwarten, bis die Lichter im Hause erloschen waren und alles in tiefer Ruhe lag.
Nachts wurde der Wirt durch verdächtige Geräusche wach. Er öffnete ängstlich die Tür und rief: „Ist da wer?“ – „Muhl geholde!“ tönte es zurück. „Hassan!“ lockte der Hausherr seinen Hund. Doch die Dogge rührte sich nicht. Nach einer Weile hörte der Wirt draußen im Hof die Pferde wiehern. Als er vorsichtig durchs Fenster lugte, sah er, wie die Räuber die Tiere des Grafen vor den Wagen spannten und die gräflichen Koffer aufluden. Der vornehme Gast, den er für einen hohen Offizier gehalten hatte, kommandierte. Jetzt war dem Wirt plötzlich alles klar. In seinem Hause hatte ein Räuberhauptmann kampiert. Doch er kam nicht weiter zum Nachdenken. Der Toni Heinze hatte ihn am Fenster entdeckt und schoß auf ihn wie auf eine Zielscheibe. Die Fenster gingen in Splitter, doch der Wirt blieb unverletzt. Er hatte sich blitzschnell zu Boden fallen lassen. Dort blieb er hocken, bis das Pferdegetrappel verhallt war. Seine Gäste aus Frankreich fand er gefesselt und geknebelt in ihren Zimmern. Sie hatten sich aus Angst um ihr Leben gegen die Übermacht nicht gewehrt...
„Mon dieu“, stöhnte die Gräfin, „und ich dachte, der Schinderhannes sitze im Kerker ...“
Kaum hatten die Räuber Königstein hinter sich gelassen, da forderte der Rote Fink die sofortige Teilung der gemeinsamen Beute. Fetzer versuchte ihm das mit dem Hinweis auszureden, es sei keine Zeit zu verlieren, da man bald mit Verfolgern rechnen müsse. Es liege im Taunusgebiet viel Militär im Quartier. Fetzer schlug indessen vor, eilends nach Frankfurt zu fahren und erst dort halbpart zu machen. Doch er wurde überstimmt. Nur Damian Hassel hielt zu ihm. Da wurde Fetzer zornig: „Macht, was ihr wollt“, schrie er erbost, als er merkte, daß eine Rebellion gegen ihn im Gange war.
 Am liebsten hätte er die Kumpane ihrem Schicksal überlassen

und sich mit Hassel in die Büsche geschlagen. Dann hätte er ihnen jedoch die ganze Beute überlassen müssen. Und die gönnte er ihnen nicht. So gab er wutentbrannt nach, fest entschlossen, sich in Frankfurt von den Meuterern zu trennen. Kurz vor Kronenberg bogen sie seitwärts in einen Holzfällerweg und machten auf einer Lichtung halt.

Als sie die Koffer öffneten, brach der Rote Fink in ein Wutgeheul aus. Keine Gold- und Silberstücke fielen heraus, kein Schmuck und kein edles Geschirr, sondern allerlei Fayencen, Miniaturen, Tabatieren mit gemalten Bildnissen fürstlicher Persönlichkeiten, die während der Französischen Revolution umgekommen waren. Für den französischen Grafen bedeuteten sie einen Schatz, Erinnerungen an selige Zeiten. Für die Räuber, die Geld und Gold erwartet hatten, waren sie wertloser Plunder. Der Rote Fink und Johann Schneider warfen alles kunterbunt auf einen Haufen. Die feinen Fayencen mit Putten, Amoretten und Schäferszenen zerbrachen in tausend Stücke. Die Miniaturen mit den Bildnissen der Marie Antoinette und der letzten französischen Könige zertrampelten sie bis zur Unkenntlichkeit. Fetzer stand mit verschränkten Armen dabei und lächelte überlegen. Er empfand es fast als eine Genugtuung, daß der Raub so geringen Erfolg gehabt hatte.

Nun hatte es der Rote Fink plötzlich sehr eilig, nach Frankfurt zu kommen, um wenigstens Wagen und Pferde preiswert an den Mann zu bringen. Die Gäule, edelste Zucht, waren sicherlich Goldes wert. Die würden schnell einen Käufer finden.

Auf der Straße nach Frankfurt blieben sie, allen Unkenrufen Fetzers zum Trotz, von Verfolgern unbehelligt. In Hofheim hielt sie ein Pikett Reiter an. Fetzer durchzuckte sekundenlang der Gedanke: Vom Wagen springen und in der Menge untertauchen! Auch die Kumpane schauten sich mißtrauisch um. Doch es bestand keine Gefahr.

„Achtung! Platz gemacht!“ riefen die Soldaten und drängten Fetzer mit seinem Gefährt an den Straßenrand; dann fuhr ein seltsamer Transport an den Räubern vorüber. Vornweg acht

Berittene. Es folgte ein Wagen, auf dem zwei Männer und ein Frauenzimmer saßen. Während die an Händen und Füßen gefesselten Männer stumm vor sich hinschauten, lamentierte das Frauenzimmer: „Helft, liebe Leute, helft, ich bin unschuldig!" Doch die am Wege stehenden Schaulustigen lachten und klatschten den Reitern Beifall, als sähen sie eine Posse im Theater.

Die Nachhut des Transportes bildete wiederum ein Trupp Soldaten, die eifrig Umschau nach allen Seiten hielten, zur Abwehr bereit, als fürchteten sie einen Angriff. Fetzer, der froh war, daß das militärische Aufgebot nicht ihm und seinen Kumpanen galt, fragte einen Mann, wer die Gefangenen auf dem Karren seien. Der lachte: „Lieber Herr, das wißt Ihr nicht? Schaut ihn Euch nur einmal genau an. Das ist der Schinderhannes und seine Konkubine, das Julchen Blasius. Auch der Schwarze Christian ist dabei. Die fahren nach Frankfurt, um dort mit des Seilers Tochter Hochzeit zu machen." Der Fetzer fuhr zusammen. „Das war das zweite Zusammentreffen mit dem Schinderhannes", dachte er.

In Frankfurt waren viele Menschen auf den Straßen, teils der Messe wegen, teils, um Näheres über die Gefangennahme des Schinderhannes zu erfahren. Wenn der dort gehängt wurde, wie die Leute munkelten, dann würde das ein Volksfest ohnegleichen geben mit Wurst und Apfelwein. Doch bald hörte man, der Räuberhauptmann werde nach Mainz an die Franzosen ausgeliefert. So habe es das hohe Kriminalgericht beschlossen.

Kaum waren sie in Frankfurt angelangt, da hatten sich die Räuber schon wieder in der Wolle. „Schleunigst den Ballast vom Halse!" riet Fetzer. Er wollte Pferde und Wagen so rasch wie möglich und abseits vom großen Verkehr an den Mann bringen, während der Rote Fink möglichst viel Geld bei dem Pferdehandel herauszuschlagen gedachte. So kamen sie zankend und disputierend zum Roßmarkt. Hier war viel Volk versammelt, Händler und Gaukler, Possenreißer und Bänkelsänger. Diese hatten das Lied vom gefangenen Schinderhannes bereits in ihr Repertoire aufgenommen.

Tugend nur belohnt auf Erden;
Frevler stürzen ins Gericht.
Armut mag verachtet werden:
Aber diese schändet nicht.

Unbemerkt fällt in die Schlinge,
Der im kleinen erst beginnt
Und nachher im Zauberringe
Auch auf Einbruch sich besinnt.

So ging's auch dem Schinderhannes,
Von des Ruhmes Thron gestürzt.
Ach, gedenket dieses Mannes,
Wird um seinen Kopf gekürzt …

Die Nachfrage nach guten Pferden war groß. „1000 Gulden“, rief Fetzer anpreisend in das Marktgetümmel, „1000 Gulden, der Herr Baron“, wobei er einen adrett gekleideten Herrn fixierte, der sich interessiert zeigte und die Gäule mit Kennermiene betastete. Da sprang der Rote Fink herzu und schrie: „Greift ihn, den Pferdedieb!“

Es gab einen großen Menschenauflauf, ein Getümmel... Als sich der Fink auf die Pferde stürzen wollte, fiel ihm der Fetzer in die Arme und zwang ihn zu Boden. Doch der schrie immerfort: „Pferdedieb, helft! Haltet den Pferdedieb!“ Fetzer hätte den Kampf Mann gegen Mann sicherlich gewonnen, wenn nicht die übrigen Räuber, von dem gaffenden Volk ringsum unterstützt, für den Fink Partei ergriffen hätten. Der Alarmruf „Pferdedieb!“ lockte schließlich auch die Polizei herbei, die den Fetzer kurzerhand in Gewahrsam nahm. Derweil machten sich der Rote Fink und sein Anhang mit Pferden und Wagen schleunigst aus dem Staube...

Frankfurter Abenteuer

Richter Amrhein vom Kriminalamt in Frankfurt am Main wischte sich mit einem unterdrückten Seufzer den Schweiß ab und warf wütend einen Brief auf den Tisch, den soeben ein Sonderkurier des öffentlichen Anklägers Keil aus Köln gebracht hatte. In einer dringenden Botschaft hatte dieser für die nächsten Tage seinen Besuch angekündigt und gebeten, zuvor alle in jüngster Zeit in Frankfurt und Bergen eingesperrten Verbrecher genau auf ihre Personalien zu überprüfen. Nachdem der Schinderhannes inzwischen hinter Schloß und Riegel sitze, fahnde er noch nach einigen anderen Schwerverbrechern. An der Spitze der Liste standen Mathias Weber, genannt Fetzer, Damian Hassel und der Rote Fink.
Es war ein heißer Junitag, und der Richter hatte sich eine Landpartie in den nahen Taunus vorgenommen. Damit war es nun wieder nichts. Der Amtsdiener brachte ihm zur Erfrischung einen Krug kühlen Wein, den er in hastigen Zügen leerte.
Dabei ging es ihm durch den Sinn, was für ein geplagter Mensch er war. Seit Wochen Vernehmungen, nichts als Vernehmungen und Verhöre, von morgens früh bis abends spät.
 Den Schinderhannes hatte man glücklich auf Numero Sicher

gebracht, und nach tagelangen Verhandlungen endlich seine Überführung nach Mainz veranlaßt, die in einigen Tagen erfolgen sollte. Und nun ging die Hetze weiter. Anstatt von den Strapazen ausruhen zu können, wurden ihm neue aufgebürdet. Er setzte den Krug ab und redigierte ein Edikt, dessen geistiger Vater er war. Dieses Schriftstück, das in der Frankfurter Reichspostzeitung und im Reichsanzeiger veröffentlicht werden sollte, hatte folgenden Wortlaut:

„Die Landes-Obrigkeiten verbinden sich hierdurch feyerlichst, das in ihren Ländern aufgefangene Gesindel nicht wie bisher hin und wieder üblich gewesene Art über die Grenze zu schicken, und dadurch ihren Nachbarn zuzuweisen. Pässe sollen für die Zukunft der Regel nach nur von dem Foro domicilii ertheilt werden. Sie sollen gedruckt nach einem zweckmäßigen Formular abgefaßt, mit einem Signalement und mit dem Siegel und der Unterschrift des Ausstellers versehen seyn deßgleichen eine bestimmte Marschroute enthalten. Sie sollen nur auf eine gewisse in dem Paß zu bestimmende Zeit gültig seyn. Kann derjenige, der den Paß verlangt schreiben, so soll er dessen schriftlichen Inhalt ausfüllen. Damit in der Folge durch Vergleichung der Skripturen untersucht werden kann, ob der Paß noch in den Händen des ersten Empfängers sey.

Durchpassierenden Fremden wird auf dem von ihnen producirt werdenden Paß vorgeschrieben, wann sie in der nächsten in der Marschroute bemerkten Station eintreffen müssen, und haben sich, wenn sie später eintreffen, über ihr unnötiges Herumstreifen zu verantworten. Sucht ein Fremder um einen neuen Paß an, so kann solchen keine Unterbehörde, sondern nur die Oberlandesstelle ertheilen. Diese aber wird solches nie ohne vorherige Untersuchung der Umstände thun, und haftet im Concessionsfalle für die Folgen ihrer Bewilligung." Amrhein setzte seinen mit großen Schnörkeln versehenen Namenszug unter das „Vu et approuvé" (gesehen und genehmigt) und wollte nach dem Diener klingeln. Da sah er, daß dieser, der ihm den Krug Wein gereicht hatte, immer noch neben ihm stand.

„Hier, sorge er für sofortige Erledigung“, sagte der Amtsrichter. Da räusperte sich der Diener verlegen. Er hatte, aus Furcht vor einem neuen Zornesausbruch seines Herrn, nicht zu sprechen gewagt.
„Schieß Er los!“ ermunterte ihn Amrhein. „Was hat Er sonst noch für Hiobsbotschaften in petto?“ – „Draußen wartet ein französischer Monsieur, ein Graf… In seiner Begleitung befindet sich der Wirt vom Goldenen Hirschen in Königstein. Sie seien von Räubern überfallen worden…“
„Zum Teufel mit den Räubern!“ donnerte Amrhein. „Bring Er mir erst einen neuen Krug Wein, sonst wird mir schwach.“ Dann hörte er, den gefüllten Krug vor sich, den Bericht der Besucher an…
„Pardon!“ stotterte der Wirt, der merkte, wie ungelegen er dem Richter kam, „Monsieur, Sie müssen uns helfen, es ist Schreckliches in meinem Hause passiert“, und er schilderte in sich überstürzenden Worten den Überfall auf den Gasthof und die Beraubung des Grafen.
Amrhein hörte mit gerunzelter Stirn zu. Hin und wieder machte er sich Notizen, nahm einen herzhaften Schluck aus dem Weinkrug und schüttelte unwirsch den Kopf: „Trottel!“ – und nach einer kurzen Pause: „Hat Er denn keinen Hund? Kein Schießgewehr?“ – Der Wirt blickte verlegen zu Boden. Er wagte es nicht, dem Richter zu sagen, daß seine Dogge dem Räuberhauptmann die Hand geleckt hatte.
Der Richter nahm wieder seine Akten zur Hand. Ihm war plötzlich ein Gedanke gekommen. Er las noch einmal die Notiz über die Verhaftung des Pferdediebs auf dem Roßmarkt. Man hatte sie weiter nicht ernst genommen und daher die Vernehmung des Diebes hinausgeschoben. Wenn dieser Dieb mit dem Überfall in Königstein zusammenhinge! Er klingelte nach dem Diener und befahl die Vorführung des Verhafteten. In der Zwischenzeit öffnete er ein Fenster. Es war ihm nach dem Weingenuß noch heißer geworden. Gedankenvoll blickte er auf das Gewoge zu seinen Füßen. Frankfurt hatte wieder einmal seine Anziehungskraft als Messestadt bewiesen. Wie gern hätte er sich jetzt auch in

diesen Messetrubel gestürzt. Statt dessen mußte er sich dumme Räubergeschichten anhören und einen dreisten Pferdedieb vernehmen.

In diesem Augenblick betrat der Häftling das Zimmer. „Ah voilà!“ rief der französische Graf ironisch, der bisher geschwiegen hatte, „un bon ami! ein guter Freund!“ – „Ja, er ist es“, bestätigte nun auch der Wirt mit sichtlicher Erregung. Er mußte nun nochmals in allen Einzelheiten den Hergang des Überfalles erzählen. Er vergaß auch nicht zu berichten, daß er den Pferdedieb anfangs für einen Edelmann gehalten hatte. Erst später, als sich eine Rotte Landstreicher zu ihm gesellt hätte, habe er Zweifel an der Ehrenhaftigkeit dieses Mannes gehegt.

Der Richter musterte den Häftling mit gerunzelter Stirn. Dann fragte er ihn nach seinem Namen. „Wilhelm Schwanberger“, sagte Fetzer. Woher er stamme? „Aus Fulda.“ Ob er den Raub zugebe? Fetzer nickte. Wo denn seine Komplizen seien? Der Gefragte zuckte mit den Achseln. Der Richter wollte die Namen wissen. Sie seien ihm entfallen. Ein Kampmann und ein Wolters seien darunter.

Wo er sie kennengelernt habe? Er sei einmal in Holland ihr Hauptmann gewesen, bei den Kaiserlichen ...

„Ein feiner Hauptmann, der mit seinen Soldaten auf Raub auszieht“, bemerkte Amrhein spitz. Das mit dem Hauptmann habe der Mann auch ihm erzählt, bemerkte der Wirt. Ob denn das Treffen in Königstein zufällig oder verabredet gewesen sei, wollte der Richter noch wissen. „Ganz zufällig“, sagte Fetzer. Ja, den Eindruck habe er auch gehabt, versicherte der Wirt. Jetzt nahm das Verhör eine neue Wendung. Ob er schon irgendwo wegen anderer Straftaten gesessen habe. Fetzer verneinte. Er habe nach seiner Entlassung aus dem Heeresdienst seinen früheren Beruf als Wildmeister wieder ausüben wollen und nach einer geeigneten Stellung Ausschau gehalten. Amrhein lächelte spöttisch. Ob er vielleicht einen gewissen Mathias Weber, genannt Fetzer, kenne. Der habe lange Zeit am Niederrhein zwischen Kleve und Köln sein Unwesen getrieben. Fetzer schüttelte den Kopf. Den Namen habe er nie gehört.

Komisch, wo er doch in Holland Offizier gewesen sei. – Als Offizier kümmere man sich nicht um das Gesindel auf der Landstraße, sagte Fetzer frech. – Er möge nur den Mund nicht so voll nehmen, polterte Amrhein, sonst werde er andere Saiten mit ihm aufziehen. Fetzer nagte an seiner Unterlippe und kniff böse die Augen zusammen. Doch er gab keine Widerworte mehr.
Amrhein examinierte ihn weiter. Ob ihm denn vielleicht ein Räuber namens Roter Fink bekannt sei? Der sei genauso gefährlich wie der Mathias Weber. Man habe ihn im Französischen bereits zu 16 Jahren Galeere verurteilt. Es sei ihm aber gelungen, in Metz aus dem Gefängnis zu entkommen. Man vermute, daß er sich jetzt im Rechtsrheinischen herumtreibe. – Auch den kenne er nicht, sagte Fetzer. In diesem Augenblick betrat der Diener den Raum und fragte, ob er dem Herrn Richter noch einen Krug Wein bringen solle. Während Amrhein dem Diener den leeren Krug reichte, war Fetzer mit einem Satz an dem offen stehenden Fenster, und ehe einer der im Zimmer Anwesenden es verhindern konnte, den Blicken

entschwunden. Der Diener ließ vor Schreck den Weinkrug fallen. Amrhein stürzte zum Fenster, sah völlig verdattert in die Tiefe und rief: „Haltet ihn, haltet ihn, arrêtez ...!" Auf der Straße standen die Menschen zu Hauf und blickten heftig gestikulierend nach oben. Andere rannten in Richtung Konstablerwache. Immer mehr Menschen versammelten sich vor dem Gerichtsgebäude. Einer erzählte es dem anderen, daß hier ein Pferdedieb zum Fenster hinausgesprungen und entkommen sei. Der Diener war inzwischen hinausgeeilt und hatte die Wachen alarmiert, die nach allen Richtungen ausschwärmten. Aber der Flüchtling war längst in der Menge untergetaucht.

Wie gehetzt lief Fetzer durch die Frankfurter Gassen. Anfangs blieb ihm ein Dutzend Verfolger auf den Fersen, die aufgeregt hinter ihm herschrien: „Ein Dieb, ein Dieb! Haltet den Dieb!" und die Passanten aufmerksam machten. Einem breitschultrigen Mann, der sich ihm in den Weg stellte, gab er einen Boxhieb in die Magengrube, so daß er zu Boden stürzte. Ein anderer warf dem Fetzer einen leeren Korb vor die Füße, über den der Flüchtling beinahe gefallen wäre. Als er diese Hindernisse überwunden hatte, wurde der Abstand zwischen ihm und seinen Verfolgern immer größer. An einer Straßenecke, an der Musikanten einem Jubilar ein Ständchen brachten, stieß er auf eine größere Menschenmenge. Hier gelang es ihm, unbemerkt von seinen Häschern in einer Seitenstraße zu verschwinden.

Fetzer blieb stehen und hielt sich die Hände auf die keuchende Brust. Er war fast am Ende seiner Kräfte. Nach einer kurzen Verschnaufpause blickte er sich um. Er befand sich in einer stillen Gasse mit schönen Häusern am Großen Hirschgraben. Vorsichtig schlüpfte er durch eine kleine Pforte und stand in einem Vorgarten, in dem das Wasser eines Brunnens melodisch plätscherte. Keine Menschenseele war weit und breit. Über der Haustür stand die Aufschrift. „Seligmann, Banquier". Die Tür war nur angelehnt. Fetzer überlegte, ob er das Haus betreten sollte. Da entdeckte er zur ebenen Erde einen Luftschacht. Es gelang ihm, sich mit seinem schmalen Körper hineinzuzwängen. Dann verlor er plötzlich den Halt und stürzte ins Bodenlose; minutenlang blieb er betäubt von dem Sturz liegen. Vorsichtig tastete er seine Glieder ab. Sie schmerzten, als habe er tagelang Bäume gefällt. Doch er konnte sie bewegen, gebrochen waren sie nicht.

Nach einer Weile hatte er sich an die Dunkelheit gewöhnt und konnte an der Wand die Umrisse einiger eiserner Truhen erkennen. Rechts lag eine Tür, die wohl ins Innere des Hauses führen mochte. Sie war fest verschlossen.

Während er verzweifelt nach einem Ausgang suchte – das „Gefängnis" lag fast zwei Meter tief in der Erde –, hörte er plötzlich ein Geräusch. Rasch kroch er hinter die Truhen und legte sich auf den Boden. Es wurde ein Schlüssel in die Tür gesteckt, die sich kreischend öffnete. Ein Lichtschein fiel in den Schacht, und ein Mann, der eine Leuchte neben sich stellte, machte sich an einer der Truhen zu schaffen. Der Deckel wurde geöffnet, dann hörte der ungebetene Lauscher, wie der Mann an der Truhe Geld zählte. Fetzer kroch wie eine Katze hinter der Eisenkiste hervor und gab dem vor ihm Knienden einen heftigen Stoß, daß er aus dem Gleichgewicht geriet. Flugs war Fetzer über dem Gestürzten, der sich heftig wehrte. Doch hatte der Räuber ihn bald überwältigt. Er würgte den Mann so lange, bis dieser keinen Laut mehr von sich gab, riß einen Fetzen Stoff aus dessen Anzug und steckte ihn dem Bewußtlosen in den Mund.

Dann machte sich Fetzer eilig an die Arbeit. Die in Fächer eingeteilte Truhe war bis zum Rand mit Gold- und Silberstücken gefüllt. Eine Tasche, die neben dem bewußtlosen Manne lag – seiner Kleidung nach ein Diener des Hauses –, stopfte er voll. Dann ergriff er die Lampe und Schlüssel und schloß die Tür von außen ab.

Da sich im Hause niemand regte, stieg er so leise wie möglich die Treppe hinauf. Unbehelligt erreichte er die Haustür und von dort den Garten, den er wie ein zufälliger Besucher verließ. Die Schlüssel hatte er vorsorglich eingesteckt. Die Laterne verbarg er hinter einem Mauervorsprung.

Es war inzwischen dämmrig geworden. Fetzer durchquerte mehrere Straßen und kam auf die Zeil. In einer kleinen Schenke auf dem Baugraben kehrte er ein. Hunger und Durst plagten ihn gewaltig. Es waren nur wenige Gäste anwesend. Er nahm in einem stillen Winkel Platz und bestellte einen Imbiß und einen Krug Bier. Verstohlen öffnete er die gefüllte Geldtasche. Es waren Taler und Goldgulden, ein kleines Vermögen. Zu zählen wagte er das Geld nicht. Ehe er das Wirtshaus verließ, steckte er sich einige Taler in die Rocktasche. Dann kleidete er sich bei einem Trödler neu ein, kaufte sich eine Reisetasche und mietete sich in der Herberge zur „Goldenen Gans“ auf dem Holzgraben ein Zimmer. Hier trug er sich als Kaufmann Karl Schönleber aus Aachen ein.
Bei einem Barbier ließ er sich den Bart scheren und begab sich, die Taschen mit Silber- und Goldstücken gefüllt, auf einen Bummel durch die Schenken. In der „Blechmusik“ saßen die Gäste Kopf an Kopf und sprachen dem Branntwein aus Blechbechern zu. Dabei rauchten sie einen Knaster, daß man wie durch einen Nebel sah.
Fetzer suchte vergeblich nach einem Platz. Es war alles besetzt. Plötzlich entdeckte er an einem Ecktisch die Kumpane aus Königstein, die ihn ins Gefängnis gebracht hatten. Sie waren so in ihr Würfelspiel vertieft, daß sie ihn nicht sahen. Fetzer überlegte. Es war vielleicht besser, wenn er das Lokal wieder unbemerkt verließ. Als er draußen war, stach ihn jedoch der Hafer. Er suchte in einem Garten nach Lehm, knetete ihn zu einer dicken Kugel und steckte ein paar spitze Steine und einige Goldstücke hinein. Dann kehrte er in das Lokal zurück und warf dem Roten Fink den gefüllten Lehmklumpen aus nächster Nähe an den Kopf. Der Klumpen platzte, und der Inhalt fiel in dessen gefüllten Becher. Fink fuhr erschrocken auf, ließ verdattert die Würfel fallen, die er gerade in der Hand gehalten hatte, wischte sich den Lehm von der Stirn und starrte entgeistert auf das Goldstück, das in seinem Schnapsbecher blinkte. Der Wutschrei, den er hatte ausstoßen wollen, war ihm im Hals stecken geblieben. Seine Kumpane, die mit am Tisch saßen, sprangen auf und

schauten sich neugierig nach dem Manne um, der mit Goldstücken um sich warf. Da sahen sie im Nebel des Tabakqualmes den Fetzer, der sich sichtlich an den erschrockenen Gesichtern der Spieler weidete, langsam auf den Tisch zuschlendern.

„Ah, du bist es!" rief der Rote Fink, mühsam sein Erstaunen unterdrückend. „Haben sie dich schon laufen lassen ...?"

Fetzer nickte. „Aber nur unter der Bedingung, daß ich ihnen den Roten Fink bringe ..." Dann setzte er sich breitbeinig zu den Kumpanen an den Tisch.

Fink legte die Würfel beiseite. „Und das da ...", er deutete auf das Gold. „Haben sie dir das als Zehrgeld mitgegeben?" Jetzt lachten sie alle. „Er heißt ja nicht umsonst Fetzer", warf Damian Hassel ein und klopfte Fetzer vertraulich auf die Schulter. Fetzer rief nach der Wirtschaft und bestellte eine Runde Schnaps. Fink hatte inzwischen die drei Goldstücke eingesteckt.

„Schmerzensgeld", sagte er und wischte sich über die Stirn, auf der ein pfenniggroßer blutunterlaufener Fleck zu sehen war.

Es herrschte plötzlich verlegenes Schweigen. Die unerwartete Anwesenheit Fetzers, mit dem niemand gerechnet hatte, wirkte auf die Tischrunde wie ein Alpdruck. Fetzer tat unbefangen: „Euch scheint es aber auch nicht schlecht zu gehen. Hoffentlich seid ihr die Schinder losgeworden ..."

Fink war es nicht ganz geheuer. Er schielte ängstlich zu Fetzer hinüber. Ob sie ihn wirklich freigelassen hatten, damit er ihn ans Messer lieferte? Aber woher kamen die Goldstücke? So viel Spitzelgeld zahlte man doch nicht im voraus ...

Er räusperte sich: „Daß die Polizei dich gleich mitgenommen hat, das hat uns ja leid getan ...", stotterte er. „Ich habe es gleich gesagt: Der kommt rasch wieder ...", fiel Hassel ihm ins Wort.

„Und wir haben dann überlegt, wie wir dich rausholen könnten ...", fuhr Fink fort. Sie tranken auf Fetzers Befreiung. Als Fetzer noch eine zweite Runde bestellte, fand Fink allmählich sein Gleichgewicht wieder. Er griff in die Tasche und betrachtete einen der Goldgulden, die ihm Fetzer an den Kopf geworfen hatte.

„Toller Hund", sagte er bewundernd, „kommt aus dem Gefängnis und schmeißt mit Goldgulden um sich..."

„Davon gibt es noch mehr...", sagte Fetzer stolz. „Wo? Im Gefängnis?" – „Nicht weit davon..."

Als sie noch eine dritte Runde getrunken hatten, legte Fetzer die Schlüssel zu dem Keller auf den Tisch und erzählte ihnen von dem verborgenen Schatz. Da machten sie begehrliche Augen. Das war einmal etwas anderes als ein Koffer voll lumpiger Bilder und Porzellanfiguren.

Sie beschlossen, noch in dieser Nacht bei der Bank Seligmann die Truhen zu plündern. Wenn der Coup glückte, entfiel auf jeden so viel Beute, daß sie sich vorläufig keine Sorgen mehr um die Zukunft zu machen brauchten. Es war abgemacht, daß jeder seiner Wege gehen sollte. Fetzer wollte wieder an den Niederrhein, der Rote Fink nach Paris und Hassel nach Köln. Der Nachtwächter verkündete die erste Morgenstunde, als sie sich vorsichtig in zwei Abteilungen dem Großen Hirschgraben näherten. Es war stockdunkel. Kein Leuchtemann weit und breit.

Fetzer, der voranging, blieb plötzlich stehen. Er hatte ein Geräusch gehört. Doch es blieb alles ruhig. Sie bogen in den Garten des Bankhauses ein. Fetzer bückte sich nach der Laterne, die er hinter einem Mauervorsprung versteckt hatte. Er suchte vergebens. Als er zurückkehrte, stolperte er über einen Holzklotz. Da blitzte vor ihm ein Licht auf. Hände griffen nach ihm, warfen ihm einen Sack über den Kopf. So sehr er sich auch wehrte, die Stricke, die man ihm um Arme und Beine band, zogen sich immer enger zu. Was mit den Kumpanen geschah, konnte er nicht sehen. Er hörte nur unterdrückte Schreie und das Keuchen von Männern, die miteinander rangen.

Dann tauchten plötzlich immer mehr Lichter auf. Auch in dem Bankhause wurde es hell. Und eine Stimme rief: „Habt ihr sie alle?" Da wußte Fetzer, daß sie in eine Falle geraten waren.

Da saß der Räuberhauptmann nun in Bergen im Turm. Sie hatten ihn im obersten Stock in eine Einzelzelle gesperrt, und mit einer Kette an eine Pritsche geschlossen. Nachts wurde er in ein unterirdisches Verlies gebracht. Ein bewaffneter Wärter saß vor der Tür, so daß ein Ausbruch unmöglich erschien. Wo die Kumpane saßen, wußte Fetzer nicht.
Zwei Tage nach der Inhaftierung erhielt Fetzer Besuch. Der öffentliche Ankläger Keil aus Köln hatte mit seinem Sekretär Diepenbach das Gefängnis im Frankfurter Kriminalamt besichtigt, und unter den Gefangenen nach dem Fetzer und dem Roten Fink gesucht. Da sie dort nicht zu finden waren, setzte Keil seine Suche in Bergen fort. Fink vermochte er gleich am ersten Tag an Hand der vorhandenen Beschreibung zu identifizieren. Dann nahm er sich den Mann vor, der sich Wilhelm Schwanberger nannte. Seine Papiere, die man bei ihm fand, lauteten auf diesen Namen.
Der öffentliche Ankläger ließ ihn in das Amtszimmer führen. Man hatte umfangreiche Vorsichtsmaßnahmen getroffen, um eine abermalige Flucht zu verhindern. Zwei Soldaten begleiteten den Wärter, der den Fetzer an eine Kette gefesselt hereinführte. Dieser mußte sich auf einen Stuhl setzen. Die beiden Soldaten und der Aufseher nahmen neben und hinter

ihm Platz. Dann begann das Verhör, an dem auch der Amtsrichter Amrhein teilnahm.
Fetzer blieb bei der Behauptung, Wilhelm Schwanberger zu heißen und aus Fulda zu sein. Keil lächelte ironisch: „Denk Er einmal genau nach“, sagte er, „die Schwanbergers in Fulda sprechen anders als die Webers in Grevenbroich.“ Der Häftling verzog keine Miene, als der Name seines Geburtsortes Grevenbroich fiel. Der Sekretarius Diepenbach blätterte eine Weile in den Akten, dann befahl er dem Wärter, den Hals des Gefangenen zu entblößen. Er las: „Kennzeichen: drei fünf Centimeter lange Narben an der linken Halsseite, parallel nach unten verlaufend.“ Dann mußte Fetzer seinen rechten Oberschenkel entblößen. Und Keil stellte an Hand des Dossiers fest: „Tiefe Schußnarbe am rechten Oberschenkel. Zwei von Messerstichen herrührende sechs Centimeter lange sich kreuzende Narben am linken Oberschenkel ...“
Keil nickte: „Stimmt!“ und zu dem Häftling. „Leugnet Er noch immer, der Mathias Weber aus Grevenbroich, der Fetzer, zu sein?“ Fetzer schwieg. Schließlich sagte er ablenkend: „Ich will alles gestehen, Monsieur Obergerichtsrat! Den Überfall in Königstein auf den französischen Grafen, den Bankraub am Hirschgraben und all das andere in Coburg, Hersfeld ...“ Er log das Blaue vom Himmel, er bekannte sich zu Straftaten, die er nie begangen hatte. Er hatte eine panische Angst, nach Köln ausgeliefert zu werden ... Nur nicht ins Linksrheinische!
„Nichts da“, unterbrach ihn Keil. „Davon später ... Ist Er der Mathias Weber, der Fetzer?“
„Nein!“ Fetzer blieb eisern: „Et jitt viel Leut mit Narben ...“
„Et jitt ...!“ äffte Keil die verräterische Dialektwendung nach. „Holt mir den Fink!“
Fetzer blickte finster geradeaus. Die Wärter stießen mit ihren Gewehren auf den Boden, zum Zeichen, daß sie wachsam waren und der Fetzer keinen Fluchtversuch zu riskieren brauchte.
Nach einer Weile kehrte der Wärter mit dem Roten Fink zurück. Ihm hatte man die Hände mit Ketten an eine Eisen-

stange geschlossen. Zwei Soldaten begleiteten den Transport. Keil befahl ihnen, draußen zu warten.
„Wer ist dieser Mann?“ fragte er den Fink. Dieser grinste schadenfroh: „Der Fetzer!“ – Der Genannte warf ihm einen haßerfüllten Blick zu. Er hob die Hände, die Fesseln klirrten. Dieses Mal waren sie unzerreißbar. „Woher kennt Er ihn so genau?“ – „Den und nicht kennen ...?“ Fink lachte laut. Und er zählte auf: „Von Daaden, Düsseldorf, Krefeld, von Opladen, Kleve, Moers, Duisburg, Mülheim usw. ...“
„Genug!“ Keil gab dem Wärter einen Wink, den Fink abzuführen. Doch dieser stemmte sich mit Gewalt gegen den Abtransport und brüllte, dem Fetzer zugewendet: „... und von Neersdonk ... Fetzer, das ist die Quittung für den Mänes-Jöb, den du an der Kuhle umgebracht hast ...“ Der Wärter packte ihn hart am Arm und zog ihn mit sich fort, doch der Gefangene schrie immerfort: „Für den Mänes-Jöb, für den Mänes-Jöb ...“, bis seine Stimme verhallte.
„Genügt Ihm das?“ Der öffentliche Ankläger blickte Fetzer triumphierend ins Gesicht. Dann fuhr er spöttisch lächelnd fort: „Ihm wird bald eine große Ehre zuteil werden. Er wird auf demselben Karren nach Mainz geschafft wie der Schinderhannes ...“
Fetzer erbleichte. In der Erregung verfiel er wieder in den heimatlichen Dialekt. „Bei die Franzosen? Oh, nit bei die Franzosen!“ rief er beschwörend.
Keil erhob sich. „Attention! Schließt alle Fenster gut zu!“ Und zu Fetzer: „Au revoir à Cologne! Auf Wiedersehen in Köln!“
Fetzer wälzte sich nach dieser Vernehmung nachts schlaflos auf seiner Pritsche. Er zermarterte sein Gehirn. Nur ein Gedanke beherrschte ihn: Ausbrechen! Er wußte, daß er rasch würde handeln müssen, wenn es nicht zu spät sein sollte. Und er versuchte einen alten Trick. Als der Kerkermeister mittags mit dem Suppentopf in Fetzers Zelle erschien, bot sich ihm ein schreckenerregender Anblick. Der Häftling hing über der Tür mit dem Kopf in einer Schlinge. Er hatte mit einem
 Nagel einen langen Fetzen aus seinem Strohsack gerissen und

vermutlich, um sich das Leben zu nehmen, daraus ein Seil gedreht. Der Häftling gab, wie sein dumpfes Röcheln verriet, nur noch schwache Lebenszeichen von sich.
Der Kerkermeister befreite ihn schnell aus seiner Schlinge. Dann legte er ihn vorsichtig auf die Pritsche. Fetzer hatte die Augen geschlossen und machte den Eindruck eines Mannes, der in den letzten Zügen liegt. Dem Aufseher wurde angst und bange. Man hatte ihm die Beaufsichtigung dieses Gefangenen ganz besonders ans Herz gelegt. Wenn dieser jetzt starb, würde man ihn zur Verantwortung ziehen. Hier mußte schleunigst gehandelt werden. Ein Arzt mußte herbei. In der Eile, Hilfe zu holen, ließ der Wärter die Zellentür unverschlossen. Kaum waren seine Schritte verhallt, sprang Fetzer gesund wie ein Fisch im Wasser auf, öffnete die Tür und schlich die Treppe hinab. Niemand begegnete ihm. Unten angekommen, suchte er den Ausgang. Die Tür war verschlossen. Da fiel sein Blick auf den Katzenschlupf, der am Fuß der Tür angebracht war. Er warf sich auf den Boden und schaute hindurch. Da sah er gegenüber an der Mauerwand den Türschlüssel hängen. In einem Abstellraum fand er einen Schürhaken, mit dem er den Schlüssel vom Nagel herunterstieg und diesen zu sich hereinzog. Das Klirren des Eisens hatte jedoch eine draußen vor dem Turm patrouillierende Wache aufmerksam gemacht, die herbeieilte und eine Hand nach dem Schlüssel greifen sah. Ein Schuß hallte durch die mittägliche Stille und alarmierte auch die übrigen Soldaten in der Wachstube. Diese kamen ihrem Kameraden zu Hilfe, umstellten den Turm, bis der Wärter mit dem Arzt zur Stelle war. Der Aufseher war nicht wenig erstaunt, als er hörte, wie aktiv der Häftling inzwischen gewesen war, den er halbtot zurückgelassen hatte. Man durchsuchte den Turm von oben bis unten und fand den Gefangenen schließlich im Turmverlies unter einem Holzstapel. Er ergab sich resignierend der Übermacht.
Ein Kurier meldete den Vorfall unverzüglich nach Frankfurt, wo man den Gefangenen unter starker Bedeckung abholen ließ. Schon am nächsten Morgen um vier Uhr erfolgte die

Übergabe an die Franzosen. Auf dem Karren, den 20 Soldaten begleiteten, saßen außer Fetzer der Schinderhannes, dessen Braut Julchen Blasius und der Schwarze Christian, ein Kumpan des Räuberhauptmanns. Als auf der Fahrt nach Mainz unterwegs ein Rad des Karrens blockierte, sagte Fetzer: „So ist es auch mit unserem Lebensrad. Ich glaub', es ist ins Stocken geraten ..."
„Geh, geh!" entgegnete der optimistische Schinderhannes. „Was wird's viel sein. Ich hoffe, mit sechs bis acht Jahren Galeere davonzukommen." Doch Fetzer erwiderte kleinlaut: „Ich nicht, ich glaube, es geht uns beiden an den Kragen ..."

Die letzte Reise

Tausende von Zuschauern bildeten Spalier, als die Gefangenen am 16. Juni 1802 von Kastel über die Rheinbrücke nach Mainz transportiert wurden. Vom Hunsrück, aus der Eifel, von Mosel und Nahe waren sie zu Fuß oder mit Wagen gekommen, um den Einzug der Räuber zu erleben. Vor allem galt die Neugier des Publikums dem Schinderhannes und dessen Frau, dem Julchen Blasius. Fetzer war am Mittelrhein trotz mancher Untaten, die er dort begangen hatte, doch weniger bekannt als der Schinderhannes.
Der Zug bewegte sich über die Große Bleiche durch die ganze Stadt. So hatte es der Präfekt Jean Bon-Saint André angeordnet. Jeder Bürger sollte mit eigenen Augen sehen, daß die Gefangennahme kein leeres Gerücht war, wie mancher bei der Bekanntgabe vermeint hatte. Die französischen Behörden, jahrelang von den Räubern zum Narren gehalten, wollten ihren Triumph in vollem Maße auskosten. Wirte hatten auf den Straßen Wurstbuden aufgestellt und schenkten zur Stärkung der erregten Gemüter Wein aus. Jüdische Bürger, die bei den Raubüberfällen oft die Leidtragenden gewesen waren, spendeten Geld an die Unbemittelten, damit auch diese an dem Volksfest teilnehmen konnten, das bis spät in die Nacht dauerte.

Die Gefangenen hatte man am Schluß des Umzugs in den Holzturm gesperrt, ein massives Gebäude mit meterdicken Mauern und eisernen Gittern, das unmittelbar an dem damals noch nicht regulierten Rhein lag.
Da für die französischen Behörden der Schinderhannes der wichtigste Gefangene war, interessierte sie der Fetzer erst in zweiter Linie. Das hatte dieser schon bald mit feinem Räuberinstinkt zur Kenntnis genommen.
Während Schinderhannes, der Räuberhauptmann Numero 1, in einer Zelle saß, die zehn Meter über dem Erdboden lag, war das Julchen eine Etage und Fetzer zwei Etagen tiefer einquartiert. Dieser sann im Gegensatz zum Schinderhannes vom ersten Tag seiner Inhaftierung an auf Flucht. Es kam

ihm dabei zugute, daß die Aufmerksamkeit der Wächter vor allem den Mitgliedern der Schinderhannesbande galt, von denen nach und nach 67 eingeliefert wurden.
Fetzer, der zunächst allein in seiner Zelle untergebracht war, studierte sorgfältig die nächste Umgebung und die Gewohnheiten der Wärter, soweit das von seinem Gefängnis aus möglich war. Dabei stellte er fest, daß unterhalb seines Zellenfensters das Dach des Wärterhauses lag. Das Fenster war aber so eng, daß sich ein menschlicher Körper nicht hindurchzwängen konnte. Es gelang ihm jedoch schon in
 den ersten Tagen seiner Haft, eine Stange vom Gitter des

Fensters zu lockern und herauszulösen. Weiter glückte es ihm, ein Glied der Kette, mit der sein rechter Fuß an die Mauer angeschlossen war, an einem vorstehenden Stein durchzufeilen. Mit der Gitterstange bohrte er nachts nach bewährter Methode ein Loch in den Abort. Man konnte, wenn man schmal genug war, um hindurchzuschlüpfen, auf das Dach des Wärterhauses klettern und von dort auf die Straße gelangen.

Eines Nachts, als Fetzer eifrig bei der Arbeit war, hörte er die Stimme eines französischen Deserteurs: „Aidez moi! Hilf mir, laß mich nicht im Stich, nimm mich mit!" Fetzer wußte, daß der Junge an einem der nächsten Tage hingerichtet werden sollte. Der Räuberhauptmann zögerte. Er hatte seinen Ausbruch noch für die Nacht geplant. Um den Mitgefangenen zu befreien, benötigte er aber noch einen Tag und eine Nacht Zeit. Der Junge jammerte jedoch so eindringlich, daß Fetzer seine eigene Flucht zu verschieben beschloß. Damit war sein Schicksal besiegelt. Am nächsten Tag legte man zwei weitere Gefangene zu ihm in die Zelle. Er mußte sie in seinen Ausbruchsplan einweihen. Während einer zur Mitflucht bereit war, weigerte sich der andere, der wegen eines Diebstahls nur zwei Monate Gefängnis abzusitzen hatte. Er drohte überdies mit Anzeige.

Während Fetzer noch darüber grübelte, ob es ratsam sei, diesen Quertreiber gewaltsam aus dem Wege zu räumen, verstrich kostbare Zeit. Am übernächsten Tag erschien eine Kontrollkommission, die das von Fetzer in den Abort gebohrte Loch entdeckte, denn inzwischen war der ganze Unrat auf das Dach der Wärterwohnung gelaufen. Durch diese Entdeckung wurde Fetzers Fluchtplan vereitelt.

Acht Tage später schickte der oberste Ankläger Keil aus Köln fünf Spezialbeamte, die Fetzer abholten. An den Händen gefesselt wurde er unter strengster Bewachung auf eine Wasser-Diligence gebracht. Diese benötigte für die Fahrt nach Köln drei Tage. Ständig war Fetzer von zwei Gendarmen umgeben, die jeden Fluchtversuch vereitelten. Doch Fetzer hatte die Hoffnung, entwischen zu können, immer noch nicht auf-

gegeben. Bei Koblenz geriet das Schiff in einen schweren Gewittersturm. Wie eine Nußschale wurde die Diligence von den hochgehenden Wellen hin- und hergeworfen. An Bord entstand eine Panik. Frauen und Kinder wurden seekrank, Männer rannten kopflos hin und her. Auch die Schiffsbesatzung verlor die Nerven. Da hielt Fetzer seine Stunde für gekommen. Er mimte eine Ohnmacht, so daß ihm die Gendarmen mitleidig die Fesseln lösten. Plötzlich sprang der Ohnmächtige bei einer heftigen Schlingerbewegung des Schiffes auf und wollte mit einem Satz über die Reeling in den Rhein springen. Dabei verlor er einen Schuh, rutschte aus und stürzte zu Boden. Und schon waren die beiden Beamten über ihm und legten ihn wieder in Fesseln.
Um keine Helfershelfer auf die Ankunft Fetzers in Köln aufmerksam zu machen, brachte man ihn gleich bei der Ankunft in der Domstadt in aller Stille auf Seitenwegen in ein ausbruchsicheres Gefängnis am Kattenbug, in dem auch Fetzers ehemalige Kumpane Heckmann und Weyers bis zu ihrer Hinrichtung gesessen hatten.

Es war ein völlig veränderter Fetzer, der in Köln gefangen saß. Die Bewachung war so streng, daß dieser Erzräuber, der außer einer Anzahl Gewalttaten 192 Einbrüche und Diebstähle begangen hatte und sich rühmte, rund 600 Schlösser geknackt zu haben, plötzlich resignierte.
Ausgesucht zuverlässige Wärter bewachten ihn. Sie ließen ihn weder bei Tag noch bei Nacht aus den Augen, waren aber stets freundlich zu ihm, auch wenn sie seine Ketten kontrollierten. Diese wurden ihm nur abgenommen, wenn der oberste Ankläger Keil ihn besuchte. Keil hatte Erfahrung im Umgang mit Leuten dieses Schlages. Er hatte auch die Kumpane Fetzers Heckmann und Weyers gezähmt, so wie man Raubtiere zähmt. Mit der gleichen Taktik war er auch bei Fetzer erfolgreich. Er war gut Freund mit ihm, klopfte ihm väterlich auf die Schulter, wenn er zusammen mit seinem Sekretär die Zelle betrat, und sagte freundlich:
„Nun, Mathias, was möchtest du mir noch erzählen? Ist dir noch etwas eingefallen ...?“
Anfangs hatte Fetzer bei dieser freundschaftlichen Anbiederung verdrossen den Kopf geschüttelt. Doch Keil ließ nicht locker. Er blieb in der Zelle, trank Wein mit dem Gefangenen und rauchte eine Pfeife Tabak mit ihm. Manchmal war auch Pater Asterius, Fetzers Beichtvater, der Dritte im Bunde. Und allmählich wurde Fetzer mürbe.
Der Sekretär Diepenbach, der alles zu Protokoll nahm, was gesprochen wurde, berichtete später über diese Art Vernehmung: „Man hätte glauben können, gute Freunde säßen bei fröhlichem Umtrunk zusammen in einer Schenke, um sich allerlei Späße zu erzählen.“ Haarklein berichtete Fetzer bei diesen Zusammenkünften über jeden Einbruch, Diebstahl und Raubzug. Seine Augen glänzten, wenn er seine „Heldentaten“ pathetisch schilderte, wenn er beschrieb, wie die übrigen Räuber in ihm stets ein leuchtendes Vorbild gesehen hatten, und wie verzagt sie waren, wenn er einmal nicht unter ihnen war:
„Ich habe es aus der Geschichte von meinesgleichen bestätigt gefunden, daß sobald der Ruhm eines Räubers groß

zu werden anfängt, er nicht lange mehr mitmacht und der Justiz in die Hände fällt. So erging es auch mir. Kein großer Streich ward ausgeführt, wo man mich nicht herbeiwünschte, und war ich dabei, so ging jeder voll Zuversicht mit. Zur Zeit, wo ich meine Kameraden in Essen traf, hatten sie weder Kleider noch Schuhe und Strümpfe. Als sie mich aber in ihrer Mitte sahen, frohlockten sie, jeder Streich gelang, und Geld gab es in Menge. Mein Ruhm erscholl immer mehr und mehr. Allein dieses zog auch meinen Untergang nach sich."

Wie hoch er denn die Summe schätze, die ihm seine Raubzüge in bar eingebracht hätten, fragte ihn Keil einmal im Verlauf dieser zwanglosen Vernehmungen. Stolz sagte Fetzer: „Auf mindestens 60.000 Livres." Während der Befragungen zeigte es sich, daß er ein ausgezeichnetes Gedächtnis hatte. Auch in Kleinigkeiten irrte er sich nicht. Als Keil einmal auf einen Einbruch an der holländischen Grenze in Straelen zu sprechen kam und ihn fragte, ob er bei dieser Gelegenheit 300 Dukaten gestohlen habe, korrigierte ihn Fetzer und sagte: „Nein, es waren 900 Dukaten ..."

Besonders stolz war Fetzer, daß Keil ihm im Gefängnis mehrfach Schlösser vorlegte und ihn bat, ihm Verbesserungsvorschläge zur Komplizierung des Mechanismus zu machen. Hätte es damals schon ein Patentamt gegeben, Fetzer wäre sicherlich ein Patent verliehen worden. Er fühlte sich als geborener Mechaniker.

Eines Tages erzählte ihm Keil, wie Weyers und Heckmann unter der Guillotine geendet hatten. Da Fetzer den Mechanismus dieser neuartigen Hinrichtungsmaschine noch nicht kannte, fertigte Sekretär Diepenbach ihm eine Zeichnung davon an. Der Häftling freute sich darüber wie ein Kind über ein Spielzeug, und er erbat sich von Keil die Erlaubnis, sich aus Holz- und Metallabfällen eine Miniatur-Guillotine konstruieren zu dürfen. Damit köpfte er kleine Strohpuppen. Die Wände in der Zelle bemalte er gleichfalls mit Guillotinen. Auf die Frage seines Beichtvaters, welche Verbrechen er am meisten bereue, antwortete er: „Den Mord an Karola

Flecks und den Einbruch bei der Gräfin von Neersdonk." Letztere hatte ihm nach seinen eigenen Angaben in seiner Jugend viel Gutes erwiesen. Fetzer legte bei seinen Bekenntnissen jedoch großen Wert auf die Feststellung, nie jemanden mißhandelt zu haben. Mitglieder seiner Bande, die seinen Befehlen in diesem Punkt zuwidergehandelt hätten, seien von ihm zur Rechenschaft gezogen worden. So habe er einmal ein im Säuglingsalter stehendes Zwillingspärchen vor dem Flammentod gerettet, als Overtüsch die Kleinen bei einem Einbruch in den Scholteshof bei Kempen der bettlägerigen Mutter entrissen habe, um sie in den Backofen zu werfen.

Je länger die Haft dauerte, desto gesprächiger wurde Fetzer während der täglichen Verhöre. Schmunzelnd erzählte er, wie leicht es ihm die öffentlichen Sicherheitsorgane gemacht hatten. „Es war ein leichtes für mich, nach der Verhaftung in Hülchrath durch französisches Militär aus dem Haus der Steinhauerzunft in Köln auszubrechen. Ich saß in einer Zelle unter dem Dach und brauchte nur ein paar Ziegel abzuheben, um durch das entstandene Loch auf das Nachbarhaus zu klettern. Dort stieg ich durch ein offenes Speicherfenster, öffnete eine Tür, lief die Treppe hinab und ging als freier Mann durch das Haustor auf die Straße."

Ein andermal hatte die Polizei ihn wegen Paßvergehens verhaftet und in Köln in ein Gemeindehaus eingesperrt. „Dort saß ich zusammen mit zwei Bettlern in einem Raum. Nachmittags kam der Wärter und brachte jedem ein Stück Brot. Ich bat ihn um einen Krug Wasser. Als er draußen war, brach ich mit einem einzigen Handgriff die Tür auf. Die zweite hatte der Wärter offen gelassen. Und schon war ich im Freien. Auf dem Hof begegnete mir der Aufseher mit dem erbetenen Wasserkrug. Ich grüßte ihn wie einen alten Bekannten. Und er war so verdutzt, daß er mich wiedergrüßte. Als er zur Besinnung kam, war ich über alle Berge..."

Bestechliche Beamte seien immer seine besten Helfer gewesen, berichtete Fetzer ein andermal. In Viersen hatte er eines Tages mit Picard, Heckmann und vier anderen Räubern

im Gefängnis, einem ehemaligen Spinnzimmer, gesessen. Nachts brachte man die Räuber in ein unterirdisches Verlies. „Wir hatten aber noch so viel Geld, daß wir den Wärter bestechen konnten, uns ein Messer zu bringen. Und so gelang es uns, bei Tage den Rahmen des engen Fensters herauszuschneiden und uns mit einem Seil aus Frauenkleidern, die man uns in die Zelle geschmuggelt hatte, in den finsteren Hof hinunterzulassen. Wir fielen in eine Jauchegrube. Der Jakob Becker, einer unserer Kumpane, ertrank. Wir konnten uns retten ..."
In ein schallendes Gelächter brach Fetzer noch nachträglich aus, als er den Überfall auf das Rathaus in Xanten schilderte, den er zusammen mit Heckmann und Schranger an einem Herbsttag begangen hatte.
„Daß es da etwas Wertvolles zu stehlen gab, erzählte uns bei einem Saufgelage der Hannes Humbroich, der Ordonnanz bei den Franzosen war. Während er die Rathauswache mit Schnaps traktierte, brachen wir in die Archive ein. Wir stahlen eine Menge Silber, eine Heilige Quirinsfigur und eine Weltkugel. Bei einem Trödler machten wir die gestohlenen Gegenstände zu Geld."

Als seinen gelungensten Streich bezeichnete Fetzer den Einbruch bei dem Amtmann Richartz in Deutz. Dieser hatte ihm und seinen Kumpanen vor dem großen Überfall auf die Deutzer Post in Opladen gute Pässe ausgestellt, die ihnen eine ungehinderte Überfahrt über den Rhein nach Deutz ermöglichten. „Denkt an den Amtmann, wenn ihr gute Geschäfte macht!“ hatte Richartz gesagt und verständnisinnig mit den Augen geblinzelt, als er den Wucherpreis von 100 Gulden für die Pässe verlangte.
„Wir werden an Euch denken“, hatte Fetzer devot erwidert und dabei angelegentlich den schweren Aachener Schrank in Augenschein genommen, der dem Amtmann als Geldschrank diente.
„Diesen ehrbaren Monsieur hatte ich schon lange auf dem Korn“, sagte Fetzer listig lächelnd, als säße er unter seinen Kumpanen in einer Räuberschenke. „Ich besaß zu den Türen des Amtmann-Hauses passende Nachschlüssel. Zum Glück hatte der Amtmann in der Nacht, die auf meinen Besuch folgte, einen schweren Rausch, denn das Schloß des Aachener Schrankes war arg widerspenstig, und ich mußte mit einem Schürhaken, den ich im Zimmer fand, nachhelfen, was einigen Lärm verursachte. Doch das sägende Schnarchen des im Nebenraum schlafenden Amtmannes war so geräuschvoll, daß ich in Ruhe den Schrank aufbrechen konnte.“ Nach einer kleinen Pause fügte Fetzer, sich an der Erinnerung weidend, hinzu: „Und ich muß schon sagen, der Aderlaß hatte sich gelohnt. Wir bekamen nicht nur unsere Gulden zurück, sondern noch einige tausend dazu ... Das war ein ganz schönes Zehrgeld für die Reise nach Opladen ...“
Nach und nach erschöpfte sich Fetzers Repertoire. Er begann sich bei seinen Schilderungen mehr und mehr zu wiederholen. Als ihm Keil eine solche Wiederholung einmal vorhielt, schlug er sich ungehalten über seine Gedächtnisschwäche an den Kopf. Bis in die Nacht hinein grübelte er über Untaten nach, die er noch nicht gestanden hatte, und machte, wenn ihm etwas Neues einfiel, mit Kreide Notizen an seine Zellenwand, damit er sie nicht bis zum nächsten Tag vergaß.

Eines Tages wurde es für Fetzer Ernst, als der Verteidiger ihm sichtlich erregt mitteilte, daß der Verhandlungsbeginn vor dem Spezialgericht auf den 17. Februar 1803 festgesetzt worden sei. Fetzer, der einige Tage zuvor seinen 25. Geburtstag gefeiert hatte, quittierte diese Nachricht mit den Worten: „So, so, dann fahre ich noch vor dem Schinderhannes in die Hölle!" Der Prozeß gegen diesen begann erst im Oktober des gleichen Jahres. Um ihn in Gang zu bringen, bedurfte es großer Vorbereitungen, da außer dem Räuberhauptmann noch 19 Komplicen auf der Anklagebank saßen und über 200 Zeugen vernommen werden mußten. Fetzers Kumpane waren dagegen entweder schon vor ihm zum Tode verurteilt worden, wie Heckmann und Weyers, oder befanden sich noch in Freiheit.

Am Tag des Prozeßbeginns reichte der Platz im Gerichtssaal nicht aus, so drängte sich das Volk in den Zuhörerraum. Frauen waren unter den Neugierigen in der Überzahl. Viele sympathisierten mit dem jugendlichen Räuber und schickten ihm Leckerbissen in die Zelle. Eine reiche Französin bot dem Leibwächter Fetzers zehn Gulden, wenn er ihr zu einem zärtlichen Tête-à-tête mit dem Häftling verhelfe. Im Gerichtssaal wurden bei einer Leibesvisitation fünf Burschen verhaftet, die Waffen bei sich trugen und zugaben, daß sie eine gewaltsame Befreiung des Fetzers geplant hätten. Als man dem Angeklagten davon erzählte, winkte er überlegen ab: „Mich kann nur einer befreien, der Fetzer heißt..." Der Angeklagte zeigte während der Verhandlung keinerlei Gemütsbewegung, obwohl Staatsanwalt Keil kein Hehl daraus gemacht hatte, daß der Räuberhauptmann die Todesstrafe zu erwarten habe. Als Fetzer unter den geladenen Zeugen den Friedensrichter Fronius erkannte, rief er theatralisch: „Ah, bonjour monsieur Friedensrichter, meine untertänigste Reverenz! Euch allein gebührt der Ruhm, den Fetzer zerfetzt zu haben. Er wäre sonst ein großer Räubergeneral geworden. So macht man weniger Aufhebens um ihn als um den Schinderhannes..."

Im weiteren Verlauf des Prozesses beantwortete Fetzer alle Fragen des hohen Kriminalgerichtes mit großer Ruhe und klarer Stimme. Nach einer anstrengenden Nachtsitzung verkündete der Präsident des Gerichtes Br. Könen das Urteil: „Wir verdammen Mathias Weber zum Tode!“ Zahlreiche im Saal anwesende Damen fielen in Ohnmacht und mußten hinausgetragen werden. Fetzer aber erhob sich lässig und rief, sich vor dem Gericht ehrfürchtig verbeugend, als habe er einen Dank abzustatten: „Ich bin zufrieden, ich bin ganz zufrieden.“

Auch in der Zeit, die ihn noch von der Hinrichtung trennte, blieb er gelassen und beinahe heiter. „Sein Schlaf war weiterhin fest. Er aß und trank mit Munterkeit und ließ seine Pfeife nicht ausgehen“, berichteten seine Wärter. Noch einmal besuchte ihn der Öffentliche Ankläger Keil. Als dieser ihm erzählte, es seien noch einige seiner Kumpane in Freiheit, die inzwischen neue Untaten begangen hätten, da seufzte er schwer und sagte sehnsüchtig in die Ferne schauend: „Ach, wäre ich doch wieder bei ihnen …“

Am Abend vor der Hinrichtung weilte Pater Asterius noch einige Stunden bei dem Delinquenten und betete mit ihm. Fetzer betete anfangs zaghaft mit, später lauter…

Der Geistliche erzählte ihm von der Ewigkeit. Fetzer hörte interessiert zu. Dann sagte er: „Nun, ich werde ja bald dort sein und sehen, ob alles so ist, wie Ihr mir erzählt habt …“

Mit besonderem Interesse las Fetzer die Druckfahnen einer Broschüre über sein Leben und seinen Prozeß, die ihm Pater Asterius besorgt hatte, und die nach seiner Hinrichtung an das Publikum verkauft wurde.

Die Exekution war auf vormittags elf Uhr festgesetzt worden. Fetzer schlief fest. Er mußte einige Stunden vorher geweckt werden. Nach der Henkersmahlzeit, die er mit gutem Appetit verzehrte, verschenkte er seinen Rock an den Wärter; als man ihm sagte, draußen sei es kalt, erwiderte er: „Mich friert nicht …!“ Dann bestieg er zusammen mit seinem Beichtvater den Karren, auf dem er zum Schafott geführt wurde. Er winkte dem auf der Straße Spalier stehenden Publikum lächelnd zu. Den Damen entbot er wieder wie bereits früher bei ähnlichen Gelegenheiten Kußhände. Als Pater Asterius

ihn ermahnte, in sich zu gehen und nicht soviel um sich zu schauen, sagte Fetzer: „Ach, laßt mich doch noch einmal Menschen sehen, ich bin doch immer so gern unter Menschen gewesen ..."

Als der Karren in ein Loch geriet und minutenlang steckenblieb, rief er: „Fahrt nur zu, damit es bald ein Ende hat ..."

Am Richtplatz angekommen, wollte ihm der Pater aus dem Karren helfen, denn Fetzer war an den Händen gefesselt – man traute ihm noch bis zuletzt einen Gewaltakt zu – da drängte er den Geistlichen mit beiden Armen weg und rief: „Laßt mich noch einmal einen großen Sprung tun, es wird der letzte sein ..."

Er sank in die Knie und betete. „Hast du noch einen Wunsch?" fragte Pater Asterius, als Fetzer sich erhob. „Ja", erwiderte dieser sehnsüchtig, „ich möchte noch einmal etwas Großes stehlen."

Fetzer betrachtete die Richtstätte mit kritischen Blicken. Vor dem Fallbeil war ein schmales Brett angebracht, um die furchtbare Klinge unsichtbar zu machen. Da rief der Delinquent: „Nehmt doch das Brett weg, ich will das Beil sehen." Man verweigerte ihm diesen Wunsch. Der gespannt zuschauenden Menge rief er pathetisch zu: „Ich habe den

Tod verdient, meine Freunde! Hundert Tode für einen! Ihr, die ihr auf bösen Wegen seid, spiegelt Euch in meinem Ende. Junge Leute flieht, o flieht die verdächtigen Häuser, sie waren die Ursache meines Verderbens. Eltern erzieht eure Kinder in der Religion. Denkt an Gott! Möchte mein Blut das letzte sein, das vergossen wird." Als er geendet hatte, griffen die Henkersknechte nach ihm, banden ihn auf das Brett und schoben ihn unter die Guillotine. Pater Asterius sprach ihm Trostworte zu. Fetzer schaute ihn gefaßt an und sagte: „Vater, in Deine Hände..." Da fiel das Beil.

Die Bänkelsänger, die in der Nähe des Richtplatzes Aufstellung genommen hatten, machten gute Geschäfte, als das Publikum nach der Hinrichtung nach Hause pilgerte, das grausige Geschehen eifrig diskutierend. Auf einem Flugblatt, das in großer Auflage verkauft wurde, rekapitulierten die „Straßendichter" noch einmal die wilde und abenteuerliche Lebensgeschichte des Hingerichteten. Der letzte Absatz dieser Moritat lautete sehr anschaulich:

„Bald von Henkers Rachehand
Rollt sein Kopf hin in den Sand,
Zuckt und lebt noch kurze Zeit,
Wendet hin sich, nach der Seit',
Wo man ruft, bis dunkle Nacht,
Seiner Qual ein Ende macht…"

ENDE

Werner Röhrich
Die Kolonie
Jugendjahre
am Rande
des Kohlenpotts

Als Sohn eines Bergmanns wird Werner Röhrich 1929 in der Bergarbeiterkolonie Moers-Meerbeck geboren. Schon bald zieht die Familie um nach Repelen-Rheim, wo er bis 1939 glückliche Kindheitstage verlebt.
Werner Röhrich beschreibt ausführlich die Lebensbedingungen in dem Dorf, die strenge Erziehungsweise seines Vaters, dessen „Leibriemen" er des öfteren zu spüren bekam, und den stark politisierten Schulunterricht in der Volksschule.
1939 zieht die Familie Röhrich um nach Moers-Hochstraß. Doch auch hier bleibt Werner nicht lange, denn kriegsbedingt nimmt er zweimal an der Kinderlandverschickung teil.
1944, wieder zurück in der Heimat, wird er zum Dienst an der Heimatfront eingesetzt und muß Panzer- und Schützengräben ausheben, wenn er nicht gerade im Luftschutzkeller sitzt. Die Familie wird 1944 evakuiert und kehrt erst nach Ende des Krieges in die Heimat zurück.
Seine Erinnerungen an die Kolonie, den aufkommenden Nationalsozialismus, den Beginn des Zweiten Weltkrieges bis zu Evakuierung und Rückkehr bringen dem Leser diese traurige Epoche deutscher Geschichte realistisch und glaubwürdig nahe.

248 Seiten, gebunden mit Schutzumschlag,
Format 12,5 x 22 cm,
ISBN 3-87463-319-5

In gleicher Ausstattung erschienen:

Hubert Brüggen
Vertraute Wege
Ein Dorf am Niederrhein

Ein Bauernhof und ein kleines stilles Dorf am Niederrhein, in einer Zeit zwischen Mitte der zwanziger Jahre und dem Ende des Zweiten Weltkrieges, sind Schauplatz der Erinnerungen von Hubert Brüggen.
Seine vergnügliche und besinnliche Geschichten rund um Menschen, Landschaften und Tiere halten auf unterhaltsame Art eine längst versunkene Zeit fest, an die sich heute nur noch wenige erinnern wollen oder können.

184 Seiten, gebunden
mit Schutzumschlag,
Format 12,5 x 22 cm,
ISBN 3-87463-284-9

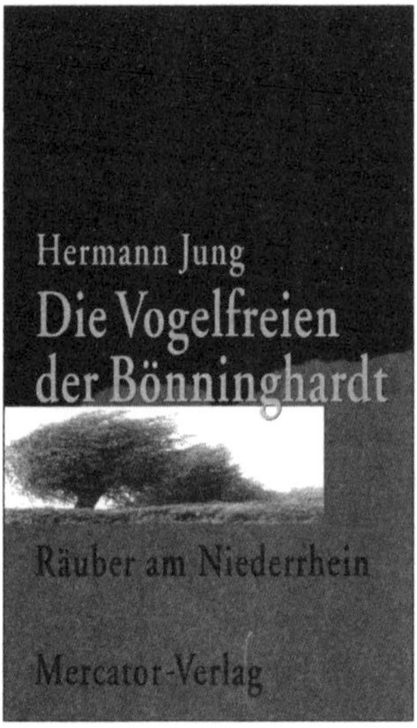

Hermann Jung
Die Vogelfreien der Bönninghardt
Räubergeschichten

Vor mehr als 140 Jahren wurde in den Gerichten zu Kleve und Essen der aus Alpen stammende Dachdecker Wilhelm Brinkhoff wegen zahlreicher Räubereien, Einbrüche, Diebstähle und Tötungsdelikte, die er im Bereich der Bönninghardt am linken Niederrhein und ihrer näheren Umgebung begangen hatte, zu insgesamt 16 Jahren Gefängnis und Zuchthaus verurteilt. Brinkhoff und andere lichtscheue Gestalten verunsicherten bis zur Jahrhundertwende als „Vogelfreie der Bönninghardt" die Bevölkerung. Um sie rankten sich zahlreiche Geschichten und Anekdoten, die immer weiter gesponnen und ausgeschmückt wurden.

208 Seiten, gebunden,
mit Schutzumschlag,
Format 12,5 x 22 cm,
ISBN 3-87463-283-0